Kohlhammer

Die Herausgeber:innen

Matthias Müller, Dr. phil., Diplom-Sozialarbeiter/-Sozialpädagoge, Soziologe (Dr. phil.), Case Manager und Case Management Trainer (DGCC), Dialogischer Qualitätsentwickler (KK), ist Professor für Pädagogik, Sozialpädagogik und Hilfen zur Erziehung an der Hochschule Neubrandenburg. Seine Forschungsschwerpunkte sind Aufsuchende Hilfen/Sozialpädagogische Familienhilfe, Familienbildung, Migration und Sozialarbeiterisches Case Management.

Barbara Bräutigam, Dr. phil., habil., Diplom-Psychologin, psychologische Psychotherapeutin, systemische Lehrtherapeutin (DGSF), Supervisorin (DGSv), integrative Kinder- und Jugendlichentherapeutin (EAG), ist Professorin für Psychologie, Beratung und Psychotherapie an der Hochschule Neubrandenburg. Ihre Forschungsschwerpunkte sind niedrigschwellige psychosoziale Beratung und Psychotherapie mit Familien sowie mit geflüchteten Menschen.

Matthias Müller,
Barbara Bräutigam (Hrsg.)

Aufsuchende Soziale Arbeit

Grundlagen, Praxisfelder und Fallbeispiele

Verlag W. Kohlhammer

Dieses Werk einschließlich aller seiner Teile ist urheberrechtlich geschützt. Jede Verwendung außerhalb der engen Grenzen des Urheberrechts ist ohne Zustimmung des Verlags unzulässig und strafbar. Das gilt insbesondere für Vervielfältigungen, Übersetzungen, Mikroverfilmungen und für die Einspeicherung und Verarbeitung in elektronischen Systemen.

Die Wiedergabe von Warenbezeichnungen, Handelsnamen und sonstigen Kennzeichen in diesem Buch berechtigt nicht zu der Annahme, dass diese von jedermann frei benutzt werden dürfen. Vielmehr kann es sich auch dann um eingetragene Warenzeichen oder sonstige geschützte Kennzeichen handeln, wenn sie nicht eigens als solche gekennzeichnet sind.

Es konnten nicht alle Rechtsinhaber von Abbildungen ermittelt werden. Sollte dem Verlag gegenüber der Nachweis der Rechtsinhaberschaft geführt werden, wird das branchenübliche Honorar nachträglich gezahlt.

Dieses Werk enthält Hinweise/Links zu externen Websites Dritter, auf deren Inhalt der Verlag keinen Einfluss hat und die der Haftung der jeweiligen Seitenanbieter oder -betreiber unterliegen. Zum Zeitpunkt der Verlinkung wurden die externen Websites auf mögliche Rechtsverstöße überprüft und dabei keine Rechtsverletzung festgestellt. Ohne konkrete Hinweise auf eine solche Rechtsverletzung ist eine permanente inhaltliche Kontrolle der verlinkten Seiten nicht zumutbar. Sollten jedoch Rechtsverletzungen bekannt werden, werden die betroffenen externen Links soweit möglich unverzüglich entfernt.

1. Auflage 2024

Alle Rechte vorbehalten
© W. Kohlhammer GmbH, Stuttgart
Gesamtherstellung: W. Kohlhammer GmbH, Stuttgart

Print:
ISBN 978-3-17-040468-7

E-Book-Formate:

pdf: ISBN 978-3-17-040469-4
epub: ISBN 978-3-17-040470-0

Inhalt

1   Einleitung 7

Teil I: Grundlagen

2   Begründung und Reflexion aufsuchender Arbeitsweisen 13
Barbara Bräutigam & Matthias Müller

3   Forschungsstand zur aufsuchenden Sozialen Arbeit 22
Isabel Creutzburg, Matthias Müller & Barbara Bräutigam

Teil II: Praxisfelder und Fallbeispiele

4   Aufsuchende Hilfe im Sinne von Empowerment –
Ergänzende unabhängige Teilhabeberatung (EUTB®) 37
Anke S. Kampmeier & Annika Schmalenberg

5   »Das Wesentliche läuft nebenbei«. Aufsuchende
Familienbildung in familienrelevanten Sozialräumen 48
Anja Lentz-Becker & Conny Römisch

6   »Am Anfang bist du der Gast auf der Hochzeit, den keiner
eingeladen hat« – Das Arbeitsfeld der aufsuchenden
Familientherapie 58
Karin Bracht & Barbara Bräutigam

7   Aufsuchende Arbeit in der interdisziplinären Frühförderung
am Beispiel der videogestützten Interaktionsberatung 68
Sophie Friedrich & Franziska Ullrich

8   »Denen redet man nur was ein« vs. »gut, dass Sie kommen«
– Aufsuchende Beratung in Erstaufnahmeeinrichtungen und
Gemeinschaftsunterkünften für geflüchtete Menschen 77
*Florian Harder, Christine Krüger, Jana Michael, Marie Ortmann &
Barbara Bräutigam*

9	»Egal, wie rausgeballert ich bin, die sind da«: Intensive Sozialpädagogische Einzelbetreuung als aufsuchende Soziale Arbeit *Matthias Lindner & Vera Taube*	88
10	Mobile Jugendarbeit *Thomas Markert & Philipp Blank*	99
11	Beratung in der aufsuchenden Pflege *Andrea Rose & Renate Zwicker-Pelzer*	111
12	Hausbesuche im Kontext von rechtlicher Betreuung *Katharina Winkler*	122
13	»Wenn ich Sie nicht hätte!« Verstrickungen in der sozialpädagogischen Familienhilfe *Matthias Müller & Sarah Mathwig*	132
14	Sozialpsychiatrischer Dienst und Hausbesuche – ambulante Beratung und Begleitung von Menschen mit psychischen Erkrankungen *Lisa Große & Elisabeth Augart*	144
15	Streetwork: Kommen und Gehen im öffentlichen Raum *Stefan Seehaber & Vera Taube*	155
16	Aufsuchende Hilfen in der Sucht- und Drogenhilfe *Ines Arendt & Bianka Weil*	166
17	Aufsuchende Arbeit in der Wohnungslosenhilfe *Anna Gamperl & Karsten Giertz*	176

Anhang

Abkürzungsverzeichnis … 189

Autor:innenverzeichnis … 191

1 Einleitung

Als wir 2011 das Buch »Hilfe, sie kommen! Systemische Arbeitsweisen im aufsuchenden Kontext« (M. Müller & Bräutigam 2011) über familienbezogene aufsuchende Hilfen herausbrachten, war es eines der wenigen Bücher im deutschsprachigen Raum, das sich explizit mit dieser in der Praxis der Sozialen Arbeit doch häufig eingesetzten Hilfeform theoretisch und einigermaßen systematisch auseinandersetzte. Zwölf Jahre später ist dieser Befund erstaunlicherweise immer noch ähnlich. Das vorliegende Buch »Aufsuchende Soziale Arbeit. Grundlagen, Praxisfelder und Fallbeispiele«, beschäftigt sich nun anhand konkreter Fallbeispiele mit den diversen Handlungsfeldern der Sozialen Arbeit, in denen aufsuchendes Arbeiten praktiziert wird, und widmet sich den Anlässen, den Strukturmerkmalen und den professionellen Erfordernissen dieser Arbeitsweisen.

Im einleitenden Kapitel mit dem Titel »Begründung und Reflexion aufsuchender Arbeitsweisen« erläutern wir (Barbara Bräutigam & Matthias Müller) auf der Basis theoretischer und empirischer Erkenntnisse ein Reflexionsmodell für die Arbeit im aufsuchenden Kontext (▶ Kap. 1). Dieses Reflexionsmodell, das auf der Basis zweier Forschungsprojekte entwickelt wurde, fokussiert zunächst die Anlässe für die aufsuchende Arbeitsweise. Wir markieren damit, dass es aus unserer Sicht einer fundierten professionellen Begründung und Rechtfertigung für eine aufsuchende Arbeitsweise bedarf. Außerdem gilt es die Hilfebeziehung systematisch aus den Perspektiven des Setting-, der Klient:innen- und der Fachkräfte in den Blick zu nehmen und zu reflektieren. Diese Perspektiven weisen auf unterschiedliche Handlungserfordernisse in der aufsuchenden Praxis hin, die durchaus miteinander in Widerspruch stehen können und darum unserer Ansicht nach nicht primär agiert, sondern auch fachlich reflektiert werden müssen. Danach folgt ein Einblick in den »Forschungsstand zur aufsuchenden Sozialen Arbeit« von Isabel Creutzburg, Matthias Müller und Barbara Bräutigam (▶ Kap. 2). Der Beitrag pointiert die Heterogenität der Zielgruppen, aber auch die Diversität der Anforderungen in der aufsuchenden Arbeitsweise in den verschiedenen Handlungsfeldern.

Die folgenden Kapitel beschreiben in alphabetischer Reihenfolge die einzelnen Handlungsfelder, in denen die aufsuchende Arbeitsweise eine ausgewiesene Relevanz hat (▶ Teil II). Stilistisch sind die Beiträge durchaus unterschiedlich aufbereitet, inhaltlich folgen sie einer von uns als Herausgeber:innen vorgegebenen Struktur: Zunächst werden erstens die einzelnen Arbeitsfelder in ihrer Eigenlogik dargestellt, zweitens werden ein oder mehrere Fall- bzw. Praxisbeispiele beschrieben, die drittens kritisch reflektiert werden, um dann viertens daraus übergreifende Schlussfolgerungen und Empfehlungen für die reflektierte Umsetzung aufsuchender Hilfen im jeweiligen Arbeitsfeld zu benennen. Dabei wird mehr oder weniger systematisch auf das von uns im Beitrag »Begründung und Reflexion aufsuchender Arbeitsweisen« dargestellte Reflexionsmodell zurückgegriffen.

Im Beitrag über »Ergänzende unabhängige Teilhabeberatung (EUTB®)« erläutern Anke Kampmeier und Annika Schmalenberg eine Beratungsform, bei der das Peer-Counseling im Fokus steht, und diskutieren die Fragestellung, ob es für die EUTB® von Vorteil ist, aufsuchend zu arbeiten oder ob dies in diesem Arbeitsfeld kontraproduktiv ist (▶ Kap. 4). Anja Lentz-Becker und Conny Römisch beleuchten die Besonderheiten aufsuchender Familienbildungsangebote und wie auf diese Weise insbesondere Familien mit jungen Kindern erreicht werden können (▶ Kap. 5). Im Gespräch zwischen Karin Bracht und Barbara Bräutigam wird ein Fall einer aufsuchenden Familientherapie im Zwangskontext beschrieben und dabei der Weg von einem anfänglich recht dysfunktionalen Familiensystems sowie einer sich nur mühsam etablierenden Hilfebeziehung zu einer konstruktiven Zusammenarbeit reflektiert (▶ Kap. 6). Im Beitrag von Sophie Friederich und Franziska Ullrich wird die aufsuchende Arbeit in der interdisziplinär angelegten Frühförderung anhand der videogestützten Interaktionsanalyse dargestellt und insbesondere das triadische Wirken von Setting, Klient:innen und Helfenden reflektiert (▶ Kap. 7). Das Thema der aufsuchenden Beratung mit geflüchteten Menschen in Gemeinschafts- und Erstaufnahmeeinrichtungen wird von Florian Harder, Christine Krüger, Jana Michael, Marie Ortmann und Barbara Bräutigam aufgegriffen; sie thematisieren die Herausforderung, auch unter schwierigen Bedingungen Menschen in Unterkünften anzusprechen und durch entstigmatisierende Ansprache ein Gesprächsangebot zu formulieren (▶ Kap. 8). Auch die Intensive Sozialpädagogische Einzelbetreuung (ISE) nutzt das aufsuchende Arbeiten, um in einem eigentlich sehr schwer zugänglichen Feld der Hilfen niedrigschwellig zu agieren – mit diesem und anderen Dilemmata setzen sich Matthias Lindner und Vera Taube in ihrem Beitrag auseinander (▶ Kap. 9). Thomas Markert und Philipp Blank widmen sich hingegen dem Spannungsverhältnis zwischen Aufsuchen des bzw. Eindringen in den Sozialraum am Beispiel der Mobilen Jugendarbeit (▶ Kap. 10). Andrea Rose und Renate Zwicker-Pelzer schildern die Arbeitsweise aufsuchender Beratung in komplexen und schwierigen Pflegesituationen, die die verstärkte Zusammenarbeit aller sozialen Berufe erfordert (▶ Kap. 11). Der Beitrag von Katharina Winkler befasst sich mit Hausbesuchen im Kontext rechtlicher Betreuung, greift insbesondere die strukturellen Anlässe von Hausbesuchen auf und beschäftigt sich mit methodischen Alternativen im Falle einer Ablehnung durch Klient:innen (▶ Kap. 12). Die Balancehaltung zwischen professioneller Nähe und Distanz reflektieren Matthias Müller und Sarah Mathwig beim aufsuchenden Arbeiten im Rahmen der Sozialpädagogischen Familienhilfe (▶ Kap. 13). Lisa Große und Elisabeth Augart widmen sich Hausbesuchen im Kontext der Tätigkeit des Sozialpsychiatrischen Dienstes (SpDi) und setzen sich kritisch mit den unterschiedlichen Anlässen, in diesem Arbeitsfeld aufsuchend zu arbeiten, auseinander (▶ Kap. 14). Stefan Seehaber und Vera Taube thematisieren die Herausforderungen aufsuchender Arbeitsweise im Rahmen von Streetwork, bei der die oft nicht an einen festen Ort gebundene Zielgruppe permanente Bemühungen um Kontakt und Beziehung erfordert (▶ Kap. 15). Ines Arendt und Bianca Weil beschreiben das Feld aufsuchenden Arbeitens in der Sucht- und Drogenhilfe, das die Fachkräfte an die Schnittstelle zwischen klinischen, gesundheitsbezogenen und sozialen Fragen führt und interdisziplinäres Handeln erfordert (▶ Kap. 16). Zu guter Letzt stellen Anna Gamperl und Karsten Giertz den anspruchsvollen Vertrauens- und Kontaktaufbau bei und die weiteren Spezifika der aufsuchenden Arbeit in der Wohnungslosenhilfe dar (▶ Kap. 17).

Wir hoffen, dass wir mit diesem Fallbuch zu den aufsuchenden Arbeitsweisen in den Handlungsfeldern Sozialer Arbeit zu einer Veranschaulichung des in der Regel sehr komplexen und manchmal auch diffusen Bedingungsgefüge aufsuchenden Arbeitens in den diversen Handlungsfeldern der Sozialen Arbeit beitragen. Wir möchten uns an dieser Stelle sehr herzlich bei allen Autor:innen bedanken, die sich allesamt bereitwillig darauf eingelassen haben, einen sehr konkreten Einblick in ihre Praxis zu gewähren und diese kritisch zu reflektieren. Ganz persönlich glauben wir, dass aufsuchende Arbeitsweise eine der, wenn nicht die wichtigste Form niedrigschwelliger und lebensweltorientierter Unterstützungsweisen darstellt, die aber kontinuierlich in ihrer professionellen Ausgestaltung weiterentwickelt und hinsichtlich ihrer Anlässe differenzierter eingesetzt werden muss. Vorliegendes Buch leistet dazu unseres Erachtens einen Beitrag und wir wünschen viel Vergnügen bei der Lektüre!

Im Juli 2023
Matthias Müller & Barbara Bräutigam

Literatur

Müller, M. & Bräutigam, B. (Hrsg.) (2011): Hilfe, sie kommen! Systemische Arbeitsweisen im aufsuchenden Kontext. Heidelberg: Carl Auer.

Teil I: Grundlagen

2 Begründung und Reflexion aufsuchender Arbeitsweisen

Barbara Bräutigam & Matthias Müller

> **Überblick**
>
> 2.1 Anlässe für aufsuchende Arbeit 14
> 2.2 Grenz- und Sicherheitsaspekte 17
> 2.3 Reflexion im Dreieck: Setting – Besuchte – Besucher:innen 18
> 2.4 Entwicklungsnotwendigkeiten für die Praxis 20

Während es durchaus üblich ist, genauer zu begründen, warum es sinnvoll ist, dass Menschen für Hilfeprozesse in stationäre Settings (z. B. Heimeinrichtung oder Klinik) untergebracht werden, scheint dies bei aufsuchenden Hilfen nicht unbedingt der Fall zu sein. Die aufsuchende Arbeitsweise hat sich in der Sozialen Arbeit und der psychosozialen Praxis mittlerweile fest etabliert und hat sich zugleich mit Blick auf die Indizierung des Einzelfalles zu einer weitgehend begründungsfreien Selbstverständlichkeit entwickelt. Im Folgenden wollen wir ein von uns ehemals im Kontext des familienbezogenen Hausbesuchs empirisch entwickeltes Begründungsmodell (Lüngen et al. 2015) aus der Sicht der Helfer:innen für die aufsuchende Arbeitsweise vorstellen. Auch wenn die empirische Basis des Modells sich auf dieses spezielle aufsuchende Setting bezieht, so halten wir das Modell für geeignet, um damit zu reflektieren, inwiefern eine aufsuchende Arbeitsweise auch in anderen Kontexten sinnvoll bzw. gerechtfertigt ist. Die Wahl des Hilfesettings soll damit aus unserer Sicht nicht dem Zufall der Praxisvollzüge überlassen werden, sondern darüber hinaus in den Blick nehmen, dass den Nutzer:innen erläutert werden kann, warum überhaupt aufsuchend gearbeitet werden soll und dass sie jenseits eines Zwangskontexts mitentscheiden können, ob Fachkräfte regelmäßig in ihrem sozialen Nahbereich auftauchen sollen oder nicht.

Die konzeptuelle Anlage dieses Buches folgt drei Grundannahmen. Erstens gehen wir davon aus, dass die aufsuchende Arbeitsweise – insbesondere in persönlichen Nahbereichen – begründet werden muss und eben keine begründungsfreie Selbstverständlichkeit ist. Zum Zweiten ist die aufsuchende Arbeitsweise ein eigenes Setting mit spezifischen und sich aus dem Setting ergebenden Besonderheiten, die professionell gehändelt werden müssen. Aus den ersten beiden Annahmen leitet sich die dritte Annahme ab, die besagt, dass sich im reflexiven Umgang mit den Anlässen und den Besonderheiten der aufsuchenden Arbeitsweise die professionelle Arbeitsweise der Fachkräfte in der Praxis zeigt. Diesen Annahmen folgend stellen wir in diesem Beitrag zunächst Anlässe und deren Begründung für die aufsuchende Arbeitsweise vor (▶ Kap. 2.1). Dann werden Sicherheits- und Grenzaspekte pointiert, die für das aufsuchende Setting im Allgemeinen relevant sind (▶ Kap. 2.2). Abschließend wird ein Reflexionsmodell für die aufsuchende Praxis vorgestellt. Dieses soll Fachkräfte darin unterstützen, ihre professionelle Expertise in der aufsuchenden Arbeit zu differenzieren und zu entwickeln (▶ Kap. 2.3). Alle diese Aspekte haben wir bereits ausführlich in zuvor erschienen Artikeln ausgearbeitet (Bräutigam et al. 2022, Bräutigam et al. 2020, Lüngen et al. 2016, Lüngen et al. 2015, Lüngen et al. 2014). Der Text endet mit einigen kurz pointierten Entwicklungsnotwendigkeiten für die Praxis (▶ Kap. 2.4).

2.1 Anlässe für aufsuchende Arbeit

Gerade weil sich aufsuchende Arbeit zu einer organischen Selbstverständlichkeit der Praxis Sozialer Arbeit entwickelt hat, ist ihre Indizierung sowie eine differenzierte Begründung unüblich und kaum in der Praxis vorhanden. Um den systematischen Einsatz und auch die Rechtfertigung von aufsuchenden Arbeitsweisen besser in den Blick zu nehmen, nutzen wir das Modell der Triangulation (Simon 1993, Conen 1999, Kähler 2005), das dazu dienen soll, die Anlässe für die aufsuchende Arbeitsweise zu systematisieren, zu präzisieren und ein differenzierteres Verständnis dafür zu entwickeln, in welchen Fällen das aufsuchende Setting indiziert ist oder eben auch nicht.

Dafür fokussieren wir zunächst auf die Helfer:innen-Klient:innen-Dyade. In der Helfer:innen-Klient:innen-Dyade wird die Hilfe in einem interaktiven Hilfeprozess kreiert und es wird bestimmt, was in der Hilfe thematisiert wird bzw. nicht thematisiert werden kann oder darf (Bräutigam & M. Müller 2014). Im Modell der Triangulation wird nun davon ausgegangen, dass es externe Wirkkräfte – ein signifikantes Drittes – gibt, die so auf die Helfer:innen-Klient:innen-Dyade wirken, dass sie den interaktiven Hilfeprozess wesentlich beeinflussen können (Conen 1999). Dies ist typischer Weise in der Arbeit im Zwangskontext der Fall (Conen 1999), in dem z. B. rechtliche Regelungen in Kinderschutzfällen (z. B. § 1666 BGB, § 8a SGB VIII) von so großer Relevanz sind, dass sich die interaktive – dyadische – Hilfegestaltung nicht mehr von diesem signifikanten dritten Wirkfaktor entkoppeln lässt. Der Hilfeprozess richtet sich vielmehr an diesem signifikanten dritten Wirkfaktor aus und beeinflusst somit entscheidend die Hilfeprozess-Interaktion (▶ Abb. 2.1).

Im Modell der Triangulation sind die strukturellen und inhaltlichen Anlässe für aufsuchende Arbeitsweisen aus unserer Sicht von signifikanter Bedeutung für die Gestaltung der Helfer:innen-Klient:innen-Dyade; sie bestimmen als »signifikantes Drittes« das Setting, in dem der interaktiv hergestellte Hilfeprozess der Helfer:innen-Klient:innen-Dyade kreiert werden soll (ausführlich Lüngen et al. 2015).

Die inhaltlichen Anlässe implizieren in den betreffenden Fällen einen Mehrgewinn des aufsuchenden Settings im Vergleich zu anderen höherschwelligen Hilfe-

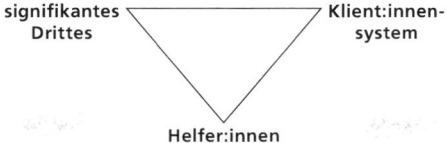

Abb. 2.1: Modell der Triangulation nach Conen (bereits veröffentlicht in Lüngen et al. 2015, S. 231)

formen. Sie ermöglichen »einen a) erleichterten Hilfeanschluss, b) einen höheren Informationsgewinn, c) eine Steigerung des Empathievermögens, d) einen verstärkten Praxistransfer und e) mehr Mitgestaltungsmöglichkeiten für Klient:innen« (Lüngen et al. 2015, S. 237). Durch die inhaltlichen Anlässe erhoffen sich die Helfenden eine adäquatere und ein an den Lebensalltag der Betroffenen stärker angepasstes Hilfsangebot anbieten und realisieren zu können. Der aufsuchende Zugang wird dann generell als Faktor gesehen, die Hilfe passender und lebensweltnäher zu gestalten: Die Klient:innen erleben die Mühe des Besuchs durchaus als Wertschätzung und Interesse an ihrer Lebenswelt und die Helfenden können sich besser in die reale Lebenssituation der Besuchten einfühlen (ebd.). Diese Dynamiken werden insbesondere in den in diesem Buch beschriebenen Arbeitsfeldern der aufsuchenden Familientherapie sowie der aufsuchenden Arbeit mit wohnungslosen und geflüchteten Menschen deutlich. Auch in Bezug auf die ergänzende und unabhängige Teilhabeberatung merken Kampmeier und Schmalenberg in diesem Buch an: »Das aufsuchende Setting ist als Option der EUTB® eine Bereicherung hinsichtlich der Niedrigschwelligkeit und bietet in manchen Aspekten über die Beratungsinhalte hinausgehende Erkenntnisse, z.B. hinsichtlich Wohnumfeldbesichtigungen oder der Anwesenheit als Vertrauensperson bei behördlichen Besuchen« (▶ Kap. 4.4). Ein weiterer inhaltlicher Anlass kann aber auch die Kontrolle wie z.B. bei der Sozialpädagogischen Familienhilfe (▶ Kap. 13) darstellen. Unklar bleibt häufig, wie offen dieser kontrollierende Aspekt der aufsuchenden Hilfe zwischen Fachkraft und Klient:in besprochen werden. Dabei kann deutlich unterschieden werden, ob die Kontrolle als Teil der Hilfe von den Klient:innen als unterstützend verstanden und aktiv eingefordert wird oder ob es sich um eine von einem signifikanten Dritten (z.B. Gericht) auferlegte Kontrolle handelt (Conen 1999). Letztere bedingt eine andere fachliche Herangehensweise, weil dieser von den Klient:innen als nicht helfender Zwang erlebt werden kann. Auch wenn dieser Zwang angeraten sein kann, muss er dann auch als solcher kommuniziert und in den Hilfeprozess integriert werden (▶ Abb. 2.2).

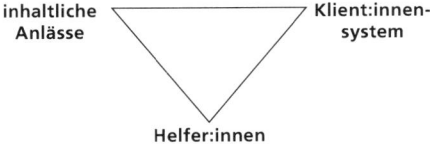

Abb. 2.2: Modell der Triangulation für inhaltliche Hilfeanlässe (bereits veröffentlicht in Lüngen et al. 2015, S. 232)

Setzt man die »strukturellen Anlässe« an die Stelle des »signifikanten Dritten«, hat auch dies Auswirkungen auf die Hilfe-Dyade. Die strukturellen Anlässe für das Erbringen von aufsuchenden Hilfen, erfolgen primär aus kompensatorischen Gründen:

a. weil sie wie z. B. im Kontext der aufsuchenden Arbeit im Suchtbereich (▶ Kap. 16) die einzig möglich erscheinende Form des Hilfezugangs darstellen,
b. weil sie eine wirksame Form der Vorbeugung darstellen und
c. weil sie mangelnde Infrastruktur ausgleichen.

Die Kompensation fehlender geeigneter Rahmenbedingungen und der sich daraus abgeleitete Anlass für eine aufsuchende Arbeitsweise, wirkt so aus unserer Sicht bedeutend auf den Hilfeprozess, der zwischen Helfer:in und Klient:in kreiert wird (▶ Abb. 2.3).

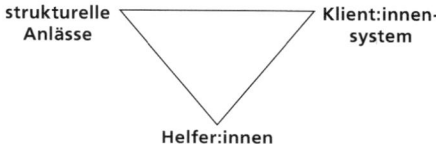

Abb. 2.3: Modell der Triangulation für strukturelle Hilfeanlässe (bereits veröffentlicht in Lüngen et al. 2015, S. 238)

Es gilt also zunächst zu eruieren, ob sich die Hilfeerbringung im sozialen Nahbereich der Klient:innen auf einen (oder mehrere) strukturellen oder inhaltlichen Anlass begründet. Dem Anlass entsprechend sollten die Helfer:innen die aufsuchende Arbeit planen und durchführen. Schwierigkeiten können vermutlich entstehen, wenn der vermeintliche Anlass zur Durchführung der Hilfe im sozialen Nahbereich der Klient:innen inkongruent ist. Bei der Begründung des Settings anhand eines strukturellen oder inhaltlichen Anlasses ist somit eine Klarheit herzustellen und zugleich gründlich zu reflektieren, ob der Anlass überhaupt eine aufsuchende Arbeitsweise rechtfertigt.

Möglich ist natürlich auch eine Mischung aus beiden Bereichen, da es sowohl strukturelle wie auch inhaltliche Anlässe für die aufsuchende Arbeitsweise gibt. Hierbei müsste dann immer wieder reflektiert werden, um was für einen Anlass es sich in der aktuellen Situation gerade handelt und zu wessen Gunsten dieser existiert.

Für die Begründung des aufsuchenden Arbeitens bleibt die Frage offen, wie es zu bewerten ist, wenn weder ein struktureller noch ein inhaltlicher Anlass besteht? Falls das Setting weder mit dem einen noch mit dem anderen Anlass erklärt werden kann und die Hilfe dennoch durchgeführt werden soll, stellt sich die Frage, ob weitere Optionen als die zwei hier thematisierten existieren, um die Hilfe zu begründen (Wild Card). Gleichwohl stellt sich aber auch die Frage, ob in Situationen, in denen die Hilfe im aufsuchenden Setting nicht strukturell oder inhaltlich begründet werden kann, überhaupt durchgeführt werden sollte (▶ Abb. 2.4).

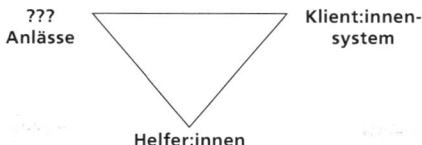

Abb. 2.4: Modell der Triangulation für strukturelle Hilfeanlässe (bereits veröffentlicht in Lüngen et al. 2015, S. 243)

2.2 Grenz- und Sicherheitsaspekte

Die aufsuchende Arbeitsweise erzeugt für die Helfenden und die Adressat:innen im Unterschied zu anderen Arbeitssettings der Sozialen Arbeit spezifische grenzbezogene Themen (ausführlich Lüngen et al. 2016) sowie spezifischen Unsicherheiten und Unklarheiten (ausführlich Lüngen et al. 2014).

Das aufsuchende Arbeit konfrontiert die Helfer:innen mit grenzbezogenen Themen, die sich u. a. auch in lebensweltlichen Dimensionen zeigen und die die Einhaltung bzw. die potenzielle Übertretung von Grenzen sowohl bei den Helfenden als auch bei den Nutzer:innen betreffen. Bildlich ist bereits der Schritt über die Türschwelle eine erste Auseinandersetzung mit dem Umgang eigener Grenzen und denen des Gegenübers, wie dies sehr deutlich anhand der Hausbesuche des Sozialpsychiatrischen Dienstes (SpDi) im Beitrag von Große und Augart in diesem Buch herausgearbeitet wird (▶ Kap. 14).

Wir unterscheiden hier zwischen biologischen, psychologischen und sozialen Grenzerfahrungen (ausführlich Lüngen et al. 2016). Biologische Grenzerfahrungen sind unserem Verständnis nach in der aufsuchenden Arbeit dann gegeben, wenn es sich um leibbezogene Themen handelt. Dies ist z. B. der Fall,

- wenn die Helfenden Essen und Trinken angeboten bekommen (▶ Kap. 13), die angenommen oder abgelehnt werden können,
- wenn die körperliche Unversehrtheit bedroht ist, weil die Fachkräfte real bedroht werden oder sie in einem Bedrohungsgefühl sind (▶ Kap. 15) oder
- wenn unterschiedliche Sauberkeits- und Hygienepraktiken und -vorstellungen eine Rolle spielen, denen die Fachkräfte nicht ausweichen können (▶ Kap. 16).

Das persönliche Sauberkeitsempfinden und die eigenen Hygienevorstellungen sind bei den aufsuchenden Hilfen durchaus eine zu händelnde Hürde für die Fachkräfte; so wird das auch von Arendt und Beil im Beitrag zur aufsuchenden Sucht- und Drogenhilfe eindrucksvoll beschrieben. Dazu gehören auch die olfaktorischen Grenzen, an die die Fachkräfte geraten können.

Mit psychologischen Grenzerfahrungen sind insbesondere die gemeint, die die Emotionsregulation tangieren und zu einer innerlichen Abgrenzung führen oder auch zu einer emotionalen Überflutung beitragen können. Es geht somit um die settingbedingten Gefahren der sogenannten Verstrickung mit den Klient:innen, die beispielsweise auch durch die Aktivierung biographischer Muster der Helfer:innen entstehen können (▶ Kap. 13), sowie darum, innere Abgrenzungsbedürfnisse nach außen hin zu verdeutlichen.

Die sozialen Grenzen beziehen sich auf die Interaktion zwischen Fachkräften und Klient:innen. Eine erste zu nehmende Hürde in der aufsuchenden Arbeitsweise stellt die Annahme der Hilfe durch die Klient:innen dar. Verweigern sie den Kontakt im sozialen Nahbereich, in dem sie beispielsweise die Tür nicht öffnen, sind die Helfer:innen mit einer massiven Interaktionsstörung konfrontiert – sie erleben sich als unerwünschte Eindringlinge, deren Erscheinen verhindert werden muss (▶ Kap. 7).

Die Sicherheitsfrage im Rahmen der aufsuchenden Arbeitsweise (ausführlich Lüngen et al. 2014) hat für die Praktiker:innen in Deutschland einen Stellenwert, den der Fachdiskurs bislang kaum abbildet. Die Beschäftigung mit und die Schulung in »Risk Management« für Fachkräften, die aufsuchend arbeiten, ist im angloamerikanischen Raum durchaus üblich (vgl. Buley et al. 2017). In Deutschland hingegen werden Sicherheitsaspekte aufsuchender Arbeitsweisen im psychosozialen Bereich im Fachdiskurs nach wie vor kaum thematisiert; für Praktiker:innen in der aufsuchenden Arbeitsweise hat dieses Thema allerdings einen relevanten Stellenwert. Dabei geht es u. a. um die Sorge vor möglichen Übergriffen durch Klient:innen. Helfer:innen, die in der aufsuchenden Arbeit tätig sind, haben es immer wieder mit neuen Situationen, Räumen und Orten zu tun. Sicherheit, die durch die gewohnte Umgebung des eigenen Büros gegeben werden kann, entfällt für diese Helfer:innen, des Weiteren ist in der Regel nicht systematisch gesichert, dass Kolleg:innen wissen, wo sich die Fachkraft der aufsuchenden Arbeit aktuell befindet. Aufsuchend arbeitende Fachkräfte sind daher in der Regel mehr auf sich allein gestellt als Kolleg:innen, die in einem Büro arbeiten und für die zumeist die Möglichkeit besteht, sich mit einem:einer Kolleg:in in einer Pause kurz auszutauschen oder gar einen geregelten Ablauf in sicherheitsrelevanten Krisensituationen abzusprechen und festzulegen. Die aufsuchende Arbeit beinhaltet somit heterogener Unsicherheiten, mit denen der:die Helfer:in umgehen und die er:sie bewältigen muss. Idealerweise ist die Fachkraft sogar darauf vorbereitet und wird in der Vorbereitung auf Gefahrensituationen durch den Träger, bei dem sie beschäftigt sind, unterstützt.

2.3 Reflexion im Dreieck: Setting – Besuchte – Besucher:innen

Unabhängig vom Anlass sollte die aufsuchende Arbeitsweise unserer Auffassung nach beständig reflektiert werden, da die strukturellen Merkmale und ebenso die inhaltlichen Anlässe sich kontinuierlich auf die Arbeitssituation der Fachkräfte, aber auch die Hilfesituation und die Klient:innen auswirken (ausführlich Bräutigam et al. 2020). Sie sind zudem nicht beständig und können an Bedeutung verlieren oder gewinnen. Die aufsuchende Arbeitsweise ist insgesamt weniger steuerbar und beeinflusst als äußerst lebendiges Setting in erheblichem Maße den Hilfeprozess.

Im Zentrum der Reflexion steht die Hilfe-Beziehung zwischen den Helfenden sowie den Klient:innen. Die Reflexion bezieht die Gegebenheiten des Settings sowie die Perspektive der Klient:innen und die Sicht der Fachkräfte ein. Mögliche zu reflektierende Themen sind der Umgang mit Grenzen, Störungen oder auch die Behandlung von ethischen und sicherheitsrelevanten Aspekten. Für die Umsetzung muss zunächst entschieden werden, welches Thema reflektiert werden soll.

So bestände z.B. eine Möglichkeit darin, das Thema Intimität aus der Perspektive des aufsuchenden Settings zu reflektieren. Hier könnte darüber nachgedacht werden, ob besonders zu respektierende intime Orte identifiziert werden können (z.B. das Schlafzimmer oder das Zelt, ▶ Kap. 9) und wie damit umgegangen werden sollte, wenn diese auf einmal im Hilfezusammenhang relevant werden, z.B. wenn die Klientin nicht mehr das Bett verlassen will oder das Zelt betreten werden müsste. Wenn das Thema Grenzen aus der Perspektive des aufsuchenden Settings in den Blick genommen wird, könnte darüber nachgedacht werden, ob angebotene Getränke angenommen werden sollten oder nicht. Bei dem Thema Störungen kann überlegt werden, wie mit einem laufenden Fernseher umzugehen ist, und bei ethischen Aspekten, ob und unter welchen Umständen ein Geschenk anzunehmen oder abzulehnen ist. Beim Thema Sicherheit können aus der Perspektive des aufsuchenden Settings die settingbedingten Sicherheitsrisiken wie z.B. freilaufende Hunde, unklarer Waffenbesitz, Drogen etc. besprochen werden. Bei der Beschäftigung mit der Perspektive der Klientel könnten mögliche sicherheitsbezogene Themen der Klient:innen herauskristallisiert werden – so z.B. die Furcht vor einer Zwangseinweisung in die Psychiatrie und der damit einhergehende Sicherheitsverlust bezüglich der Selbstbestimmung – und somit ein Verständnis und eine Annäherung an die Klientel erfolgen. Die Fokussierung aus der Perspektive der Helfenden rückt beispielsweise die eigenen individuellen und biographischen Erfahrungen mit gefährlichen und/oder unkontrollierten Situationen oder angsteinflößende spezifische Persönlichkeitsmerkmalen der Klient:innen in den Blick. Die Perspektive der Klient:innen sowie der Helfenden schließt somit stärker an die subjektiven Sicht- und Verarbeitungsweisen der Hilfebeteiligten an als die Settingperspektive.

Die Begründung der aufsuchenden Arbeitsweise ist also genau so dynamisch wie die Hilfe selbst und unterliegt damit einer grundsätzlichen Veränderbarkeit. Vor diesem Hintergrund sollten die Anlässe kontinuierlich im Hilfeprozess reflektiert werden, um prozessorientiert zu überprüfen, ob die inhaltlichen und/oder strukturellen Anlässe häuslicher familienbezogener Hilfen weiter vorliegen. Entscheidend ist aus unserer Sicht, dass eine Veränderung des Hilfeanlasses dann auch das Hilfearrangement verändert bzw. wenn sich im Laufe der Hilfe herausstellt, dass der Hilfezugang gar nicht mehr indiziert ist, die Hilfe auch beendet werden sollte. Die anfängliche und kontinuierliche Überprüfung der Anlässe für die aufsuchenden Arbeitsweisen scheint vor allem auch deshalb relevant, weil bei allem Potential des Hilfezugangs zu selten der Blick auf das ebenfalls vorhandene Potential an Neben-

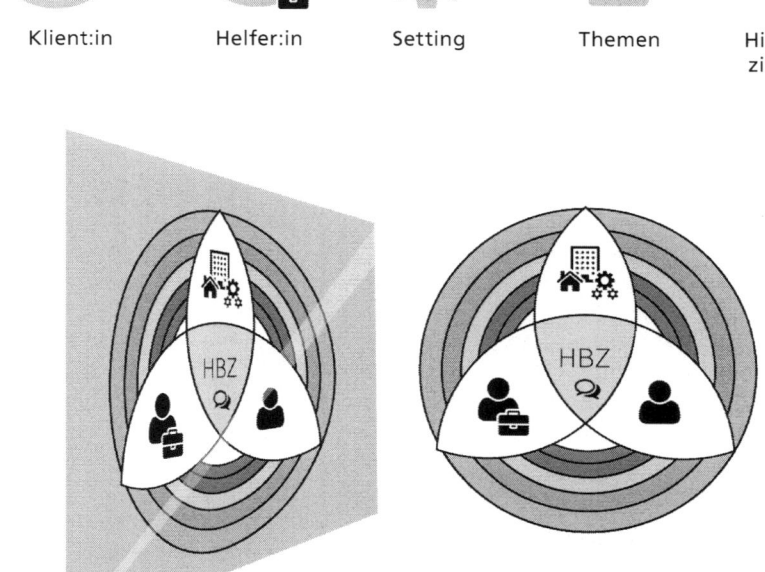

Abb. 2.5: Reflexion im Dreieck: Setting – Klient:innen – Helfer:in (bereits veröffentlicht in Bräutigam et al. 2020, S. 582)

wirkungen gerichtet wird (wie z. B. Grenzüberschreitungen, vgl. Märtens & Campbell, 2011).

2.4 Entwicklungsnotwendigkeiten für die Praxis

Die hier vorgestellten Sichtweisen auf die aufsuchende Arbeit basiert ausschließlich auf den Einschätzungen von Fachkräften und Expert:innen. In diesem Buch werden die aufsuchenden Arbeitsweisen in den verschiedenen Handlungsfeldern Sozialer Arbeit aus Sicht von Fachkräften oder/und Menschen aus der Wissenschaft beschrieben. Die Sicht der Klient:innen ist somit nicht systematisch berücksichtigt. Es ist aus unserer Sicht daher notwendig, zukünftig systematischer die Stimme der ›Besuchten‹ in die Reflexion der Hilfen miteinzubeziehen und kontinuierlich die aufsuchende Arbeit anhand von regelmäßig erhobenem Feedback qualitativ weiterzuentwickeln. Für diesen Bereich fehlen praktikable Evaluationsinstrumente, die weder die Fachkräfte noch die Klient:innen überfordern und die aber für die Verbesserung von adäquaten settinggerechten und wirksamen Hilfsangeboten dringend benötigt werden.

Literatur

Buley, N., Copland, E. & Hodge, S. (2017): Home Treatment Accreditation Scheme (HTAS). Standards for Home Treatment Teams – Third Edition. London: Royal College of Psychiatrists' Center for Quality Improvement. Online verfügbar unter: https://www.rcpsych.ac.uk/docs/default-source/improving-care/ccqi/quality-networks/htas/htas-standards-third-edition-2017.pdf?sfvrsn=9cb46892_2#:~:text=HTAS%20aims%20to%20ensure%20that,with%20fair%20access%20for%20all., Zugriff am 21.07.2023.
Bräutigam, B, Lüngen, S. & Müller, M. (2020): Home Visiting Work: A Transdisciplinary Study. Research on Social Work Practice, 30 (5), 576–584. DOI: 10.1177/1049731519898759
Bräutigam, B. & Müller, M. (2014): Aufsuchende Hilfen. In: T. Levold & M. Wirsching (Hrsg.): Systemische Therapie und Beratung. Das große Lehrbuch (S. 435–438). Heidelberg: Carl Auer.
Bräutigam, B., Müller, M. & Große, L. (2022): Hausbesuche und aufsuchende Hilfen im Kontext der qualifizierten Assistenz. In: K. Giertz, L. Große & D. Röh (Hrsg.): Soziale Teilhabe professionell fördern. Grundlagen und Methoden der qualifizierten Assistenz (S. 214–224). Köln: Psychiatrie Verlag.
Conen, M.-L. (1999): »Unfreiwilligkeit« – ein Lösungsverhalten. Zwangskontexte und systemische Therapie und Beratung. Familiendynamik, (24) 3, 282–297.
Kähler, H. (2005): Soziale Arbeit in Zwangskontexten. Wie unerwünschte Hilfe erfolgreich sein kann. München: Reinhardt.
Lüngen, S., Müller, M. & Bräutigam, B. (2015): Strukturelle und inhaltliche Anlässe für den Einsatz häuslicher Familienbezogener Hilfen. KONTEXT, 46 (3), 227–246.
Lüngen, S., Müller, M. & Bräutigam, B. (2016): »Kaffee, Kekse, Katzenallergie«. Umgang mit Grenzen, Grenzerfahrungen und Abgrenzungsbedürfnissen in den Hilfen im häuslichen Setting. Neue Praxis, 46 (1), 67–82.
Lüngen, S., Müller, M., Hankel, K. & Bräutigam, B. (2014): »… da sind da die Tassen geflogen und ich mitten drin …«. Wie sicher empfinden aufsuchende Helfer_innen ihre Arbeit im häuslichen Setting? Zeitschrift für Sozialpädagogik, 12 (4), 403–425.
Simon, F. B. (1993): Unterschiede, die Unterschiede machen. Frankfurt: Suhrkamp.

3 Forschungsstand zur aufsuchenden Sozialen Arbeit

Isabel Creutzburg, Matthias Müller & Barbara Bräutigam

Überblick

3.1	Einleitung	22
3.2	Aufsuchende Soziale Arbeit mit von Wohn- und Obdachlosigkeit betroffenen Menschen	23
3.3	Aufsuchende Arbeit mit Straßenkindern und Jugendlichen	24
3.4	Aufsuchende familienbezogene Arbeit	26
3.5	Aufsuchende Arbeit mit pflegenden Angehörigen	27
3.6	Aufsuchende Arbeit mit Sexarbeitenden	27
3.7	Aufsuchende Arbeit mit Landarbeitenden	28
3.8	Aufsuchende Arbeit im Rahmen von Katastrophenhilfe	29
3.9	Aufsuchende Soziale Arbeit in der Ausbildung	29
3.10	Fazit	30

3.1 Einleitung

Aufsuchende Soziale Arbeit setzt nach Arbogast (2021) dort an, wo Hilfsbedürftige die bestehende Hilfs- und Beratungsangebote in Komm-Strukturen nicht für sich beanspruchen können. Da, wo die Art der Aufnahme von Kontakt und Gestaltung der Beziehung in hochschwelligeren Hilfsangeboten eine Bevölkerungsgruppe nicht erreicht oder anspricht, bekommt die sogenannte Geh-Struktur Bedeutung. Die Schwierigkeit zu eindeutigeren Definitionen zu gelangen, verdeutlicht das folgende Zitat zur aufsuchenden Arbeit: »Meist synonym zum Terminus Streetwork verwendet und möglicherweise vom englischen ›outreach work‹ abgeleitet« (Diebäcker & Wild 2020, S. V). Zunehmend scheint sich der Begriff der aufsuchenden Arbeit als »handlungsfeld-übergreifender Fachbegriff zu etablieren, unter dem sich mobile und herausreichende Angebote, Streetwork- und Outreach-Projekte sowie auch stadtteil- und gebietsbezogene Praxen versammeln« (ebd., S. VI). Zum Teil wird unter aufsuchender Arbeit auch verstanden mit Hard-to-reach-Klientel zu arbeiten: »it is about ›reaching out‹ to ›hard to reach people‹« (Brackertz 2007, zit. nach Andersson & Minas 2020, S. 256). Somit bezieht man sich dann im sozialen Dienstleistungskontext auf versteckte und unterversorgte Bevölkerungsgruppen, die das Sozialsystem nicht erreicht. Ziel ist es, dass marginalisierte oder von sozialem

Ausschluss bedrohte Menschen »auf sozialstaatliche Unterstützung und Ressourcen zugreifen können« (Diebäcker & Wild 2020, S. 1).

Um in Erfahrung zu bringen, auf welchen Arbeits- und Handlungsfeldern aufsuchende Soziale Arbeit im nationalen und internationalen Raum erforscht wird und welche empirischen Ergebnisse dazu vorliegen, wurde ein systematisches Review erstellt. Dieses verfolgte das Ziel, Erkenntnisse des aktuellen nationalen und internationalen Forschungsstands von aufsuchenden Beratungs- und Hilfeformen im Zeitraum von 2015 bis 2022 abzubilden (Creutzburg 2022). Dazu wurde die Methode des systematischen Reviews angewandt: Nach einer Datenbankrecherche in den Datenbanken Springer Link, PSYNDEX und Web of Science Core Collection wurden mögliche relevante Dokumente anhand von Selektionskriterien auf ihre Eignung für die Forschungsfrage hin geprüft und auf eine finale Auswahl von 37 Treffern reduziert[1], von denen in diesem Rahmen 32 kurz vorgestellt werden. Interessant ist, dass von den 37 Studien nur drei aus Deutschland stammen und sie sich ansonsten über den gesamten Erdball mit Ausnahme von Südamerika verteilen. In der Bearbeitung konnten die so identifizierten Studien und Reviews zu aufsuchenden Beratungs- und Hilfeformen in grob zielgruppenbezogene Cluster eingeteilt werden. Insgesamt zeigte sich, dass aufsuchende Soziale Arbeit diverse Aufgaben wie z. B. Vermittlung und Empowerment, Bildung eines Sicherheitsnetzes, Vernetzung und interdisziplinäre Zusammenarbeit erfüllen muss. Die gefundenen Studien machen außerdem auf vernachlässigte Bevölkerungsgruppen aufmerksam und auf Missstände, die in der Ausbildung von Professionellen bestehen. Im Folgenden wird auf die einzelnen Handlungsfelder eingegangen und der Forschungsstand für diese zusammengefasst.

3.2 Aufsuchende Soziale Arbeit mit von Wohn- und Obdachlosigkeit betroffenen Menschen

In diesem Bereich konnten fünf Studien identifiziert werden. Diese stammen aus Belgien, Australien, Frankreich sowie den USA, außerdem fokussiert eine Studie ganz Europa. In den Studien wird von »homeless people« gesprochen – eine Differenzierung zwischen Wohn- und Obdachlosigkeit kann somit nicht getroffen werden.

---

1 Innerhalb des Publikationszeitrahmens (01.01.2015–30.07.2022) wurden deutsch- und englischsprachige systematische Reviews, Metaanalysen und Studien in einer Abstractsichtung auf ihre Eignung hin überprüft. Ausselektiert wurden hier Dokumente aus medizinischen, ergotherapeutischen und pflegerischen Kontexten sowie Methoden wie Telefonberatung oder Online Outreach Work. Bei einer anschließenden Sichtung der Volltexte wurden Kriterien wie Gesundheitsberatung, psychiatrisch-psychotherapeutische aufsuchende Versorgung, Community-Based Outreach sowie ein Dokument zu Peer-Support ausgeschlossen. Vertiefende Selektionskriterien und Schlagworte sind im Originaldokument einzusehen.

In diesen Studien wird betont, dass aufsuchende Arbeit nicht nur individuelle Hilfe leistet, sondern mit strukturellen Grenzen und Herausforderungen konfrontiert ist, wenn die entsprechende Zielgruppe von massiver gesellschaftlicher Ausgrenzung bedroht ist (Grymonprez et al. 2021). Das bedeutet für die Profession, sich immer wieder zu hinterfragen bzw. die eigene Professionalität weiterzuentwickeln, gerade auch in Bezug auf moralische, ethische oder politische Fragen (Cefaï 2015). Sie muss sich mit systembezogenen, organisationalen und individuellen Faktoren, die die Arbeit beeinflussen (Gaboardi et al. 2022), auseinandersetzen. Zu den systembezogenen Faktoren zählt die Verfügung über ausreichende wirtschaftliche Ressourcen, die Möglichkeiten der gesellschaftlichen oder politischen Einflussnahme sowie eine Vernetzung und Zusammenarbeit mit lokalen Verbänden, psychiatrischen oder arbeitsbezogenen Diensten sowie Sozial- oder Gesundheitsdiensten. Diese lassen sich als wesentliche Voraussetzung zur Unterstützung dieser Zielgruppe identifizieren und scheinen gleichzeitig bei der Burnoutprävention der Fachkräfte nützlich. Parsell et al. (2020) beschreiben als organisationale Faktoren, dass aufsuchende Soziale Arbeit besonders wirksam als Teil eines multidisziplinären Teams wohn- und obdachlosen Menschen helfen kann, Lebensbedingungen nachweislich zu verändern. Zu den individuellen Faktoren zählen hier u. a. die Balancierung zwischen professioneller Nähe und Selbstschutz sowie Hilfe und Selbsthilfe (Lee & Plitt Donaldson 2018).

3.3 Aufsuchende Arbeit mit Straßenkindern und Jugendlichen

Das zweite Cluster beinhaltet Studien über die aufsuchende Arbeit mit Straßenkindern und -Jugendlichen und mit jungen Menschen, die in irgendeiner Form gefährdet sind (z. B. durch Jugendarbeitslosigkeit, Drogenmissbrauch, Straffälligkeit oder Situationen im Kontext der Pflegekinderhilfe). Die hier abgebildeten Studien berücksichtigen Daten (manchmal in Kombination) aus den Ländern Tschechische Republik, Lettland, Indien, Südafrika, Norwegen (2), Schweden, USA (2), Australien, Kanada, Mexiko, Südkorea, Niederlande, Guatemala und China. Eine Studie ist europaweit aufgestellt.

In der aufsuchenden Arbeit mit Kindern und Jugendlichen, die aus unterschiedlichen Gründen auf der Straße leben, weisen die relevanten Studien inhaltlich sehr unterschiedliche Schwerpunkte auf. Lotko et al. (2016) beschreiben deskriptiv und vergleichend die aufsuchenden Programme und Maßnahmen, die Lettland, die Tschechische Republik und Indien mit Straßenkindern durchführen. Morton et al. (2020) untersuchen unterschiedliche Interventionen zu Wirkungen auf die Jugendobdachlosigkeit, eine Intervention davon ist die aufsuchende Arbeit. Sie bemerken, dass die Datenlage zu Wirkungsweisen von aufsuchender Arbeit so gering ist, dass gründlichere Forschung notwendig ist, um wichtige Aussagen als Basis für politische und praktische Entscheidungen generieren zu können. Die Studie von Oldfield et al. (2020) zeigt auf, inwiefern aufsuchende Arbeit durch Empowerment und Schaffung eines Zugehörigkeitsgefühls die betroffenen Jugendlichen stärken kann. Ziel dieser Studie war es, eine Untersuchung der Schutzfaktoren vorzunehmen, die die Resilienz von mit der Straße verbundenen Jugendlichen in Guatemala-Stadt fördern. Van Raemdonck und Seedat-Khan (2018) untersuchen das Potenzial der Methodik des Capability Approach im Hinblick darauf, Straßenkinder in ihrer Entscheidungsfähigkeit zu unterstützen. Diese Fähigkeiten sind bei der Zielgruppe eingeschränkt, da sie in den meisten Fällen ihr Zuhause nicht aus freien Stücken verlassen, sondern aufgrund eines verarmten, instabilen oder feindseligen Umfeldes und mit dem Vorsatz, ein selbstbestimmteres Leben zu führen. Einen anderen inhaltlichen Schwerpunkt bietet Bergheim (2021) an, indem sie in ihrer Studie das nonverbale Verhalten von Fachkräften, die mit jungen Menschen auf der Straße arbeiten, mittels einer Beobachtungsstudie untersucht. Die Studie macht deutlich, dass aufsuchend Sozialarbeitende vermutlich kaum formale Schulung dazu erhalten, wie sie ihre Wahrnehmungen (z. B. Körpersprache, Gesichtsausdruck, Stimme, Atmung) nutzen können und dass Grundlagen der Gestalttheorie und therapeutische Erfahrungen zum Verständnis der Praxis aufsuchender Arbeit beitragen können.

Weitere vier Studien beleuchten die aufsuchende Arbeit mit von vielfältigen Gefährdungen betroffenen oder straffälligen Jugendlichen. Wong et al. (2022) kristallisieren in ihrer Studie die Empfehlung heraus, aufsuchende Soziale Arbeit (beinhaltend musikalische und sportliche Aktivitäten in Verbindung mit unterstützender Beratung in Gruppen- oder Einzelsettings) mit kognitiver Verhaltenstherapie, die von Sozialarbeitenden mit entsprechenden Befähigungen durchgeführt werden kann, in der Arbeit mit straffälligen Jugendlichen anzuwenden. Oldeide et al. (2021) thematisieren, wie aufsuchende Soziale Arbeit zur Drogenprävention beitragen kann. Almquist und Lassinantti (2018) betonen die Bedeutung von kollaborations-, beziehungs- und ermächtigungsorientierten Praktiken in der aufsuchenden Arbeit, um Bedürfnisse von multiproblembetroffenen Jugendlichen abzudecken. Diese ermöglichen, dass Hilfeleistungen stärker auf die Bedürfnisse der jungen Menschen ausgerichtet werden, und bieten eine wertvolle Ergänzung zu sonst üblichen Diensten. Die Studie von Oldeide et al. (2020) fokussiert die Perspektive der Nutzenden, indem sie danach fragt, wie Jugendliche die Beziehung zu aufsuchenden Sozialarbeitenden erleben.

Eine Studie von Greeson et al. (2015) untersuchte die Wirksamkeit eines konkreten Programmes für Jugendliche aus Intensivpflegefamilien, das auf eine Zusammenarbeit der jungen Menschen mit aufsuchenden Sozialarbeitenden abzielt und individuelle Betreuung durch Mentor:innen in bestimmten Themen und Entwicklungsschritten beinhaltet. Diese Studie führt zur Bewertung der Wirksamkeit des Massachusetts Adolescent Outreach Programs eine Sekundärdatenanalyse durch. Ein Ergebnis der Studie ist, dass kein signifikanter Effekt zwischen der Wirkung des Outreach-Programmes und den »Services as usual« (den üblichen Dienstleistungen) gemessen wurde und sich die soziale Unterstützung nicht erhöhte. Auch wenn die Autor:innen keine auffälligen Unterschiede in ihrer Forschung feststellten, schlagen sie Implikationen für die aufsuchende Soziale Arbeit vor. Sie führen aus, dass die Bedingungen zur Umsetzung evidenzbasierter und kulturell angepasster Interventionen weiter erforscht werden müssen, um Jugendliche während und nach ihrer Zeit in Pflegefamilien in Netzwerke einzubinden. Sie stellen die Frage, wie aufsuchende Sozialarbeitende einen Beitrag leisten können, trotz unbeständigen Beziehungserfahrungen bei den Jugendlichen Selbstvertrauen und Motivation für nachhaltige Beziehungen zu generieren.

3.4 Aufsuchende familienbezogene Arbeit

In diesem Cluster werden die Ergebnisse der Studien, die als Zielgruppe Familien mit Kindern, oder Eltern ansprechen, diskutierend dargestellt. Es handelt sich hierbei um zwei deutsche und eine dänische Studie. Møller und Jørgensen (2022) stellen in ihrer Studie eine Zunahme von Standardisierung, Risikobewertung und technischen Lösungen vor, was zu einer Abwertung der praktischen Kenntnisse und Fähigkeiten von Sozialarbeitenden führe. Dieses manifestiere sich dort, wo mehr Zeit auf die Dokumentation als auf die praktische Arbeit mit den Klient:innen verwendet werde. Aufsuchende Soziale Arbeit ist den Autor:innen zufolge hier Mitträgerin von wirtschaftlich neoliberalistisch geprägten Ideologien. Jentsch und Gerber (2022) analysieren, was sich im Kinderschutz infolge der Covid-19-Pandemie verändert hat. Sie erläutern die Folgen für die Praxis der aufsuchenden Arbeit und nehmen Bezug auf die Einschätzungen der Professionellen zu ihrer Arbeit, die im Kontext der Pandemie eine Verstärkung des Kontrollaspekts und eine Abnahme des Unterstützungsaspekts konstatierten. Einblicke in die Wirksamkeit eines konkreten aufsuchenden Programms für Eltern von verhaltensauffälligen Kindern liefert Heidrich (2015). Das Kompetenztraining für Eltern sozial auffälliger Kinder (KES) vereinigt sozialpädagogische, beraterische und therapeutische Methoden. Theoretisch sollte das Programm darauf untersucht werden, ob es sich als aufsuchendes Hilfsangebot für die Kinder- und Jugendhilfe eignet, die Forschenden mussten aber bedauerlicherweise feststellen, dass sich der Zugang zu den Jugendämtern als äußerst schwierig gestaltete, denn nur ein Jugendamt nahm an der Studie teil. Als Ergebnis kann dennoch festgehalten werden, dass die durchschnittliche Reduzierung der elterlichen Belastung am Ende des Trainings und sechs Monate danach im Follow-Up deutlich und statistisch signifikant waren.

3.5 Aufsuchende Arbeit mit pflegenden Angehörigen

Eine Zielgruppe, die aufsuchende Soziale Arbeit vielleicht erst bei genauerem Hinsehen betrifft, ist die der pflegenden Angehörigen. Die entsprechenden Studien für diese Kategorie stammen aus den Niederlanden und dem Vereinigten Königreich. Beide adressieren Pflegende als eher vernachlässigte Zielgruppe, die Aufmerksamkeit und Unterstützung benötigt. Aufsuchende Arbeit (nicht nur) in den Niederlanden tut sich anscheinend schwer damit, auch die Angehörigen von Menschen, die durch Sozialarbeitende unterstützt werden, mit Unterstützung zu versorgen. Dabei sind Familie und Freund:innen von bedürftigen Klient:innen oft auch auf Soziale Dienste angewiesen. Es ist der Studie zufolge wichtig, eine Arbeitsbeziehung zu betreuenden Angehörigen oder Freund:innen/Bekannten aufzubauen und sie zu ermutigen, öffentliche Unterstützungsdienste in Anspruch zu nehmen, wenn sie stark belastet sind. Die Studie von Rauwerdink-Nijland et al. (2022) macht durch die Fokussierung auf die begrenzten Ressourcen Pflegender darauf aufmerksam, wie notwendig es ist bei aufsuchender Arbeit nicht nur die betroffenen Personen selbst in den Blick zu nehmen, sondern das ganze nähere Umfeld – und zwar nicht nur, um Betroffene zu stärken, sondern auch die Bezugspersonen entsprechend mitzuversorgen, wovon vermutlich alle Beteiligten inklusive der Sozialsysteme längerfristig profitieren. Moriarty et al. (2015) unterstreichen dieses mit ihrer vorgestellten Mixed-Method-Studie, die das Ziel verfolgte, verschiedene Modelle von Zusammenarbeit zwischen Angehörigen und Mitarbeitenden der Sozialämter zu beschreiben, deren Vor- und Nachteile zu beleuchten und insbesondere auf die Schwierigkeit der Identifizierbarkeit pflegender Angehöriger hinweisen.

3.6 Aufsuchende Arbeit mit Sexarbeitenden

Die folgenden sechs Studien aus den Ländern Portugal, Schweden, Deutschland, Großbritannien, China und den USA behandeln aufsuchende Arbeit mit Sexarbeitenden (Sex Workers). Graça et al. (2018) beschäftigten sich im Rahmen einer partizipativen Aktionsforschung (PA) mit Sexarbeitenden, die auf der Straße arbeiten, und aufsuchenden Sozialarbeitenden, die sich zum Ziel gesetzt haben, Wünsche und Bedürfnisse von Sexarbeitenden nachzuvollziehen und sichere Orte für eine dynamische Interaktion zwischen allen Beteiligten zu schaffen. Die Studie legt nahe, dass die Methodik der PA mit Sexarbeitenden sinnvoll und wertvoll sein kann, um die eigene professionelle Arbeit zu überprüfen und zu optimieren. Die nächsten beiden Studien nehmen das Thema »Safer Sex« und Gesundheitsprävention in den Blick. Hall et al. (2017) machen auf das Thema »Safer Sex« als vernachlässigten

Kommunikationsgegenstand und somit als Aufgabe aufsuchender Arbeit in Schweden aufmerksam. Themen wie »Safer Sex« oder Sexualität allgemein sind rar in der Ausbildung Professioneller, gleichzeitig unterstützen und ermutigen die Organisationen ihre Mitarbeitenden nicht ausreichend, sich in ihrer Arbeit mit Klient:innen oder Kolleg:innen darüber auszutauschen, obwohl ein Bedarf offenbar vorliegt. Mörgen (2018) untersucht mittels ethnographischer Beobachtungen und Interviews den konkreten Moment des Zeigens und Vorführens von Verhütungsmitteln (»Femidom«) nach der Kontaktaufnahme und wertet dies mit der Grounded Theory aus. Der Akt des Zeigens wird dabei als Wissensvermittlung einerseits und Geste für andere genutzt. Aufsuchende Arbeit wird hier als Teil der Gesundheitsprävention verstanden.

Inwiefern sich männliche von weiblicher Sexarbeit unterscheidet, wird in der Studie von Ellison und Weitzer (2017) genauer betrachtet. Ein wesentlicher Unterscheid zwischen dem männlichen und weiblichen Sektor besteht im Altersprofil, die männlichen Sexarbeiter sind wesentlich jünger als weibliche Sexarbeiterinnen. Das bedeutet, dass die Gefahr der Prostitution minderjährige Männer eher betrifft. Die sexuelle Orientierung hat bei Männern einen Einfluss auf Arbeitsmöglichkeiten und Kriminalität, bei weiblichen Sexarbeiterinnen sind das weniger starke Variablen. Zeng et al. (2015) untersuchen aus der Perspektive von Sexarbeitenden auf der Straße, Kund:innen und Gesundheitsdienstleitenden in Chongqing (China) wahrgenommene Barrieren, Forderungen und Vorschläge zur HIV-Prävention. Es ergab sich, dass die Sexarbeitenden größtenteils Land-Stadt-Migrant:innen mit niedrigem sozioökonomischen Status waren, die Sexarbeit als finanzielle Einnahmequelle dringend benötigten und ebenso wie ihre Kund:innen über ein unzureichendes Bewusstsein für HIV-Infektionen sowie Präventionsstrategien und -dienste aufwiesen. Die Studie von Meunier et al. (2022) weist auf die Bedeutung von aufsuchender Arbeit und Beratung zu sexuellen Gesundheitsthemen gleichaltriger Peers, die bestenfalls auch noch andere demographische Merkmale teilen sollten. Ihrer Studie zufolge würde diese Art der aufsuchenden Arbeit in Sexlokalen in New York City befürwortet und akzeptiert.

3.7 Aufsuchende Arbeit mit Landarbeitenden

Eine Zielgruppe, die gesellschaftlich marginalisiert ist und sich selbst nicht helfen kann, da sie struktureller Gewalt ausgesetzt ist, ist die der Landarbeitenden in den USA (Farmworkers). Die beiden Studien von Saldanha (2021) und Smith-Appelson et al. (2021) geben hier Einblicke in die kaum zu erreichende (hard-to-reach) und unterversorgte Bevölkerungsgruppe. Genau dort greift nach Saldanha die aufsuchende Soziale Arbeit ein, nimmt aufsuchende Interventionen und Aufklärung vor und macht sich für die Zielgruppe politisch stark. Sie fungiert somit auch als Zeugin und Abwenderin von arbeits- und menschenrechtsbezogenen Verstößen durch die Arbeitgebenden und kann Unterstützungsleistungen für mehr Menschenwürde und

Lebensqualität anbieten (Saldanha 2021, S. 1310). Die Studie von Smith-Appelson et al. (2021) fokussiert insbesondere den Aspekt der Einsamkeit bei den Landarbeitenden.

3.8 Aufsuchende Arbeit im Rahmen von Katastrophenhilfe

Die Beteiligung aufsuchender Sozialer Arbeit in der Katastrophenhilfe im Iran und in Indonesien nehmen die Studien von Maarefvand et al. (2021) und Kamrujjaman et al. (2018) in den Blick. Beide Studien betonen die Bedeutung der Schlüsselposition, in der sich aufsuchende Arbeit bezüglich des Zugangs zur Bevölkerung befindet. Maarefvand et al. (2021) erläutern die konkreten Aufgaben und Maßnahmen, die aufsuchend erfolgen. Kamrujjaman et al. (2018) untersuchen die unterschiedlichen Rollen, die Sozialarbeitende in der Bewältigung einnehmen. Konsens scheint es bei den Forschenden zu sein, dass die Rolle der aufsuchenden Sozialen Arbeit nach einer Katastrophe oft vernachlässigt und unerforscht bleibt.

3.9 Aufsuchende Soziale Arbeit in der Ausbildung

Die kanadische Studie von Ghelani (2021) untersucht die Rolle von aufsuchenden Sozialarbeitenden bei Mobilen Kriseninterventionsteams und erarbeitet einen Leitfaden, an dem sich Sozialarbeitende in der Praxis, aber auch Studierende und Lehrende orientieren können. Die US-amerikanische Studie von Cox (2022) analysiert Muster in der Praxis der aufsuchenden Beratung sowie Muster in der Ausbildung von zukünftig aufsuchend Arbeitenden und wirft einen Blick auf die Supervision, die aufsuchende Beratenden begleitet. Mithilfe einer experimentellen Piloterhebung untersucht sie über Umfragen Arbeits-, Betreuungs- (= Supervisions-) und Ausbildungsmuster von häuslich Beratenden. Die Ergebnisse deuten darauf hin, dass die Beratenden verschiedene Bevölkerungsgruppen betreuen und bezüglich häuslicher Kompetenzen begrenzt ausgebildet sind. Die Studie macht insofern auf Missstände aufmerksam, da sich ein deutlicher Mangel an Ausbildung und Schulung für diese intensive Tätigkeit ergibt.

3.10 Fazit

Die folgende Tabelle fast die wesentlichen Ergebnisse des nationaler und internationaler Forschungsstands zur aufsuchenden Sozialen Arbeit zusammen (▶ Tab. 3.1).

Tab. 3.1: Zusammenfassung der Ergebnisse zum nationaler und internationaler Forschungsstands zur aufsuchenden Sozialen Arbeit

Bereich	Zusammenfassung des Forschungsstands
Aufsuchende Soziale Arbeit mit von Wohn- und Obdachlosigkeit betroffenen Menschen (▶ Kap. 3.2)	• Reflexion und Weiterentwickeln der Professionalität in Bezug auf moralische, ethische und politische Fragen. • Aufsuchende Soziale Arbeit ist dort besonders indiziert, wo Menschen von Ausgrenzung bedroht sind.
Aufsuchende Arbeit mit Straßenkindern und Jugendlichen (▶ Kap. 3.3)	• Datenlage zu Wirkungsweisen aufsuchender Sozialer Arbeit ist so gering, dass gründlichere Forschung notwendig ist, um daraus Erkenntnisse für politische und praktische Entscheidungen ableiten zu können. • Aufsuchende Sozialarbeitende erhalten in unzureichendem Maße Schulungen hinsichtlich beziehungs- und ermächtigungsorientierter Praktiken und hinsichtlich ihrer nonverbalen Kommunikationstechniken.
Aufsuchende familienbezogene Arbeit (▶ Kap. 3.4)	• Zunehmende Standardisierung, Risikobewertung und technische Lösungen führen zu einer Abwertung von praktischen Kenntnissen und Fähigkeiten. • Im Kinderschutz hat sich infolge der Corona-Pandemie eine Verstärkung des Kontrollaspekts und eine Abnahme des Unterstützungsaspekts ergeben.
Aufsuchende Arbeit mit pflegenden Angehörigen (▶ Kap. 3.5)	• Pflegende als vernachlässigte Zielgruppe. • Familie und Freund:innen von Klient:innen sind häufig selbst auf Soziale Dienste angewiesen. • Herausforderung der Identifizierbarkeit von bedürftigen pflegenden Angehörigen.
Aufsuchende Arbeit mit Sexarbeitenden (▶ Kap. 3.6)	• Methodik der partizipativen Aktionsforschung mit Sexarbeitenden erwies sich als sinnvoll, um eigene professionelle Arbeit zu prüfen und zu optimieren. • »Safer Sex« und Sexualität als vernachlässigter Kommunikationsgegenstand. • Aufsuchende Soziale Arbeit als Teil der Gesundheitsprävention (Akt des Zeigens von Verhütungsmethoden). • Bedeutung von aufsuchender Hilfe und Beratung in der sexuellen Gesundheitsversorgung durch gleichaltrige Peers.

Tab. 3.1: Zusammenfassung der Ergebnisse zum nationaler und internationaler Forschungsstands zur aufsuchenden Sozialen Arbeit – Fortsetzung

Bereich	Zusammenfassung des Forschungsstands
Aufsuchende Arbeit mit Landarbeitenden (▶ Kap. 3.7)	• Gesellschaftlich marginalisierte Zielgruppe, die struktureller Gewalt ausgesetzt sind, »hard-to-reach«. • Aufsuchende Interventionen, Aufklärung, politisches Einsetzen für die Zielgruppe und Abwendung von Menschenmissbrauch mit dem Ziel, Menschenwürde und Lebensqualität zu verbessern.
Aufsuchende Arbeit im Rahmen von Katastrophenhilfe (▶ Kap. 3.8)	• Im Zugang zu der Bevölkerung nehmen aufsuchende, soziale Hilfen eine Schlüsselposition ein. • Die Rolle aufsuchender Sozialer Arbeit ist dennoch kaum erforscht.
Aufsuchende Soziale Arbeit in der Ausbildung (▶ Kap. 3.9)	• Studie erarbeitete einen Leitfaden für Praktiker:innen, Studierende und Lehrende der aufsuchenden Sozialen Arbeit. • Aufsuchende Beratende betreuen unterschiedlichste Bevölkerungsgruppen und sind dazu nur begrenzt ausgebildet.

Insgesamt weisen die aus den diversen Ländern stammenden und sehr unterschiedliche Zielgruppen und Handlungsfelder erforschenden Studien daraufhin, dass die aufsuchende Soziale Arbeit sich in ihrer Professionalität bezüglich ethischer, moralischer und politischer Thematiken weiterentwickeln und dort Gesellschaftsveränderungen anstoßen muss, wo Menschen von Ausgrenzung bedroht sind. Dabei ist sie auf Vernetzung und Zusammenarbeit mit diversen Gesundheits- und Sozialdiensten angewiesen und muss vor allem auf empowernde und Resilienz stärkende Methoden zurückgreifen. Die Datenlage zu Wirkungsweisen aufsuchender Sozialer Arbeit ist vergleichsweise gering, bemerkenswert ist dazu die geringe Anzahl deutscher Studien in dem vorliegenden systematischen Review, was auch insgesamt auf ein Forschungsdesiderat in diesem Bereich hindeuten dürfte, um daraus Erkenntnisse für politische und praktische Entscheidungen ableiten zu können. Auch die praxisbezogene Aus- und Fortbildung von Fachkräften der Sozialen Arbeit in den aufsuchenden Arbeitsfeldern erscheint verbesserungsbedürftig. Das bezieht sich insbesondere auf bislang vernachlässigte Themenfelder und Zielgruppen wie z.B. Sexarbeitende, Landarbeitende und pflegende Angehörige. Daran schließt sich an, dass nicht nur die Zielgruppe, sondern auch deren Bezugspersonen in den Fokus aufsuchender Angebote gestellt werden müssen und die Bedeutung von Peer-Beratung stärker zu beachten ist. Auch spielt aufsuchendes Arbeiten in bislang von der Forschung beachteten Feldern wie dem Katastrophenschutz eine wichtige Rolle und muss sich insgesamt angesichts der diversen Adressat:innengruppen fachlich weiterentwickeln.

Literatur

Almquist, A.-L. & Lassinantti, K. (2018): Social Work Practices for Young People with Complex Needs: An Integrative Review. Child and Adolescent Social Work Journal, 35, 207–219. https://doi.org/10.1007/s10560-017-0522-4

Arbogast, M. (2021): Aufsuchende Soziale Arbeit als sozialräumliche und lebensweltorientierte Schadensminderung. In: M. Krebs, R. Mäder & T. Mezzera (Hrsg.), Soziale Arbeit und Sucht (S. 175–192). Wiesbaden: Springer VS. https://doi.org/10.1007/978-3-658-31994-6_11

Bergheim, B. (2021): Accessing Tacit Knowledge: A Street-Level Method. Journal of Social Work Practice, 35 (19, 51–61. DOI: 10.1080/02650533.2019.1700491

Cefaï, D. (2015): Outreach Work in Paris: A Moral Ethnography of Social Work and Nursing with Homeless People. Human Studies, 38, 137–156. DOI: 10.1007/s10746-014-9328-y

Cox, J. M. (2022): Work Patterns, Training, and Clinical Supervision Demographics of Home-Based Professional Counselors. The Family Journal: Counseling and Therapy for Couples and Families, 30 (3), 281–288. DOI: 10.1177/10664807211061856

Creutzburg, I. (2022): Aktueller nationaler und internationaler Forschungsstand aufsuchender Beratungs- und Hilfeformen. Ein systematisches Review. Neubrandenburg.

Diebäcker, M. & Wild, G. (Hrsg.) (2020): Streetwork und Aufsuchende Soziale Arbeit im öffentlichen Raum. Zur strategischen Einbettung einer professionellen Praxis. In: Streetwork und Aufsuchende Soziale Arbeit im öffentlichen Raum (S. 1–19). Wiesbaden: Springer. https://doi.org/10.1007/978-3-658-28183-0_1

Ellison, G. & Weitzer, R. (2017): The Dynamics of Male and Female Street Prostitution in Manchester, England. Men and Masculinities, 20 (2), 181–203. DOI: 10.1177/1097184X15625318

Gaboardi, M., Santinello, M., Disperati, F., Lenzi, M., Vieno, A., Loubière, S., Vargas-Moniz, M. J., Spinnewijn, F., Greenwood, R. M., Wolf, J. R., Bokszczanin, A., Bernad, R., Blid, M., Ornelas, J. & Shinn, M. (2022): Working with People Experiencing Homelessness in Europe. Human Service Organizations: Management, Leadership & Governance, 1–22. DOI: 10.1080/23303131.2022.2050330

Ghelani, A. (2022): Knowledge and Skills for Social Workers on Mobile Crisis Intervention Teams. Clinical Social Work Journal, 50, 414–425. https://doi.org/10.1007/s10615-021-00823-x

Graça, M., Gonçalves, M. & Martins, A. (2018): Action Research with Street-Based Sex Workers and an Outreach Team: A Co-Authored Case Study. Action Research, 16 (3), 251–279. DOI: 10.1177/1476750316685877

Greeson, J. K. P., Garcia, A. R., Kim, M. & Courtney, M. E. (2015): Foster Youth and Social Support: The First RCT of Independent Living Services. Research on Social Work Practice, 25 (3), 349–357. DOI: 10.1177/1049731514534900

Grymonprez, H., Roose, R. & De Corte, J. (2022): In Search of Transformative Practice: Outreach Work Tactics for Perpetuating Symbolic Boundaries. British Journal of Social Work, 52, 2743–2759. https://doi.org/10.1093/bjsw/bcab220

Hall, I. E., Plantin, L. & Holmström, C. (2019): Social Workers' Opportunities to Work with Safer Sex. European Journal of Social Work, 22 (1), 82–94. DOI: 10.1080/13691457.2017.1357019

Jentsch, B. & Gerber, C. (2022): Child Protection Plans in the Covid-19-Pandemic in Germany: Maintained, Adjusted, or Suspended? Child Abuse & Neglect, 123 (105384), 1–13. https://doi.org/10.1016/j.chiabu.2021.105384

Kamrujjaman, M. D, Rusyidi, B., Abdoellah, O. S. & Nurwati, N. (2018): The Roles of Social Worker During Flood Disaster Management in Dayeuhkolot District Bandung Indonesia. Journal of Social Work Education and Practice, 3 (3), 31–45.

Lee, W. & Plitt Donaldson, L. (2018): Street Outreach Workers' Understanding and Experience of Working with Chronically Homeless Populations. Journal of Poverty: Innovations on Social, Political & Economic Inequalities, 22 (5), 421–436. DOI: 10.1080/10875549.2018.1460737

Lotko, M., Leikuma, L. & Gopalswamy Battle, M. (2016): Comparative Analysis of Outreach Work with Street Children in Latvia, Czech Republic and India. SHS Web of Conferences 30, 00035, 1–11. DOI: 10.1051/shsconf/20163000035

Maarefvand, M., Ghiabi, M. & Nourshargh, F. (2021): Social Work Post-Disaster Response in Iran: A Case Study of the 2019 Mass Flooding in Poldokhtar, Lorestan. International Social Work, 00 (0) 1–21. DOI: 10.1177/00208728211018742

Meunier, E., Alohan, D., Tellone, S., Silvera, R., Cohall, A., Baran, A., Wakefield, M., Grov, C. & Fisher, C. B. (2022): Attitudes Toward Peer-Delivered Sexual-Health Services Among New York City Sexual and Gender Minority Individuals Who Have Sex with Men and Attend Collective Sex Venues. Qualitative Health Research, 32 (7). 1167–1184. DOI: 10.1177/10497323221101714

Moriarty, J., Manthorpe, J. & Cornes, M. (2015): Reaching out or Missing out: Approaches to Outreach with Family Carers in Social Care Organisations. Health and Social Care in the Community, 23 (1). 42–50. DOI: 10.1111/hsc.12119

Morton, M. H., Kugley, S., Epstein, R. & Farell, A. (2020): Interventions for Youth Homelessness: A Systematic Review of Effectiveness Studies. In: Children and Youth Services Review, 116 (105096), 1–24. https://doi.org/10.1016/j.childyouth.2020.105096

Mörgen, R. (2018): Mit Körpern am Schutz des Körpers arbeiten: Zeigepraktiken der aufsuchenden Sozialen Arbeit im Kontext Prostitution. Soziale Probleme, 29, 189–206. https://doi.org/10.1007/s41059-018-0054-y

Møller Jørgensen, A. (2022): Time for and Timing in Social Work with Vulnerable Families: Responding to Needs in Neoliberal Times. European Journal of Social Work. DOI: 10.1080/13691457.2022.2040435

Oldeide, O., Fosse, E. & Holsen, I. (2021): Local Drug Prevention Strategies through the Eyes of Policy Makers and Outreach Social Workers in Norway. Health Soc Care Community, 29, 376–384. DOI: 10.1111/hsc.13096

Oldeide, O., Fosse, E. & Holsen, I. (2020): Youth Perspective on Outreach Service: A Safety Net for At-Risk Youth in a Municipality. In: Children and Youth Services Review, 116 (105234), 1–7. https://doi.org/10.1016/j.childyouth.2020.105234

Oldfield, J., Stevenson, A. & Ortiz, E. (2020): Promoting Resilience in Street Connected Young People in Guatemala: The Role of Psychosocial and Educational Protective Factors. J Community Psychol, 48, 590–604.

Parsell C., Clarke A. & Vorsina, M. (2020): Evidence for an Integrated Healthcare and Psychosocial Multidisciplinary Model to Address Rough Sleeping. Health Soc Care Community, 28, 34–41. https://doi.org/10.1111/hsc.12835

Petticrew, M. & Roberts, H. (2006): Systematic Reviews in the Social Sciences: A Practical Guide (3., aktualisierte Auflage). Blackwell.

Rauwerdink-Nijland, E., van den Dries, L., Metz, J., Verhoelt, A. & Wolf, J. (2022): Lessons from the Field. Caregivers Supporting Marginalized People Receiving Social Support from Street Outreach Workers. Family Relations, 1–16. DOI: 10.1111/fare.12744

Saldanha, K. (2021): Making Labor Visible in the Food Movement: Outreach to Farmworkers in Michigan. Qualitative Social Work, 20 (5), 1297–1316.

Smith-Appelson, J. L., Reynolds, J. R. & Grzywacz, J. G. (2021): Assessing the Extreme Loneliness of Immigrant Farmworkers. Sociological Inquiry, 91 (3), 696–717. DOI: 10.1111/soin.12428

Van Raemdonck, L. & Seedat-Khan, M. (2018): A Case Study on a Generalist Service Delivery Model for Street Children in Durban, South Africa: Insights from the Capability Approach. Child & Family Social Work, 23, 297–306. DOI: 10.1111/cfs.12418

Wong, D. F. K., Cheung, Y. C. H., Huang, Y.-T., Tam, C. H. L., Chan, W. M. H. & Yeung, K. K. W. (2022): Quasi-Experimental Study Comparing CBT, MBCT, Activity-Based Supportive Counselling for Hong Kong Delinquent Youth. Research on Social Work Practice, 32 (5), 567–582. DOI: 10.1177/10497315221077651

Zeng, H., Zhang, L., Zhao, Y., Liu, H., Guo, H., Wang, Y., Zhang, Z. & Mao, L. (2016): HIV Prevention among Street-Based Sex Workers (SSWs) in Chongqing, China: Interviews with SSWs, Clients and Healthcare Providers. Health and Social Care in the Community, 24 (6), 173–180. DOI: 10.1111/hsc.12266

Teil II: Praxisfelder und Fallbeispiele

4 Aufsuchende Hilfe im Sinne von Empowerment – Ergänzende unabhängige Teilhabeberatung (EUTB®)

Anke S. Kampmeier & Annika Schmalenberg

> **Überblick**
>
> 4.1 Die ergänzende unabhängige Teilhabeberatung – EUTB® 37
> 4.2 Fallbeispiele 39
> 4.3 Kritische Reflexion der Fallverläufe 42
> 4.4 Schlussfolgerung 46

4.1 Die ergänzende unabhängige Teilhabeberatung – EUTB®

Die ergänzende unabhängige Teilhabeberatung – EUTB® – ist eine neue Beratungsform für Menschen mit Behinderungen, die im Rahmen des Gesetzes zur Stärkung der Teilhabe und Selbstbestimmung von Menschen mit Behinderungen – Bundesteilhabegesetzes (BTHG) – 2018 eingeführt wurde. Das BTHG wurde entwickelt und seit 2017 stufenweise eingeführt, um die Vorgaben der UN-Konvention über die Rechte von Menschen mit Behinderungen (UN-BRK), die seit 2009 in Deutschland gilt, umzusetzen. Es ist ein umfassendes Kompendium, in dem das SGB IX – Rehabilitation und Teilhabe – gestärkt werden soll. Das BTHG verfolgt die zentralen Ziele in Anlehnung an die UN-BRK »Selbstbestimmung der leistungsberechtigten Menschen« und »Personenorientierung der unterstützenden Leistungen«. Kurz: Die Bemühungen des SGB IX seit 2001, den Paradigmenwechsel von der Fürsorge für Menschen mit Behinderungen hin zur Teilhabe von Menschen mit Behinderungen an und in allen Bereichen der Gesellschaft zu gestalten und zu unterstützen, gelangen nicht in jeder Hinsicht und nicht für alle beteiligten Menschen. Das BTHG ist nun ein weiterer Versuch, ein modernes Teilhaberecht zu gestalten.

Die EUTB® ist seit 2018 in § 32 des SGB IX geregelt. Die EUTB® ist ein *ergänzendes* Angebot für die Beratung von Menschen mit Behinderungen und ihre Angehörigen, das *niedrigschwellig* vor Beantragung von Leistungen zur Rehabilitation und Teilhabe am Leben zur Verfügung steht. Die Beratung erfolgt *unabhängig* von Leistungsträgern und Leistungserbringern und deren Beratungen. Ein wichtiger Kern der

EUTB® ist die Beratung von Betroffenen für Betroffene (§ 32, Abs. 3), also das Peer-Counseling.

Die zuständige Behörde für die Umsetzung der EUTB®, das Bundesministerium für Arbeit und Soziales (BMAS), richtete eine Fachstelle Teilhabeberatung für die EUTB® ein, die die Beratungsstellen inhaltlich begleitet und berät. Ihr Grundsatz ist die Eigenverantwortung und Selbstbestimmung von Menschen mit Behinderungen im Sinne des menschenrechtlichen Modells von Behinderung. Für die Fachstelle Teilhabeberatung und für die EUTB® insgesamt bedeutet das Empowerment und wird in dem Leitbild der Fachstelle folgendermaßen formuliert: »Wir nehmen alle Ratsuchenden in ihrer Vielfalt, ihren Erfahrungen, ihren Wünschen und Bedürfnissen an. Wir begegnen allen Ratsuchenden auf Augenhöhe, mit Respekt und Wertschätzung« (Fachstelle Teilhabeberatung 2022).

> Im Folgenden finden sich Auszüge eines Gesprächs mit EUTB®-Beraterin Annika Schmalenberg, die Einblicke in ihre Arbeit gewähren und die Vorteile, aber auch die Grenzen von EUTB® in der aufsuchenden Arbeitsweise aufzeigen.

Im Sinne des Empowerments – Stärken stärken – geht es um die Wertschätzung und Unterstützung des Selbstbewusstseins und der unantastbaren Identität von Menschen. Die Konkretisierung in dem Leitbild der Fachstelle Teilhabeberatung des Respekts aller Ratsuchenden in ihrer Vielfalt, ihren Erfahrungen, ihren Wünschen und Bedürfnissen und der Begegnung auf Augenhöhe (s. Fachstelle Teilhabeberatung 2022) weist auf die Breite möglicher Beratungsbedarfe sowohl der Inhalte als auch der Settings hin. Aufsuchende Beratung ist eine Möglichkeit.

> »Die Anzahl der aufsuchenden Beratungen ist sehr unterschiedlich zwischen den EUTB®-Angeboten. Es gibt welche, die berichten, dass sie überwiegend aufsuchend arbeiten, weil ihre Zielgruppe dies erfordert. Andere EUTB®-Angebote sagen, dass sie es selten machen, nur wenn wirklich gar nichts anderes geht und sämtliche anderen Optionen abgeklärt sind. Und dann gibt es viele, die den Mittelweg wählen und das ist auch das, was ich mache. Ich zeige die Möglichkeiten auf, welche Kommunikationswege es gibt von persönlich zu digital über telefonisch, und meinetwegen kann mir auch jemand ein Fax schicken und ich antworte per Fax darauf. Das ist alles möglich. Und wenn jemand sagt, persönlich ist mir schon ganz lieb, aber ich komme ja gar nicht zu Ihnen, dann frage ich nicht noch weiter nach, sondern es ist für mich gegeben und dann mache ich einen aufsuchenden Beratungstermin. [...] Wobei die aufsuchende Beratung nicht nur in der Häuslichkeit stattfinden muss, sie kann auch an einem anderen geeigneten Ort, den die Ratsuchenden vorschlagen, stattfinden. Ich war auch schon in einem Wohnheim oder in einer Rehaklinik; auch bei Behörden selbst kann die aufsuchende Beratungsarbeit geleistet werden. Das ist räumlich nicht festgelegt, geht von den Rahmenbedingungen aus, was der:die Ratsuchende braucht und was ich als beratende Person brauche. Bei mir ist halt klar, ich komme mit meinem Rollstuhl nicht in die fünfte Etage ohne Aufzug, das muss ich dann auch so kommunizieren. [...] Es sind vielfältige Möglichkeiten, die man

> hat und die man einfach kommunizieren muss, und das finde ich eigentlich so entspannt, dass es keine strengen Vorgaben gibt. [...] Es ist eine Möglichkeit, um Niedrigschwelligkeit zu ermöglichen, um alle Ratsuchenden einzubeziehen, weil das ist ja auch das Motto der EUTB® »Eine für alle«. Niemanden von der Beratung auszuschließen, darum geht es. Nur weil die Rahmenbedingungen nicht stimmen, kann ich nicht sagen, hier findet kein Beratungsprozess statt. Das wäre völlig konträr zum Konzept, weil es für jeden zugänglich sein soll.«

4.2 Fallbeispiele

Im Folgenden werden drei Fallbeispiele näher dargestellt, um das Setting des aufsuchenden Arbeitens in der EUTB® in verschiedenen Fallverläufen zu beschreiben. Die Beispiele unterscheiden sich dabei in der Art der Kontaktaufnahme, den angefragten Beratungsthemen und dem abschließenden Fallverlauf. Die Auswahl der Fallbeispiele zeigt somit ein nicht abgeschlossenes Spektrum der aufsuchenden EUTB®-Arbeit. In allen drei Fallbeispielen kam die Peer-Counseling-Methode in unterschiedlich starker Ausprägung zum Einsatz und hat so zum Teil unmittelbar auf den Beratungsverlauf gewirkt.

Fallbeispiel 1

Im ersten Fallbeispiel nahm eine Frau, die mit einer Querschnittlähmung lebt, Kontakt zur EUTB® auf. Die Behinderung bestand seit mehreren Jahrzehnten und die Ratsuchende lebte mit Persönlicher Assistenz in der eigenen Häuslichkeit. Im Rahmen ihrer körperlichen Möglichkeiten nahm die Ratsuchende aktiv und selbstbestimmt am gesellschaftlichen Leben teil, immer begleitet durch die Persönliche Assistenz. Die Beratungsanfrage ergab sich, da vorherige Beratungsstrukturen, die von der Ratsuchenden genutzt wurden, nicht länger existierten und sich die Ratsuchende jedoch eine fachliche und möglichst auf Peer-Ebene stattfindende Beratung wünschte. Gegenstand der Beratung war die Notwendigkeit, die Leistung des Persönlichen Budgets, das die Persönliche Assistenz finanziert, über den Eingliederungshilfeträger zu verlängern. Kernthemen der Beratung waren somit die weitere gute Absicherung durch die Persönliche Assistenz für die Ratsuchende in den kommenden Jahren sowie eine Antragsberatung für eine Budgeterhöhung zur besseren Finanzierung der Assistenzkräfte. Eine klare Zieldefinition zum Zweck der Beratung lag seitens der Ratsuchenden somit von Anfang an vor.

Vor der ersten aufsuchenden Beratung fanden mehrere Telefonkontakte und ein Austausch per E-Mail statt, die dazu dienten, den bisherigen Stand zur Umsetzung der Persönlichen Assistenz und der bisherigen Leistungsgewährung über den Eingliederungshilfeträger genauer zu beleuchten. Im Zuge dieser Kontakte entstand der Wunsch der Ratsuchenden, dass die Peer-Beraterin an dem bevorstehenden Gespräch zur Bedarfsermittlung mit dem Kostenträger als Vertrauensperson teilnahm. Das aufsuchende Setting begann kurz vor dem terminierten Bedarfsermittlungsgespräch im Wohnzimmer der Ratsuchenden. Aufgrund von körperlich begrenzten Ressourcen der Ratsuchenden zur Alltagsbewältigung war ein Aufsuchen der Beratungsstelle durch sie selbst nicht möglich, zudem fand das Bedarfsermittlungsgespräch mit den Mitarbeitenden des Kostenträgers in der Häuslichkeit der Ratsuchenden statt. Das Beratungsgespräch im Peer-Ansatz diente dazu, die Ratsuchende in ihrem Auftreten und der Darstellung ihrer Assistenzbedarfe gegenüber dem Kostenträger zu empowern.

Details zur Kalkulation des Persönlichen Budgets wurden gemeinsam herausgearbeitet und Zielstellungen zu Teilhabechancen durch die Fortführung der Persönlichen Assistenz formuliert. Im sich anschließenden Bedarfsermittlungsgespräch mit zwei Mitarbeitenden des Kostenträgers wirkte die EUTB®-Beraterin als Vertrauensperson mit. Dazu wurde im Vorfeld mit der Ratsuchenden der Rahmen der aktiven Gesprächsteilnahme seitens der EUTB®-Beraterin definiert, da dieser von der reinen Anwesenheit über die Rolle als Impulsgeberin bis hin zur aktiven Gesprächsteilnahme reichen kann, je nach Wunsch der Ratsuchenden. In diesem Fallbeispiel wünschte sich die Ratsuchende die Rolle der Impulsgeberin, falls sie in ihren Ausführungen oder Argumenten einen zuvor besprochenen und wesentlichen Faktor vergessen sollte. Die Rolle der EUTB®-Beraterin wird allein durch die ratsuchende Person definiert. Im Rahmen der Bedarfsermittlung wurde ein schneller Konsens hinsichtlich der Notwendigkeit der Fortführung der Persönlichen Assistenz erzielt, jedoch konnte über die endgültige Budgethöhe noch nicht entschieden werden, da dies ein komplexer Vorgang auf der Ebene der Sachbearbeitung ist. Daher endete das aufsuchende Setting in diesem Fall damit, dass weitere Telefon- bzw. E-Mailkontakte zwischen der Ratsuchenden, dem Kostenträger und der EUTB®-Beraterin vereinbart wurden, um weitere offene Fragen zur Budgetkalkulation zu klären. Insgesamt dauerte es nach dem Erstgespräch und dem Bedarfsermittlungsgespräch in der Häuslichkeit ca. weitere sechs Monate, ehe es einen positiven Bescheid zum ursprünglichen Antrag der Ratsuchenden gab.

Fallbeispiel 2

Das zweite Fallbeispiel zeigt einen gänzlich anderen Verlauf für das aufsuchende Arbeiten im Rahmen der EUTB®. Die Beratungsanfrage erfolgte telefonisch durch den Lebenspartner einer Frau mit Behinderungen. Bei diesem Telefonat wurden nur wenige Informationen detailliert besprochen, sodass der Informationsstand vor dem aufsuchenden Arbeiten geringer war als im ersten Fallbeispiel. Angefragt wurde eine Beratung zur aktuellen Lebenssituation und Möglichkeiten der Pflegeorganisation für die von Behinderungen betroffene Frau. Insgesamt ergaben sich aus dieser Anfrage drei Hausbesuche bzw. aufsuchende Beratungen. Aufgrund aktueller massiver gesundheitlicher Einschränkungen war es der Frau mit Behinderungen nicht möglich, das eigene Bett zu verlassen und die Beratungsstelle aufzusuchen. Die Beratung erfolgte somit im Wohn-Schlafbereich der Frau mit Behinderungen.

Während des ersten Hausbesuchs ging es vorrangig um die Darstellung der aktuellen Lebenssituation durch den Lebensgefährten. Die Frau mit Behinderungen beteiligte sich nur sporadisch an dem Beratungsgespräch. Die EUTB®-Beraterin gab einen allgemeinen Überblick über Pflegekassenleistungen, die in Anspruch genommen werden könnten, und erfragte, wie sich die Lebenssituation für beide Lebenspartner:innen verbessern könne. Es kristallisierte sich heraus, dass es vorrangig um die Entlastung des Lebensgefährten ging, da dieser den Hauptteil der notwendigen Pflege absicherte. Zusätzlich zu den Pflegekassenleistungen wurde über das Thema Persönliches Budget und das Leben mit Persönlicher Assistenz beraten und auch hier war festzustellen, dass vor allem der Lebensgefährte Interesse an diesem Thema zeigte. Es bestand somit eine offensichtliche Differenz zwischen der Perspektive zur Notwendigkeit und der Zielsetzung der Beratung zwischen der Frau mit Behinderungen und ihrem Lebensgefährten. Die Erstberatung endete damit, dass nach der Leistungsdarstellung noch keine konkreten, weiteren Beratungsschritte formuliert wurden und sich die Ratsuchenden erneut melden könnten, wenn Bedarf besteht.

Etwa einen Monat nach dem Erstgespräch meldete sich erneut der Lebensgefährte telefonisch und bat um Antragsberatung in der Häuslichkeit. Beide hätten sich dazu entschlossen, einen Antrag auf Persönliche Assistenz zu stellen und hätten diesbezüglich konkrete Nachfragen. Beim zweiten Beratungsgespräch nahmen beide aktiv am Gespräch teil und es fand eine detaillierte Beratung zum Antragsverlauf und der Bedarfsermittlung für die Persönliche Assistenz statt. Beide Ratsuchenden wollten jedoch den Antrag nach der Beratung selbst stellen und sich melden, sofern es Fragen gibt. Es wurde somit keine direkte Folgeberatung vereinbart.

Wenige Wochen später fragte die Frau mit Behinderungen erneut nach einer häuslichen Beratung. Der dritte Termin erfolgte allein mit ihr. Das dritte Beratungsgespräch hatte nicht den vorhergehenden Antrag auf die Persönliche Assistenz zum Thema, sondern die Hilfsmittelversorgung mit einem adäquat passenden Elektrorollstuhl. Dieses Thema wurde in den vorhergehenden Beratungen nur sehr kurz angerissen, sodass beim dritten Beratungsgespräch über den Antragsweg, Eigenschaften verschiedener Modelle und optionale Funktionen von E-Rollstühlen beraten wurde. Auch bei diesem Thema kam die Peer-Ebene stark zum Tragen, da die EUTB®-Beraterin selbst einen solchen E-Rollstuhl nutzt und somit Praxiswissen teilen konnte. Nach dieser dritten Beratung in der Häuslichkeit endeten die persönlichen Kontakte und die Ratsuchende mit Behinderungen informierte telefonisch über den Antrag und die spätere Ablehnung des E-Rollstuhls. Weitergehende Informationen zu den vorherigen Beratungsthemen gab es nicht. Da die EUTB® nicht im Widerspruchs- oder Klagefall beraten darf, konnte nach der Ablehnung des E-Rollstuhls keine weitere Unterstützung geleistet werden. Obwohl das Thema der Persönlichen Assistenz noch nicht abschließend entschieden war, endeten die Beratungen und Kontakte zu den Lebenspartner:innen und blieben damit zum Teil ergebnisoffen.

Fallbeispiel 3

Im dritten Fallbeispiel erfolgte die Beratungsanfrage durch eine Ehefrau, deren Mann nach einem Schlaganfall noch in einer Rehaklinik lag. Beide waren neu mit dieser veränderten Lebenssituation konfrontiert. Der Soziale Dienst der Klinik hatte bereits über den Pflegegrad beraten, jedoch waren noch keine weiteren konkreten Anträge, außer auf den Pflegegrad, in die Wege geleitet worden, sodass sich die Ehefrau weitere Unterstützung wünschte. Die Erstberatung erfolgte kurz nach Rückkehr des Mannes in die Häuslichkeit. Aufgrund fehlender Mobilitätsmöglichkeiten in Form eines rollstuhlgerechten Kraftfahrzeugs und mangelndem barrierefreien öffentlichen Personennahverkehrs war es dem Mann nicht möglich, die Beratungsstelle aufzusuchen. Thematisch drehte sich die Erstberatung um die Hilfsmittelversorgung bei Pflegebedürftigkeit, Pflegekassenleistungen, den Antrag auf den Grad der Behinderung und wohnumfeldverbessernde Maßnahmen. Die Beratung in der Häuslichkeit bot hier den Vorteil, das Wohnumfeld beider Ratsuchenden direkt zu sehen und so z. B. über den Badumbau sprechen zu können. Beide Eheleute agierten auf gleicher Ebene im Beratungsgespräch, es gab keine klare Differenzierung zwischen der Beratung für Angehörige bzw. für Selbstbetroffene. Insbesondere wurde zur bevorstehenden Begutachtung durch den Medizinischen Dienst der Krankenkassen zur Erteilung eines Pflegegrades beraten. Auch hier entstand der Wunsch, dass die EUTB®-Beraterin als Vertrauensperson bei dieser Begutachtung in der Häuslichkeit anwesend sein sollte und somit ein zweiter Beratungstermin in der Häuslichkeit vereinbart wurde.

Die Rolle der EUTB®-Beraterin war während der Pflegegradbegutachtung etwas intensiver als im ersten Fallbeispiel, da sich die Ratsuchenden wünschten, ihre Ausführungen im Bedarfsfall durch zuvor besprochene Themen und Inhalte zu ergänzen. Sie befanden sich zum ersten Mal in einer solchen Begutachtungssituation und hatten die Befürchtung, in der Nervosität wichtige Informationen zu vergessen. Im Nachgang der Begutachtung wurden weitere Telefontermine vereinbart, um das erstellte Pflegegutachten und den Bescheid zum Grad der Behinderung zu besprechen. Im Ergebnis wurden die Anträge, zu denen beraten wurde, so umfassend genehmigt, dass das Ehepaar mit den Leistungen eine gute pflegerische und wohnumfeldbezogene Absicherung erzielen konnte.

4.3 Kritische Reflexion der Fallverläufe

Bei allen drei Fallbeispielen wurde den Wünschen der Ratsuchenden gefolgt. Bei Fallbeispiel 1 fand direkt im Anschluss an die Beratung die Bedarfsermittlung des Leistungsträgers statt, bei der die Beraterin als Vertrauensperson anwesend sein sollte. Bedarfsermittlungen finden häufig in der jeweiligen Häuslichkeit statt, was zu dem aufsuchenden Setting führt. Das zweite Fallbeispiel beschreibt eine Lebenspartner:innenschaft, dessen aufsuchendes Setting durch die Bettlägerigkeit der bedarfsberechtigten Person bedingt war. Beim dritten Fallbeispiel ging es um Unterstützungsbedarfe in der Häuslichkeit sowie um ein Bedarfsermittlungsverfahren, weswegen auch hier die Beratung aufsuchend stattfand.

Für beide Parteien – Ratsuchende und Beratende – birgt das aufsuchende Setting Vor- und Nachteile. Ein Vorteil des aufsuchenden Settings ist es, dass die beratende Person das Wohnumfeld kennenlernt und direkt und konkret zu wohnumfeldverbessernden Maßnahmen beraten kann. Annika Schmalenberg dazu:

> »Dadurch, dass ich in der Häuslichkeit war und sie sehr offen waren, hatten sie mir das Wohnumfeld auch so gezeigt. Dann habe ich auch über wohnumfeldverbessernde Maßnahmen beraten, insbesondere im Badezimmer, wo es darum ging, eine ebenerdige Dusche und Haltegriffe einzubauen.«

Darüber hinaus bietet die eigene Häuslichkeit für die Ratsuchenden Sicherheit für die Eventualitäten des Alltags wie angenehm sitzen, die Toilette aufsuchen, möglicherweise auch sparsam mit der zur Verfügung stehenden physischen und/oder psychischen Kraft umgehen können wie in Fallbeispiel 1. Annika Schmalenberg dazu:

> »Eine Häuslichkeit bietet für viele auch die Sicherheit zu sagen, ich bin jetzt hier in meinem gewohnten Umfeld, also wenn ich jetzt nicht mehr sitzen kann, vor allem bei Querschnittlähmung, kann das mal passieren, könnte ich mich jetzt auch hinlegen. So wie die Dame im zweiten Fallbeispiel, die im Bett lag. Oder auch: Ich weiß, mein Badezimmer ist nebenan und es ist alles geregelt. Für Außer-Haus-Besuche gilt es immer viel vorzubereiten, wenn man mit so einer schwerwiegenden Behinderung lebt. Wie komme ich wo zur Toilette? Habe ich passende Hilfsmittel dabei? Erst recht, wenn ich eine dreiviertel Stunde hinfahre zur Beratungsstelle. [...] Es ist halt alles immer abzuwägen. Wie viel Energie verwende ich zum Beispiel darauf, eine Beratungsstelle aufzusuchen, die auch zu mir nach Hause kommen könnte? Oder nutze ich die eingesparte Energie zur Teilhabe am Leben, weil ich an dem Tag dann doch noch mal einen anderen Ausflug machen oder einkaufen gehen kann? Beides zusammen an einem Tag geht dann vielleicht nicht.«

Im Gegensatz dazu steht der Nachteil für die ratsuchenden Personen, dass es eine (große) Herausforderung ist, so offen zu sein und eine fremde, beratende Person in den privaten Bereich zu lassen. Beim zweiten Beratungsfall erschien die »Zur-Verfügung-Stellung« des privaten Raums ein Hindernis für das Hilfegesuch zu sein.

> »Nachteil ist natürlich, so jemanden in meine Häuslichkeit zu lassen, ist immer so eine Sache. Ich gucke absolut in die Privatsphäre rein. Manche sind total offen und meinen ›Kommen Sie mal mit, ich zeig‹ Ihnen erstmal meine Wohnung'. Aber vor allem Beispiel 2 mit der Dame, die die Hilfe, die Beratung am Anfang vielleicht gar nicht so wollte, kann ich mir vorstellen, dass es für sie sogar un-

> angenehm war, dort Besuch in ihrem Wohn-Schlaf-Bereich zu empfangen. Sie lag auch im Bett während der Beratung, sie hat nicht in diesem unpassenden Handrollstuhl gesessen, sondern hat immer gelegen und das ist natürlich etwas, wenn ich dann jemanden empfange, während ich so im Bett liege, kann das unangenehm sein. Ich kann mich nicht vom Fleck entfernen, derjenige kommt in meinen privaten Bereich.«

Nachteile des aufsuchenden Settings können sich auch für die beratende Person ergeben. Im Gespräch mit Annika Schmalenberg werden einige Faktoren formuliert, die als Nachteil oder gar Hindernis, aufsuchend zu beraten, gewertet werden. Sie muss räumlich Zugang zu dem Wohnumfeld der Ratsuchenden haben, ansonsten sieht sie nur ein paar wenige ungünstige oder hindernde Aspekte:

> »Also unangenehm ist es mir maximal durch äußere Faktoren, wenn es zum Beispiel in der Wohnung stark riecht. Das sind so Sachen, das würde ich nie erwähnen in dem Moment, denn es geht nicht um mein Bedürfnis, sondern um den Beratungsprozess. [...] Ich glaube, so ein nicht ertragbarer Geruch, der wäre für mich schwierig, aber der muss schon massiv sein. [...] Meine Bedürfnisse stehen erstmal sehr weit hinten. Ich glaube, was ich nicht machen könnte, also es gibt ja Menschen, die nicht nur Zigaretten konsumieren, sondern auch noch anderweitige Dinge. Wenn die Luft zum Beispiel sehr hanfdurchdrungen ist, wo ich dann vielleicht selber noch benebelt wäre. Das wäre für mich ein Grund zu sagen, wir können das hier heute nicht machen. Ich begebe mich ja immer in eine unbekannte Situation, die mich an meine Sicherheit denken lässt. Wenn ich Gefahren sehe oder ahne, würde ich diese Beratung abbrechen und ein anderes Setting vereinbaren.«

Es stellt sich die Frage, ob das Nicht-Aufsuchen der EUTB® für die Selbststärkung ein Mittel zum Zweck des Empowerments ist oder ›nur‹ ein Setting. Besteht also eine Absicht dahinter, eher nicht aufzusuchen? Aus Sicht der Beraterin stellt die aufsuchende Beratung ein Setting der Beratung dar, das zuweilen angezeigt ist und zuweilen nicht: »Den Empowermentprozess kann ich sowohl in meinem Büro anregen als auch in der Häuslichkeit, das ist beides möglich.« Entsprechend kann das aufsuchende Setting der EUTB® ein Gelingensfaktor sowie ein Misslingensfaktor sein – je nach individueller Einschätzung der Beteiligten.

Einen weiteren Gelingensfaktor stellt das Peer-Counseling dar – die Beratung durch gleichbetroffene Personen. Sie kann sich außerordentlich positiv auf den Beratungsprozess auswirken. Annika Schmalenberg beschreibt, dass sie in einem Fall speziell angefragt wurde, weil die ratsuchende Person wusste, dass sie in einer ihr ähnlichen Situation lebt. Die Peer-Situation erleichtert die Kommunikation und die Beziehung. Zugleich wird durch die »geteilte Kompetenz« das Empowerment positiv beeinflusst.

> »Dass im Prinzip bewusst angefragt wurde, weil die ratsuchende Person wusste, dass ich selbst auch mit Assistenz lebe und selbst auch die Mobilitätsbeeinträch-

> tigung habe. [...] Es war gleich diese gemeinsame Ebene, die man gefunden hatte. Das war in dem Beratungssetting auch hilfreich. [...] Ich kann mir vorstellen, wenn dort eine Beratungsperson gewesen wäre, die das ganze Assistenzkonzept nur aus der Theorie kennt, wäre das holpriger verlaufen, könnte ich mir vorstellen. [...] Die gemeinsame Ebene, das geteilte Thema, die geteilte Kompetenz unterstützt sehr den Empowermentansatz.«

Peer-Counseling erleichtert den Beziehungsaufbau. Die gleiche oder ähnliche Betroffenheit ermöglicht es, mit den Ratsuchenden niedrigschwellig einen Gesprächsanlass zu bekommen und Vertrauen aufzubauen. Die Peer-Situation wirkt als ›Ice-Breaker‹. Annika Schmalenberg bestätigt dies:

> »Ja, wenn ich angefragt werde dafür, dann sage ich, das können wir machen, es ist allerdings so, dass ich selber Rollstuhlfahrerin bin und deshalb nicht in den dritten Stock komme oder so. ›Ach ja dann wissen Sie ja, worum es geht!‹ Das ist ein absoluter Türöffner. [...] Klar, es geht um die eigene Erfahrung mit Diskriminierung und im Umgang mit Behörden, dass ist die gleiche Ebene von Peer, aber trotzdem ist es noch mal ein stärkeres Peer, wenn so ungefähr die Richtung der Beeinträchtigung der Ratsuchenden übereinstimmt.«

Zum Gelingen bzw. Misslingen trägt nicht zuletzt die Qualifikation und Kompetenz der Beratenden bei. Professionelle Haltung, Rollenklarheit, Gesprächsführung, Empathie und Offenheit sind gefordert. Die Fachstelle Teilhabeberatung bietet hierfür eine verpflichtende Grundqualifizierung für alle EUTB®-Berater:innen, vielfältige Schulungs- und Lehrangebote und begleitende Beratungen an.

Insbesondere bei der Funktion der Vertrauensperson bei Bedarfsermittlungsgesprächen ist die Rollenklärung unabdingbar.

> »Meine Funktion ist die Vertrauensperson und so definiert und so steht es auch in der Handhabung der EUTB®, dass ich mich zurücknehme, dass ich sozusagen durch meine Anwesenheit und durch meine vorherigen Beratungen den Empowermentprozess so weit in Gang gesetzt habe, dass in dem Moment die Bedarfsermittlung durch die ratsuchende Person gut selbständig gestaltet werden kann. Ich muss mich dahingehend selbst reflektieren, dass ich nicht automatisch in die Fürsprechendenrolle gerate, sobald es zum Beispiel kritische Fragen oder ablehnende Bemerkungen seitens der Bedarfsermittlung gibt. Die Leute vergessen in der Aufregung ganz viel, über was man vielleicht vorher alles gesprochen hat, was sie sich alles vorstellen, welche Ziele sie haben, welche Teilhabeziele, wie die erreicht werden sollen, aber wenn dann jemand vom Amt da sitzt, dann vergessen sie die Hälfte. Manchmal reicht der Impuls von mir dann. Das ist eigentlich der beste Weg, zu sagen, wir haben doch noch über folgendes Thema gesprochen und dann kommt so eine Reaktion ›Ach ja, hätte ich ja fast vergessen, gut dass Sie es erwähnen‹. Wenn jemand diesen Schritt aber nicht schafft und mir

vor dem Gespräch den Auftrag zur aktiven Gesprächsteilnahme gab, unterstütze ich die Person in der Argumentationsführung. Das ist dann Selbstbestimmung.«

4.4 Schlussfolgerung

Die angerissenen Fallbeispiele konnten nur ein kleines Spektrum der Themenvielfalt, Anlässe und Verläufe der aufsuchenden EUTB®-Arbeit aufzeigen. EUTB®-Beratende sind in ihrer Arbeit maßgeblich von den Vorgaben, Zielrichtungen und Bedarfen der Ratsuchenden bestimmt. Eigene Intentionen der Beratenden, wie die Hilfen ggf. besser gelingen könnten, stehen dabei nicht im Vordergrund. So wird auch das aufsuchende Setting allein durch die Ratsuchenden bestimmt, also ob und wie dieses zum Einsatz kommt.

Die Fallbeispiele zeigen, wie heterogen die Ratsuchenden selbst sein können. Während in den Fallbeispielen 1 und 3 klar erkennbar ist, dass das aufsuchende Setting von den Ratsuchenden gewollt und selbst initiiert wurde, kann bei Fallbeispiel 2 rückblickend der erste Hausbesuch durch die Frau mit Behinderungen als nicht notwendig oder gar ungewollt beschrieben werden, was sich in ihrer passiven Art zeigte. Hier gilt es Strategien zu finden, die sowohl den EUTB®-Beratenden als auch den Ratsuchenden einen sicheren Rahmen schaffen. Eine umfassende Informationseinholung über Beratungsbedarfe, die z.B. zwischen den Ratsuchenden auch unterschiedlich sein können, sind mögliche Handlungsoptionen zur Vermeidung unangenehmer Gesprächssituationen. Eine Differenzierung der Beratungsaufträge, z.B. in Angehörigenberatung und Beratung des Menschen mit Behinderungen, scheint hier unerlässlich.

Die Beratenden selbst unterliegen dabei einer dauerhaften Reflexion ihrer eigenen Arbeit und Ansätze, die fachlich auch durch die Fachstelle Teilhabeberatung begleitet werden. Diese den EUTB®-Angeboten zur Verfügung stehende inhaltliche Begleitung unterstützt nicht nur bei leistungsrechtlichen Fragen, sondern ebenso bei Fragen zum Umgang mit krisenbehafteten Beratungssituationen. Die Fortführung der Fachstelle Teilhabeberatung ist somit ein unerlässlicher Bestandteil zum Gelingen der EUTB®.

Die Gründe für ein aufsuchendes Setting sind vielfältig. Im Fallbeispiel 3 waren dies vorrangig strukturelle Gründe im Sinne fehlender Hilfsmittel, mangelnder Mobilitätsmöglichkeiten etc. In den Fallbeispielen 1 und 2 bestimmten behinderungsbedingte Gründe in Form fehlender körperlicher Ressourcen das Setting. Daher empfiehlt es sich für das Arbeitsfeld der EUTB®, dass die Beratungsstellen weiterhin eigenständig über die Notwendigkeit des Angebots zum aufsuchenden Arbeiten entscheiden können und dies auch im Rahmen der Finanzierung, wie aktuell, abgesichert ist. Strukturelle Besonderheiten wie das Arbeiten im Flächenland mit zum Teil sehr langen Anfahrtswegen und unzureichenden öffentlichen Transportmitteln sind besonders zu berücksichtigen sowie ggf. behinderungsbedingte Mehrkosten, da nicht alle Peer-Beratende über ein eigenes Kraftfahrzeug verfügen bzw. der öffentliche Personennahverkehr wie für die Ratsuchenden in Fallbeispiel 3 nicht umfassend nutzbar ist.

Das aufsuchende Setting ist als Option der EUTB® eine Bereicherung hinsichtlich der Niedrigschwelligkeit und bietet in manchen Aspekten über die Beratungsinhalte hinausgehende Erkenntnisse, z. B. hinsichtlich Wohnumfeldbesichtigungen oder der Anwesenheit als Vertrauensperson bei behördlichen Besuchen. Auch wenn dies nicht die Beratungstätigkeit im Kern darstellt, sind diese ergänzenden Tätigkeiten ohne das aufsuchende Setting nicht möglich. Insbesondere im Peer-Ansatz entfalten sich zwischen Ratsuchenden und EUTB®-Beratenden gleichrangige Ebenen, die den Beratungs- und damit verbundenen Empowermentprozess stärken.

Literatur

Fachstelle EUTB (2022): Ergänzende unabhängige Teilhabeberatung – unser Leitbild. Online verfügbar unter: https://www.teilhabeberatung.de/artikel/ergaenzende-unabhaengige-teilhabeberatung-unser-leitbild, Zugriff am 03.10.22.
Herriger, N. (1997): Empowerment in der Sozialen Arbeit. Stuttgart: Kohlhammer.
Maetzel, J., Schütz, H., Wansing, G., Braukmann, J., Frankenbach, P., Harand, J., Heimer, A., Jordan, M., Ludwig, L. & Meyer, M. (2021): Zwischenbericht 2021 zur Evaluation der Ergänzenden unabhängigen Teilhabeberatung. BMAS. Online verfügbar unter: https://dserver.bundestag.de/btd/19/311/1931168.pdf, Zugriff am 17.02.2023.
Rock, K. (2001): Sonderpädagogische Professionalität unter der Leitidee der Selbstbestimmung. Bad Heilbrunn: Klinkhardt.
Theunissen, G. (2002): Empowerment und Heilpädagogik. Zeitschrift für Heilpädagogik, 5, 178–182.

5 »Das Wesentliche läuft nebenbei«. Aufsuchende Familienbildung in familienrelevanten Sozialräumen

Anja Lentz-Becker & Conny Römisch

Überblick		
5.1	Das Handlungsfeld der Familienbildung	48
	5.1.1 Familienbildung aus verschiedenen Perspektiven	48
	5.1.2 Aufsuchende Familienbildung	51
5.2	Fallbeispiel: Familienbildung besucht Familien – Das Austausch-Café im Kulturpark	51
5.3	Kritische Reflexion: Das Austauch-Café im Dialog zwischen den Autorinnen	52
5.4	Schlussfolgerungen und Empfehlungen für aufsuchende Familienbildungsformate	56

5.1 Das Handlungsfeld der Familienbildung

5.1.1 Familienbildung aus verschiedenen Perspektiven

So vielfältig und bunt Familienleben ist, so unterschiedlich sind auch die Bedürfnisse von Familien und entsprechend breit ist das Spektrum an Familienbildungsangeboten. Familienbildung als ein relevantes Handlungsfeld präventiver Sozialer Arbeit hat sich zur Aufgabe gemacht, Menschen in ihren familialen Eingebundenheiten zu erreichen, zu unterstützen und zu stärken, und zwar entlang ihrer Lebensphasen und in ihren unterschiedlichen Lebenswelten (Thiersch 2005). Im Folgenden werden verschiedene Verständnisse von Familienbildung allgemein vorgestellt, da es keine einheitliche Definition von Familienbildung gibt (Fischer 2021). In der Frage, was das Handlungsfeld Familienbildung ausmacht, werden sowohl *rechtliche* und *wissenschaftliche Perspektiven* auf Familienbildung kurz eingeführt als auch Perspektiven von *Fachkräften*, *Adressat:innen* und *Nutzer:innen* einbezogen, die über eine Studie im Familienbildungsbereich erhoben wurden (Bräutigam et al. 2018).

Aus *rechtlicher Perspektive* wird Familienbildung als ein eigenständiges Handlungsfeld der präventiven Kinder- und Jugendhilfe thematisiert, das sich zugleich als

Querschnittsthema kennzeichnet und somit auch in Verbindung mit anderen Arbeitsfeldern und der Erwachsenenbildung verortet wird[1].

> Dem § 16 Abs. 1 SGB VIII nach sollen die Leistungen der allgemeinen Familienförderung »Erziehungsberechtigte bei der Wahrnehmung ihrer Erziehungsverantwortung unterstützen und dazu beitragen, dass Familien sich die für ihre jeweilige Erziehungs- und Familiensituation erforderlichen Kenntnisse und Fähigkeiten, insbesondere in Fragen von Erziehung, Beziehung und Konfliktbewältigung, von Gesundheit, Bildung, Medienkompetenz, Hauswirtschaft sowie der Vereinbarkeit von Familie und Erwerbstätigkeit aneignen können und in ihren Fähigkeiten zur aktiven Teilhabe und Partizipation gestärkt werden. Sie sollen auch Wege aufzeigen, wie Konfliktsituationen in der Familie gewaltfrei gelöst werden können.« Vor Ort sollen Angebote der Familienbildung verfügbar sein, »die auf Bedürfnisse und Interessen sowie auf Erfahrungen von Familien in unterschiedlichen Lebenslagen und Erziehungssituationen eingehen, die Familien in ihrer Gesundheitskompetenz stärken, die Familie zur Mitarbeit in Erziehungseinrichtungen und in Formen der Selbst- und Nachbarschaftshilfe besser befähigen, zu ihrer Teilhabe beitragen sowie junge Menschen auf Ehe, Partnerschaft und das Zusammenleben mit Kindern vorbereiten.« Zudem soll im Familienbildungsbereich die Entwicklung vernetzter, kooperativer, niedrigschwelliger, partizipativer und sozialraumorientierter Angebotsstrukturen vorangebracht werden.

Familienbildung wird in theoretischen Kontexten unterschiedlich definiert. In einer *wissenschaftlichen Perspektive* charakterisieren beispielsweise Rupp et al. (2010) Familienbildung als ein lern- und bildungstheoretisches Handlungsfeld. In diesem Verständnis können Familienbildungsangebote Anregungen zur Reflexion der eigenen Rolle und des eigenen Handelns im Zusammenleben als Familie geben. Nach Rupp et al. (2010) setzt Familienbildung an den Interessen und Fähigkeiten von Familien an und schafft, im sozialen Austausch und in gegenseitigen Hilfen, Gelegenheiten zum erfahrungs- und handlungsbezogenen Lernen.

In der Studie von Bräutigam et al. (2018) wurde die *Fachkräfteperspektive* erfasst, indem Träger der öffentlichen und freien Wohlfahrtspflege interviewt wurden. Diese Fachkräfte fassten unter Familienbildung eine Angebotslandschaft zusammen, die als kommunale ›Soll‹-Leistung hauptsächlich in Nichtregierungsorganisationen (NGO) umgesetzt wird. Betont wird, dass Familienbildung sich nicht allein im Kursformat im Sinne eines starren, frontalen Bildungsangebots versteht, sondern eine Variation verschiedener Angebotsformen und Methoden beinhaltet. Familienbildung wird als Ort von Begegnungen beschrieben, der zumeist in Komm-Strukturen, aber auch in Geh-Strukturen Gelegenheiten für Wissensaneignung und Erfahrungsaustausch schafft, Impulse zur Selbsthilfe wie auch zur gegenseitigen

---

1 Leistungen der Familienbildung sind in erster Linie dem Sozialgesetz der Kinder- und Jugendhilfe sowie den jeweiligen Landesgesetzen für Erwachsenenbildung und Weiterbildung zugeordnet.

Hilfe setzt und als Türöffner in Hilfesysteme fungieren kann, sofern weitergehende Bedarfe für Familien bestehen, die nicht mehr im Kompetenzbereich der Familienbildung liegen (Bräutigam et al. 2018, M. Müller et al. 2019).

Aus Perspektive befragter *Adressat:innen* wurde Familienbildung in unterschiedlich engen bis breiten Bezügen verstanden (Bräutigam et al. 2018). Also entweder als spezifisches Angebot zur Stärkung von Erziehungskompetenzen im Übergang zur Elternschaft oder als vielgestaltiges, alltagsnahes Weiterbildungsangebot für alle Familien und Familienmitglieder, um verschiedene Lebenskompetenzen zu fördern. Die Studie verdeutlichte, dass Familienbildung für viele Nichtnutzer:innen weitestgehend etwas Unbekanntes ist oder Adressat:innen sich nicht davon angesprochen fühlen, weil teilweise davon ausgegangen wird, dass ausschließlich Mutter-Kind-Gruppen gemeint sind (ebd.). Insofern ist anzunehmen, dass es in der Öffentlichkeit an Wissen über das Angebotsspektrum der Familienbildung mangelt oder unterschiedliche Hemmschwellen bestehen, was das Ziel erschwert, möglichst allen Menschen von 0 bis 100 Jahren in der Bewältigung ihrer familialen Entwicklungsaufgaben Orientierung und Unterstützung zu geben.

Neben potentiellen Adressat:innen wurden auch *Nutzer:innen* von Familienbildungsangeboten interviewt. Aus *Sicht von Nutzer:innen* ist Familienbildung häufig in Verbindung mit familialen Übergangspassagen relevant, insbesondere dann, wenn familienbezogene Sozialstrukturen wie Großeltern andere Familien in der Nachbarschaft oder ähnliche soziale Unterstützung im sozialen Nahraum fehlen. Gerade im Zusammenhang mit familialen Übergängen beschrieben befragte Nutzer:innen Unsicherheiten und Spannungsgefühle, die häufig mit dem Bedürfnis nach sozialer Anbindung zu anderen Personen in einer ähnlichen Lebensphase verknüpft wurden. Den Nutzer:innen zufolge boten Familienbildungsangebote ihnen die Möglichkeit, Unsicherheiten und Spannungsgefühle im sozialen Kontakt zu regulieren. Zudem gaben Nutzer:innen an, dass sie mittels Familienbildung ihre Er- und Beziehungskompetenzen sowie alltägliche Handlungskompetenzen stärken konnten und in den Angeboten ihre soziale Netzwerkressourcen erweiterten (Bräutigam et al. 2018).

> Zusammenfassend kann hervorgehoben werden, dass Familien sich in der Regel bereits gebildet haben und auch nicht erzogen werden müssen. Jedoch brauchen Familien in ihren unterschiedlichen Übergängen und Entwicklungsaufgaben mitunter Rahmenbedingungen, Strukturen und Gegebenheiten für Ausgleich, Anregung und Unterstützung. In präventiver und ressourcenstärkender Orientierung setzt hier der Familienbildungsbereich an, bevor schwerwiegende familiale Probleme und Krisen entstehen, die Interventionen nötig machen. Lebensbegleitend und mehrgenerativ gestaltet, zielt Familienbildung nicht allein auf Unterstützung erzieherischer Kompetenzen von Eltern ab, sondern möchte generell zu einem gelingenden Zusammenleben in Familie beitragen, sodass sich Kinder und Erwachsene in ihren Familien entfalten und entwickeln können und ein kinder- und familienfreundliches Umfeld entsteht (M. Müller et. al 2018).

5.1.2 Aufsuchende Familienbildung

Familien finden Familienbildungsangebote in unterschiedlichen Formen und Settings vor. Verbreitet sind institutionelle Kurs-Angebote, die für Familien in Familienbildungsstätten und Eltern-Kind- und Familienzentren in Komm-Strukturen zugänglich sind. Zunehmend gewinnen auch mediale Familienbildungsangebote an Bedeutung (Prognos AG 2021). In den letzten Jahren entwickelten sich im Familienbildungsbereich zunehmend aufsuchende Angebote, um Familien mit Orientierungs- und Unterstützungsbedarfen zu erreichen, die bisher keinen Zugang zu Familienbildungsangebote haben (ebd.). Aufsuchende Familienbildungsangebote können zum einen im häuslichen Umfeld stattfinden, wie beispielsweise das aufsuchende Projekt »Stadtteilmütter in Neukölln« (Koch 2009), was in großstädtischen Strukturen auf günstige Rahmenbedingungen trifft. Zum anderen sucht Familienbildung vermehrt den direkten Kontakt zu Menschen in deren familiären Lebenswelten, sei es in Kindertagesstätten, auf Spielplätzen oder in anderen Begegnungsorten, u. a. weil in ländlichen Regionen aufsuchende Angebote direkt im häuslichen Bereich weniger gut angenommen werden (Strobel et al. 2009). Soziale Räume wie Kindertagesstätten, Schulen oder Strukturen der kommunalen Daseinsvorsorge gehören ebenfalls zum Bereich aufsuchender Familienbildung und bieten weitere Zugänge zu familialen Lebenswelten. In den sozialen Räumen können Menschen aufgesucht oder vielmehr besucht werden, die eine Einrichtung der Familienbildung nicht unbedingt von allein ansteuern würden (Jauch 2010, Strobel et al. 2009, BMFSFJ 2021).

5.2 Fallbeispiel: Familienbildung besucht Familien – Das Austausch-Café im Kulturpark

Sozialräume wie Kindergärten oder kommunale Strukturen berühren familiale Lebenswelten und können Menschen in ihrer Wahrnehmung und Herstellung von Familie beeinflussen. Gleichzeitig können dort familienförderliches Verhalten und der Umgang mit familienrelevanten Themen erfahren und erlernt werden. Im Folgenden wird die aufsuchende Familienarbeit am konkreten Beispiel des mehrgenerativen Austausch-Cafés im kommunalen Raum Neubrandenburg dargestellt und reflektiert.

> Im aufsuchenden Familienbildungsangebot »Austausch-Café« können Menschen von jung bis alt teilnehmen, die sich Begegnung und Austausch wünschen. Ausgewählt wurde das Austausch-Café als ein Praxisbeispiel unter verschiedenen Möglichkeiten der aufsuchenden Familienbildung, weil dieses Format als Kooperationsprojekt zwischen der Hochschule Neubrandenburg und der AWO-

Familienbildungsstätte konzipiert und von beiden Autorinnen in der Umsetzung begleitet wurde (HiRegion 2022).

Dem Projekt »Austausch-Café« wurde eine nichtrepräsentative Umfrage durch Studierende vorgeschaltet, in der sowohl Fachkräfte der Sozialen Arbeit als auch Bürger:innen vor Ort signalisierten, dass sich viele Menschen in Neubrandenburg und Umgebung, besonders während der Corona-Pandemie, zurückgezogen haben und schwerlich wieder soziale Kontakte knüpften, obgleich ein Bedarf nach sozialer Teilhabe bestehe. Mit der Idee, Vereinsamung zu vermeiden und soziale Teilhabe zu stärken, wurde das Austausch-Café entwickelt und umgesetzt, um einen Raum für Begegnung und für Erfahrungen sowohl in als auch zwischen den Generationen vor Ort aufzumachen.

Das Austausch-Café wurde als kostenfreies Angebot konzipiert, um Menschen die Möglichkeit zu geben, ihre sozialen Netzwerke vor Ort und generationenübergreifend aufzubauen oder zu erweitern. Ziel war es, Familien in ihrem alltäglichen Umfeld zu unterstützen und niederschwellig zu beraten. Als Auftakt- und Durchführungsort des Austausch-Cafés wurde die Mehrgenerationenbank im Kulturpark gewählt. Durch die Öffentlichkeit dieses Ortes gelang es, neben den bereits Beteiligten, auch das Interesse von Passant:innen zu wecken. Um die Teilnehmenden miteinander in Verbindung zu bringen, wurden interaktive Kennenlernspiele und Bastelangebote durchgeführt, auch für das leibliche Wohl der Besucher:innen wurde mit Kuchen, Obst und Kaffee gesorgt. Auf der Veranstaltung wurden Handzettel mit monatlichen Folgeterminen des Austausch-Cafés verteilt.

Im Laufe der Zeit hat sich eine stetige Gruppe im Austausch-Café gebildet. Die Teilnehmenden treffen sich regelmäßig und werden von der Familienbildungsfachkraft und ehrenamtlichen Mitarbeitenden begleitet. Je nach Wetterlage findet das Austausch-Café an der Mehrgenerationenbank im Kulturpark, auf Spielplätzen oder in Räumlichkeiten der AWO statt.

5.3 Kritische Reflexion: Das Austauch-Café im Dialog zwischen den Autorinnen

Dieser Abschnitt handelt von reflexiven Auseinandersetzungen über das Arbeitskonzept des mehrgenerativen Austausch-Cafés. Mit dem Austausch-Café als aufsuchendes Familienbildungsformat sollen Familien erreicht werden, die nicht von sich aus zu Familienbildungsinstitutionen kommen würden. Angesprochen können sich beispielsweise Personen fühlen, die durch ihre Erwerbsarbeit zeitlich eingeschränkt sind, oder Menschen, die kaum mobil sind. Adressiert werden können auch Personen, die zwar familiale Beziehungen pflegen, denen Familienbildung bisher jedoch unbekannt war oder die nicht in Kursformate zu spezifischen Familienfragen aus verschiedensten Gründen kommen wollen. Im Austauch-Café wurde die Erfahrung gemacht, dass einige Besucher:innen erst in diesem Familienbildungsangebot über die Idee nachdachten, sich Impulse für ihren Familienalltag einzuholen. Gerade weil dieses Format universell angelegt ist und alle Familien in ihren unterschiedlichen Lebenslagen und -phasen unspezifisch ansprechen und willkommen heißen möchte, ergibt sich die Chance, Brücken zu verschiedensten Besuchten und unter den Besucher:innen aufzubauen. Ein Anliegen des Austausch-Café-Formats ist es, mögliche Hemmschwellen im Zugang und in den Köpfen der Familien zu reduzieren, Vertrauen aufzubauen und Gegenseitigkeit sowie Gemeinschaftssinn zu fördern. Auf die Bedarfe der Besuchten kann flexibel eingegangen werden, sofern dies gewünscht ist. Beispielsweise könnten Eltern mit mehrfachen Hilfebedarfen und einer zugleich entwickelten Skepsis gegenüber Familienhilfesystemen eine offene – im Sinne einer möglichst etikettierungsfreien – Erfahrung in der aufsuchenden Familienbildung machen. Insofern kann ein aufsuchendes Familienbildungsformat in universellem Präventionsansatz zumindest ein Stück weit dazu beitragen, dass psychosoziale Hemmschwellen reduziert werden und dass Personen, die vielleicht spannungsreiche Erfahrungen mit Hilfesystemen gemacht haben, ansprechbar werden, sodass Zugänge zu Sorgen und Nöte möglich sind.

In diesem Zusammenhang schilderten Nutzer:innen des Austausch-Cafés, dass sie hier eine auflockernde und vertraute Atmosphäre vorfinden würden, während der Besuch einer neuen Eltern-Kind-Gruppe in einer unbekannten Familieninstitution mit viel Unbehagen einhergehen würde. Dass das Austausch-Café einladend wirkt, mag daran liegen, dass es wohnortnah stattfindet und somit den Teilnehmenden vor Ort Nähe und Vertrauen stiftet, auch weil die Teilnehmenden beispielsweise gemeinsame Bezugspunkte im geteilten Sozialraum oder in ihren familialen Lebenswelten festgestellt haben.

Zu den Eigenlogiken dieser aufsuchenden Familienbildung gehört zum einen die Freiwilligkeit der Teilnahme und zum anderen, dass keine starre Kurs-Programmatik verfolgt wird, sondern in einer Offenheit für unterschiedliche Themen und Bedarfe situativ angesetzt sind. Grundlage ist eine Willkommenskultur für vielfältige Lebenswirklichkeiten. Es sollen Demokratieprozesse in der Gruppe angeregt werden und Begegnungen auf Augenhöhe stattfinden, da alle Teilnehmenden als Expert:innen ihrer Lebenswelt verstanden werden. Das bedeutet für die Fachkraft, dass diese eher eine moderierende anstatt einer wissensvermittelnden Haltung einnimmt und überwiegend dafür sorgt, dass die Gruppenprozesse gestaltet und gehalten werden. Gleichzeitig soll dabei eine Achtsamkeit für die Anliegen der Einzelnen im Fokus der Fachkraft bleiben. Unter der Willkommenskultur für vielfältige Lebenswirklichkeiten möchte das Austauch-Café Gelegenheitsstrukturen für Hilfe zur Selbsthilfe schaffen und ist dabei perspektiven-, erfahrungs- und ressourcenerweiternd angelegt. Weiterhin möchte das Austauch-Café einen Möglichkeitsraum bieten, in dem die Teilnehmenden Kraft schöpfen, sich umsorgt fühlen, Verbundenheit spüren und alltagsbezogene Lernerfahrungen machen können, um ihr (Familien-)Leben in selbstbestimmter Weise zu gestalten. So begegneten sich beispielsweise im Austausch-Café ein Vater, der bei der Bundeswehr Truppenpsychologe ist, und eine alleinerziehende Mutter, die auf Transferleistungen angewiesen ist. Diese Teilnehmenden wären sich sonst vielleicht nie begegnet und tauschten sich nunmehr über ihren Familienalltag und bezüglich Unterschiedlichkeiten und Gemeinsamkeiten ihrer Lebenswelten aus. So erweitern die Teilnehmenden ihre Vielfaltserfahrungen in Familienwirklichkeiten und können Verbundenheit herstellen, wobei diese Lernprozesse durch niederschwellige Rituale wie gemeinsames Essen und Singen gefördert werden kann.

Die Mehrgenerationenbank im Kulturpark machte das *Setting* des Austausch-Cafés aus. Vorteil des Settings ist zum einen die Bekanntheit, die Vertrautheit und die Symbolik dieses Ortes sowie die Naturverbundenheit und die Möglichkeit für Kinder, dort frei spielen zu können. Dieser öffentliche Platz bietet zudem die Gelegenheit, Menschen zu erreichen, die zufällig im Sozialraum unterwegs sind und sich interessiert fühlen. Ein Nachteil dieses Standorts ist die Wetterabhängigkeit und auch, dass der Organisations- und Planungsaufwand höher ist als in einem institutionellen Setting. Es lässt sich zudem nicht garantieren, wie viele Leute tatsächlich zu dem Ort kommen.

In der Reflexion der Rückmeldungen von Nutzer:innen zeigte sich, dass das Austausch-Café durch seinen offenen Rahmen im unmittelbaren Sozialraum als einladend erlebt wurde. Nutzer:innen können erst einmal einen Eindruck davon erhalten, was im Austausch-Café vorgeht, um dann freiwillig zu entscheiden, ob und wann sie teilhaben oder aktiv teilnehmen möchten. Nutzer:innen, die diese aufsuchende Familienbildung in Anspruch nehmen, signalisierten, dass sie vor allem daran interessiert sind, Menschen von jung bis alt zu begegnen und sich in einem angenehmen Zusammensein, auch ohne vorbestimmte Thematik, ungezwungen auszutauschen. Dass soziale Teilhabe und Hilfe zur Selbsthilfe durch dieses Angebot möglich ist, konnte daran beobachtet werden, dass Nutzer:innen sich privat vernetzt haben, regelmäßig im Kontakt sind und gegenseitig beispielsweise Kindersachen tauschen. Beobachtungen im Austausch-Café verdeutlichten, dass Beratungsgespräche mit Fachkräften für Nutzer:innen nicht primäres Anliegen sind, sondern sich aus Situationen heraus nebenbei ergeben. Die Gelegenheit, Fachkräfte niederschwellig ansprechen können, sofern beispielsweise Erziehungsfragen bestehen, wird in diesem Format als Option genutzt und mag als eine Kann-Option attraktiv sein. Die Entscheidung, über familiale Probleme tiefer ins Gespräch zu kommen, hängt für Nutzer:innen möglicherweise mit dem regelmäßigen Stattfinden der Treffen und mit der Fachkraft- und Gruppenqualität im Austausch-Café zusammen.

Fachliche Anforderungen

Insofern wird als fachliche Aufgabe zum einen die Sorge für die Kontinuität der Treffen im Austausch-Café erachtet und zum anderen das Herstellen eines sozialen Lernraum, der zugleich als vertrauensvoller und emotionaler Entlastungsort wahrgenommen werden kann. Für die Fachkraft mag es voraussetzungsvoll sein, diesen emotionalen Raum zuzulassen und begrenzt zu halten, daneben den Blick für gruppendynamische Prozesse zu haben und situativ auf Bedürfnisse der Teilnehmenden einzugehen. So bewegt sich die Fachkraft in einem Spannungsfeld; sie muss einerseits ein gewisses Maß an Anregungen für Kreativität, Bewegung und Wissen vermitteln und andererseits einschätzen, wann

> es förderlich ist, dass sich die Fachkraft in ihrem Helfen zurücknimmt und Stille aushält, damit die Gruppe ins Laufen kommt.

Zu den Faktoren, die zum Gelingen oder Misslingen dieser aufsuchenden Familienbildung beitragen können, gehören eine offene Willkommenskultur, eine niederschwellige Arbeitsweise, verbindende Elemente wie gemeinsame Mahlzeiten oder Aktivitäten sowie eine örtliche und zeitliche Nähe und Verlässlichkeit. Strukturell braucht das Austausch-Café – wie Familienbildung allgemein – eine systematische Einbindung in die Jugendhilfeplanung und es bedarf Leistungsträger, die die Projektzielstellung befürworten und mit Ressourcen unterstützen; Ressourcen, die kurzfristig und unkompliziert abgerufen werden können, um flexibel auf die Bedarfe der Interessenten und Teilnehmenden eingehen zu können. Nicht auf Verstetigung ausgelegte Familienbildungsstrukturen bleiben durch kurz- und mittelfristige Projektlogiken fragil und unterliegen damit Kippmomenten, die die Arbeit fördern oder behindern können. Steht das Projekt finanziell stabil, braucht es für die Kontaktaufnahme, Einladung und Planung einen niederschwelligen Zugangsweg, was durch ein unkompliziertes Einlade- und Anmeldesystem über einen Gruppen-Messenger ermöglicht wurde. Die Handlungserfordernisse sind für dieses Arbeitsfeld sehr breit aufgestellt. So sind sowohl Planung, Organisation und Sorge für ein sicheres Finanzierungs- und Umsetzungskonzept wichtig als auch spontanes und flexibles Handeln im Setting, um auf Gruppendynamiken und Unvorhersehbares zu reagieren. Zudem sind verschiedene Methoden zur Förderung von Gruppenprozessen, das Leiten und Moderieren von Gruppen sowie eine sensible Ansprache, Beratungskompetenz und das Herstellen eines Wir-Gefühls neben familien-, bildungs- und erziehungstheoretischem Wissen von Relevanz.

Neben den Handlungsbedingungen sind auch einige kritische Aspekte und Grenzen dieses Angebots zu beachten. Bestimmte Zielgruppen bleiben unerreicht, da sie von diesem bestehenden Angebot, vielleicht aufgrund von Sprachbarrieren, keine Kenntnis haben, keine aktive Unterstützung suchen oder aufgrund von Stigmatisierung, Unsicherheit oder persönlichen Negativerfahrungen mit Hilfesystemen generell distanziert und ablehnend auf Angebote der Sozialen Arbeit reagieren. Dies kann dazu führen, dass bestimmte Gruppen von Familien in ihrer sozialen Isolation verbleiben und keine Unterstützung erhalten. Neben den vielseitigen Anforderungen an die Fachkräfte und den Grenzen hinsichtlich der finanziellen und personellen Ressourcen und Kapazitäten ist es herausfordernd, flächendeckend und nachhaltig zu arbeiten, da die Bedürfnisse und Herausforderungen von Familien sehr unterschiedlich sind. Und obgleich dieses Angebot Familien in ihren unterschiedlichen Lebenslagen und -phasen nutzen können, kann das Angebot nicht alle Bedürfnisse von Nutzer:innen abdecken. Und da die Adressat:innen über die Nutzung dieses Angebots selbst entscheiden, was sie an Erfahrungswerten für sich mitnehmen und was sie in ihren Alltag integrieren möchten, kann der Mehrwert für Teilnehmer:innen sehr variieren.

Anhand des Praxisbeispiels lässt sich ableiten, dass aufsuchende Familienbildung ein niederschwelliges und offenes Arbeitsfeld ist. Daraus ergibt sich die Chance, Menschen in ihren unterschiedlichen Lebenswirklichkeiten zu erreichen. Mit dieser

Arbeitsweise können jedoch auch Unsicherheiten einhergehen, da Themen, Prozesse und Strukturen nicht vorgegeben und kontrollierbar sind, sondern organisch im Sozialraum wachsen, während die Fachkraft durch ihre achtsame Haltung die Prozesse und den Sozialraum gestaltet. Auch wenn das aufsuchende Familienbildungsformat zielgruppenunspezifisch angesetzt ist, werden nicht alle Familien erreichbar sein. Jedoch werden Möglichkeits-, Beratungs- und Lernräume geschaffen, in denen die Besuchten selbstbestimmt entscheiden, wann sie teilnehmen wollen, was sie mitnehmen wollen, also welchen Bedarf sie darin gedeckt sehen wollen, als auch, wie weit sie sich selbst in ihrem Helfens-Bedürfnis für andere Menschen einbringen wollen. Als Fachkraft ist die persönliche Offenheit mitzubringen, um *Verzerrungen* bezüglich der eigenen Themen, Orientierungen und Ziele und denen der Teilnehmenden zu vermeiden. Zudem ist Zeit wichtig, um Probleme zu erkennen und Lösungswege aufzuzeigen und letztlich auch, um das Austausch-Café dort zu etablieren, wo Familien leben und sich aufhalten.

5.4 Schlussfolgerungen und Empfehlungen für aufsuchende Familienbildungsformate

Aufsuchende Familienbildung braucht kinder- und familienfreundliche Sozialräume und stellt diese Räume auch in den familialen Lebenswelten her. In einer qualitativen Studie stellt sich heraus, dass sich Familienbildung durch das Schaffen eines besonders familienbezogenen Gestaltungsraums für Familie kennzeichnet.

> **Der dritte Sozialraum in der Familienbildung**
>
> Es wird ein dritter Sozialraum als Raum zwischen privaten und öffentlichen Räumen hergestellt (M. Müller et al. 2019, S. 87). In diesem dritten Sozialraum wird den Nutzer:innen die Möglichkeit gegeben, bestehende Spannungen zwischen intimem Privatraum und öffentlichem Kontrollraum zu überwinden. So findet Familienbildung in der Regel kaum in der Häuslichkeit von Familien statt, auch weil dies vielleicht ein Eindringen in den persönlichen und intimen Raum der Familie bedeuten würde. Dies ist rechtlich gesehen im Rahmen der Familienbildung auch nicht intendiert. Im Gegensatz zum privaten Raum einer Familie erscheint der öffentliche Raum jedoch zu weit entfernt, zu groß und zu anonym (Dörner 2007) für die Offenlegung familiärer Belange. Während der private Raum eigennützige Ziele verfolgt und sich der öffentliche Raum im Sinne professioneller Hilfe versteht, wird der dritte Sozialraum von Menschen zur gemeinsamen Orientierung auch in familialen Themen angenommen und damit zum Austausch und zur Integration genutzt (ebd.). Dieser dritte Sozialraum muss daher eine Möglichkeit der Intimität bieten, Familienangelegenheiten offenzulegen und gleichzeitig deutlich machen, dass der Bereich der Familienförderung

weitestgehend frei von öffentlicher Kontrolle ist. Familienbildung kann diesen Raum bieten und für Familien prinzipiell überall herstellen.

Geschaffen wird dieser zumeist in Institutionen wie Familienbildungsstätten, zu denen die Familien hinkommen. Eine andere Möglichkeit zur Herstellung des dritten Sozialraums zeigte sich anhand des Praxisbeispiels, indem Familien aufgesucht werden, wo sie leben, wohnen, streiten und spielen. Letztendlich hat Familienbildung jedoch ihre Grenzen dort, wo der präventive Bereich verlassen wird, nämlich dann, wenn Familien mit ihren Entwicklungsaufgaben überfordert sind und umfassende fallspezifische Begleitung und Hilfe brauchen – dann ist Familienbildung als alleiniges Angebot nicht ausreichend und muss in weitere Hilfenetze vermitteln (Rupp et al. 2010).

Literatur

BMFSFJ (2021): Eltern sein in Deutschland. Neunter Familienbericht. Berlin.
Bräutigam, B., Müller, M. & Lentz-Becker, A. (Hrsg.) (2018): Familienbildung Mecklenburg-Vorpommern. Ministerium für Soziales, Integration und Gleichstellung Mecklenburg-Vorpommern. Schwerin: Landesregierung Mecklenburg-Vorpommern.
Dörner, K. (2007): Leben und sterben, wo ich hingehöre. Dritter Sozialraum und neues Hilfesystem. Neumünster: Paranus.
Fischer, V. (2021): Familienbildung. Entstehung, Strukturen und Konzepte. Frankfurt am Main: UTB Wochenschau Verlag.
Jauch, R. (2010): Alltagskompetenz. In: C. Henry-Huthmacher & E. Hoffmann (Hrsg.), Wie erreichen wir Eltern? Aus der Praxis für die Praxis (S. 27–38). Sankt Augustin/Berlin: Konrad-Adenauer-Stiftung e. V.
Koch, L.-B. (2009): Evaluation des Modellprojekts »Stadtteilmütter in Neukölln« 2009–01. Camino – Werkstatt für Fortbildung, Praxisbegleitung und Forschung im sozialen Bereich gGmbH. Online verfügbar unter: https://camino-werkstatt.de/downloads/Evaluation_Stadt teilmuetter.pdf, Zugriff am 12.11.2022.
HigRegion (2022): Projekt in der Dritten Mission der Hochschule Neubrandenburg (2018–2022). Online verfügbar unter: https://www.hs-nb.de/hiregion/handlungsfeld-daseinsvorsor ge/reallabor-familienbildung/, Zugriff am 12.03.2023.
Müller, M., Bräutigam, B. & Lentz-Becker, A. (2019): Familienbildung – wozu? Familienbildung im Spiegel diverser Familienwirklichkeiten. Opladen: Budrich.
Prognos AG (2021): Familienbildung und Familienberatung in Deutschland. Eine Bestandsaufnahme. BMFSFJ.
Rupp, M., Mengel, M. & Smolka, A. (2010): Handbuch zur Familienbildung im Rahmen der Kinder- und Jugendhilfe in Bayern. Bamberg: ifb.
Strobel, B., Sterzing, D. & Sann, A. (2009): Niedrigschwellige Familienbildung im ländlichen Raum. Erfahrungen mit Opstapje. Handreichung für die Praxis. München: DJI. Abteilung Familie und Familienpolitik, Projekt Niedrigschwellige Familienbildung im ländlichen und strukturschwachen Raum.
Thiersch, H. (2005): Lebensweltorientierte Soziale Arbeit. Aufgaben der Praxis im sozialen Wandel (6. Auflage). Weinheim/München: Juventa.

6 »Am Anfang bist du der Gast auf der Hochzeit, den keiner eingeladen hat« – Das Arbeitsfeld der aufsuchenden Familientherapie

Karin Bracht & Barbara Bräutigam

Überblick

6.1	Vorbemerkung	58
6.2	Relevanz und Eigenlogiken der aufsuchenden Familientherapie	59
6.3	Fallbeispiel	61
6.4	Kritische Reflexion	63
6.5	Schlussfolgerungen: Handlungserfordernisse für die aufsuchende Familientherapie	65
6.6	Fazit und Ausblick	66

6.1 Vorbemerkung

Dieser Beitrag basiert im Wesentlichen auf den Auszügen eines Gesprächs, das Barbara Bräutigam, die sich mehr theoretisch als praktisch mit diesem Arbeitsfeld auseinandergesetzt hat, mit Karin Bracht als langjähriger Praktikerin und Expertin für aufsuchende Familientherapie (AFT) geführt hat. AFT wird in Deutschland in manchen Regionen mit gutem Erfolg praktiziert (Bracht & Stüdemann 2022, Bräutigam 2020, Engelmann 2011); eine systematische Aufbereitung und Evaluierung dieses Ansatzes stehen aber bislang aus. Einen interessanten Einblick in die Geschichte und die Entwicklung der AFT in Deutschland bietet Marie Luise Conen (2022), die ohne Zweifel theoretisch wie praktisch diesen Ansatz federführend geprägt hat. Laut Conen (2022) zählt u. a. die anfängliche Unmotiviertheit von Klient:innen nicht als Hindernis sondern vielmehr als Aufforderung an das Therapeut:innenpaar, damit produktiv umzugehen, und auch ihre Einschätzung, »aufsuchende Familientherapie ausschließlich in Krisensituationen von Familien einzusetzen, um die Potenziale einer Krise zu nutzen und dadurch möglichst rasch Musterveränderungen herbeiführen zu können« (ebd., S. 11), gehören zu den Spezifika dieser Arbeitsweise.

6.2 Relevanz und Eigenlogiken der aufsuchenden Familientherapie

In diesem Abschnitt geht es um die generellen Anlässe, die Indikationsstellung und um die Spezifika der AFT aus Sicht der befragten Expertin.

I: Wie beginnt klassischerweise eine AFT?
B: In der Regel findet die Auftragsklärung im Jugendamt statt. In wenigen Fällen treffen sich direkt alle Beteiligten in der Familienwohnung. Die fallzuständige Mitarbeiter:in des Jugendamts macht in diesem Fall zur Hilfekonferenz einen Hausbesuch. Normalerweise findet die Hilfekonferenz mit Auftragsklärung aber wie gesagt im Jugendamt statt. Dort vereinbaren wir den ersten Hausbesuch, bei dem wir die ganze Familie treffen. Die erste Begegnung ist meist nicht ganz einfach. Alles ist sehr formal. Zwei Fremde kommen mit Arbeitstaschen in die Wohnung, die Nachbar:innen sehen uns, denken oft gleich, dass wir vom Jugendamt sind, obwohl wir das gar nicht sind. Das wir nicht zur Familie oder zum Freund:innenkreis gehören, ist sofort für alle von außen sichtbar. Das ist nicht ganz einfach, denn die Familie kommt in eine Erklärungsnot. Wer sind die beiden und warum kommen sie regelmäßig hierher? Im ersten Gespräch helfen wir den Eltern Worte und Erklärungen für Familien, Freund:innen und Nachbar:innen zu finden. Wenn wir das erste Mal kommen, ist die Wohnung in einem Top-Zustand. Man könnte in jedem Zimmer eine Notoperation durchführen. Die Kinderzimmer sind gemacht, die Betten sind frisch bezogen, der Hund wird weggesperrt usw. Es ist alles tip top.[1]

Zu Beginn sind wir die Gäste, die zwar höflich begrüßt werden, die aber niemand eingeladen hat, so als hättest du dich zur Hochzeit selbst eingeladen. Die Familien wollen uns sofort alles zeigen, dass wir den Eindruck bekommen, hier sei alles in Ordnung. Es muss quasi ein Fehler des Jugendamts vorliegen, eigentlich müssten wir viel eher zu den Nachbar:innen gehen.

Wir (aufsuchende Familientherapie erfolgt immer im Team) sagen zu Beginn immer: »Platzieren Sie uns dahin, wo es für Sie am besten passt.« Dann sitzen wir häufig in der Küche am Tisch oder im Wohnzimmer auf der Coach. Wir trinken dann erst einmal einen Kaffee und reden so dies und das. Zum Joining gehört »Coffee, Cookies and the Dog.« Erst im Verlauf der Therapie sehen wir die ganze Wohnung. Dann können wir auch sagen, dass der Fernseher ausgeschaltet werden sollte, dass nach der Therapie gegessen werden kann. Wir gestalten den Kontext so, dass deutlich wird, die Therapie ist ein Arbeitsbündnis. Wenn wir kommen, wird an Themen gearbeitet, und wenn wir gehen, das ist genauso wichtig, nehmen wir die Themen wieder mit.

---

1 Anmerkung: Die eigenen, wenn auch sehr viel geringeren Erfahrungen der Interviewenden in der AFT wichen von diesem Eindruck deutlich ab, dieses werten wir als ein Hinweis auf die Diversität des Arbeitsfeldes.

I: Du hast ja gesagt, ›das Jugendamt entscheidet, wer euch kriegt‹. Also wer aufsuchende Familientherapie bekommt. Nach welchen Kriterien entscheidet das Jugendamt, ob da jetzt aufsuchende Familientherapie indiziert ist oder auch nicht?

B: Nicht immer ist für uns klar ersichtlich, nach welchen Kriterien die AFT vom Jugendamt eingesetzt wird. Ich gehe aber davon aus, dass es Qualitätsmerkmale geben muss und auch ein standarisiertes Verfahren vorliegt, bevor AFT eingesetzt wird. Die Berliner Jugendämter arbeiten in den RSD (Regionale Sozialpädagogische Dienste) immer mit den Fallteams zusammen. Die Aufgabe der Fallteams besteht darin, eingebrachte Fälle mit den freien Trägern nach einem bestimmten Verfahren zu reflektieren. Die fallzuständige Mitarbeiterin des RSDs stellt einen Fall im Fallteam vor. Hier können die freien Träger Vorschläge zum Hilfeverlauf/Verfahren machen etc. Viele Jahre saß ich in unterschiedlichen Bezirken in diesen Fallteams. Wenn es gepasst hat, konnte ich vorschlagen, AFT in dem Fall einzusetzen. Ich habe das oftmals gedacht, wenn ich gesehen habe, dass es in den Familien nicht um eine strukturelle Unterstützung, sondern wirklich um familiendynamische Themen und therapeutische Interventionen oder auch um eine Krisenintervention geht. Wenn wir sehen ›hier brennt akut so sehr die Hütte‹, z. B. Alkoholexzesse, Fremdgehen oder eine Situation, die plötzlich die Familie an sich in Frage stellt. Unfälle, Todesfälle, schwere Diagnosen, Corona war ein großes Thema, diese akuten Krisen können familientherapeutisch bearbeitet werden. Dann kann AFT wirksam sein.

I: Ist es schon mal vorgekommen, dass AFT empfohlen wurde und ihr aber gesagt habt, dass das aus eurer Sicht nicht indiziert ist?

B: Ja. Ganz konkret kann ich mich erinnern, dass ich die Mitarbeiterin des Jugendamts aus einem anderen Fall kannte und die total glücklich war über das, was da entstanden war. Dann hatte sie eine andere Familie mit einer Frau, deren Mutter grade gestorben war, und diese Frau war so in der Trauer gefangen, dass sie die Versorgung ihres Kindes aus dem Blick verloren hatte. Das Kind war noch klein, ich würde mal sagen zwei Jahre alt oder so, und die Jugendamtsmitarbeiterin wollte da eine AFT einsetzen, um nochmal da die Bewältigung der Trauer zu begleiten. Die Idee war, glaube ich, ganz gut. Als wir die Mutter und das Kind in der Wohnung aufgesucht haben, war uns sofort klar, dass AFT hier nicht wirksam ist. Die Mutter brauchte intensive Unterstützung im Alltag. Jemand, der zu ihr kommt und sie ins Leben zurückführt, ihr hilft in den Alltag zurückzufinden und wieder präsent für das Kind zu werden. Die Therapie hätte alles nur verschlimmert. Wir haben im Jugendamt direkt eine SPFH (Sozialpädagogische Familienhilfe) nach §31 SGB VIII vorgeschlagen. Die Mitarbeiterin des RSD war total dankbar über unsere Einschätzung. Wir konnten den Fall direkt überleiten ohne Unterbrechung.

6.3 Fallbeispiel

Im Mittelpunkt des Gesprächs schilderte Karin Bracht einen Fall, der die Vielschichtigkeit der Aspekte der AFT zeigt und deshalb hier exemplarisch aufgeführt und danach kritisch reflektiert wird.

»Ja, warum ich an diesen Fall gedacht habe, liegt vor allem daran, dass ich die Mutter fantastisch fand. Die ist mir wirklich ans Herz gewachsen. Das war eine ganz tolle, sehr witzige Frau, die eine tragische eigene Geschichte hatte. Der Fall kam zu uns, weil die Bezugsklinik in Wohnortnähe den Fall zweimal dem Jugendamt gemeldet hatte, und zwar als akute Gefährdung im Jugendalter. Das Jugendamt hatte zunächst nicht reagiert. Beim zweiten Mal hat die Klinik einen so drastischen Bericht hinterhergeschickt, dass das Jugendamt gar nicht mehr anders konnte. Dann gab es die Auftragsklärung im Jugendamt und wir kamen dahin und da sitzt diese Mutter, die empört ist über diese Meldung des Klinikarztes. Die Familie hatte zwei Söhne, der eine war bereits erwachsen und der andere war mit sieben Jahren an Diabetes erkrankt. Die Diabeteserkrankung war so schlecht eingestellt, dass der mehrfach in der Woche eine totale Überzuckerung hatte und somit akut gefährdet war. Und der Diabetologe hatte keine Fantasie, warum das nicht funktionierte. Das Jugendamt setzte daraufhin eine AFT ein im Gefährdungsbereich. Es ging als darum mit der therapeutischen Intervention die Eltern so zu stärken, dass sie die Gefährdung des Kindes abwenden können. Als wir den ersten Hausbesuch machten, kam ich erstmalig in die Situation, dass die Wohnung so schmutzig war, dass ich keine Idee hatte, wo ich mich hinsetzen sollte. Hinzu kamen zwei kleine unfassbar hässliche Hunde. Der eine von beiden hatte nur ein Auge. Alle Familienmitglieder gingen mit den beiden regelmäßig Gassi. Das war für mich eine große Ressource. Die ganze Familie war sehr empathisch, diese beiden Hunde wurden geliebt von ganzem Herzen. Meine Kollegin und ich haben später so über den einen Hund gelacht, gleichzeitig wussten wir, diese beiden sind unsere Türöffner.

Zunächst haben wir versucht den Auftrag zu klären. Die Familie war in dem Modus, dass sie uns beide genauso dringend brauchen wie einen Kropf. Den Arztbericht fanden die Eltern falsch und unverschämt. Der Prozess lief unfassbar schwierig an. Wir kamen zum Termin und uns wurde nicht aufgemacht. Wir haben angerufen, keiner ging ran. Wir wussten, dass die Familie Zuhause war, weil die Hunde kläffend hinter der Tür standen. Wir sind dann wieder gegangen und haben an der Ecke gewartet. Zwanzig Minuten später kam dann einer aus der Familie mit den Hunden vorbei. Dann haben wir uns wie die Schmeißfliegen angehängt: ›Mensch Frau soundso, da sind Sie ja, wir waren schon grade bei Ihnen.‹ ›Ach ja, wir haben gar nicht das Klingeln gehört.‹ Wir dann: ›Ach echt? Die Hunde haben so laut gebellt.‹ Und so weiter. Also es war wirklich eine totale Verweigerung. Eines Tages kamen wir dahin und meine Kollegin sagte zu mir: ›Weißt du was? Wir verabschieden uns jetzt. Das macht hier doch alles keinen Sinn. Zum Abschied spielen wir noch ein Familienspiel.‹ Und dann haben wir ein Spiel mitgenommen. Es ist ein Kartenspiel Talk-Box Vol. 9 (Leben mit Kindern,

120 Impulse zu Familie und Erziehung). Man zieht zu verschiedenen Themen eine Karte, zum Beispiel Kategorie ›Vorsicht, heikel!‹ die Frage: ›Was meinst du? Es gibt Dinge, über die sollte man nicht sprechen.‹ Dann haben wir zugeschaut, wie die Familie miteinander spielt, und sind so in ein intensives Gespräch gekommen. Am Ende sagte meine Kollegin, dass wir heute zum letzten Mal gekommen sind, da wir davon ausgehen, dass sie uns nicht brauchen. Wir würden uns jetzt verabschieden. Die Mutter schritt energisch ein und meinte, dass sie uns auf jeden Fall brauchen und wir auf gar keinen Fall gehen können. Das war der Wendepunkt. Ab dem Zeitpunkt haben wir am Esstisch gearbeitet, nicht mehr auf der Coach. Die Familie war immer da, beide Söhne und beide Eltern, kein Termin fiel mehr aus. Der ältere Sohn wurde aktiv miteinbezogen. ›Was denken Sie denn? Was kann Ihr kleiner Bruder machen, damit sich seine Werte stabilisieren?‹ Der große Sohn war bereits volljährig und lebte nicht mehr in der Familie. Er kam aber immer zu den Terminen. Irgendwann wurde uns klar, dass der große Sohn schwul ist. Wir haben sehr provokativ gefragt, welches Problem das größere sei. Homosexualität oder Diabetes? Es wurde weder über das eine noch über das andere Thema in der Familie gesprochen.

Der jüngere Sohn tat alles dafür, dass niemand merkte, dass er dieses Handicap hat. Das ist gar nicht so einfach mit einem Sensor am Oberarm und einer Pumpe am Bauch. Im Verlauf der Therapie, ich würde mal sagen, so nach vier Monaten, hat die Mutter dann berichtet, er habe in der Schule jemanden eingeweiht, dass er Diabetes habe. Das war für die ganze Familie ein großer Schritt, überhaupt über diese Themen zu sprechen. Ist Diabetes eine Krankheit und Homosexualität möglicherweise auch? Die Eltern wollten in dieser Phase auch Einzelgespräche ohne die Kinder mit uns. Dann haben die beiden Eltern über ihre eigene Kindheit gesprochen, was sie erlebt haben. Beide Erwachsenen haben bis dato nie darüber gesprochen. Die Mutter kam aus einer Suchtfamilie. Sie ist mit sieben Jahren untergebracht worden in einem DDR-Kinderheim. Diese Erfahrung war traumatisch für sie. Der Vater hat auch in einer Suchtfamilie gelebt mit einem gewalttätigen Vater zusammen. Er hat sich immer geschworen: ›Ich werde niemals so wie mein Vater.‹

Für den jüngeren Jungen konnten wir parallel zur AFT noch eine Kinder- und Jugendlichenpsychotherapie (KJP) etablieren. Der Sohn nahm die Termine bei der Kollegin sehr verlässlich wahr und die Kooperation mit dem Diabetologen verbesserte sich stetig. Das Verhältnis zum Arzt war zuvor von Angst und Vorwürfen geprägt. Die Mutter vermied die Termine und der Vater begleitete den Sohn, ohne ihm ausreichende Orientierung zu geben. Der Arzt wurde immer wütender: ›Sagen Sie mal, Ihr Sohn stirbt, wenn Sie so weitermachen. Er wird keine zwanzig, das kann ich Ihnen sagen.‹ Die Folge aus dieser konflikthaften Beziehung war, dass die Eltern die Arzttermine vergaßen und mieden. Mit der AFT entstanden die ersten Gespräche im helfenden Netzwerk. In den Netzwerkgesprächen konnten wir vermitteln, dass der Arzt und die Eltern in Sorge sind. Die Vorwürfe regulierten sich von Mal zu Mal herunter und es entstand eine wohlwollende Kooperation zwischen Klinik und Familie. Der Sohn erkannte, dass diese beiden Systeme und seine KJP-Therapeutin zusammenarbeiten. Diese breite Unterstützung half ihm sich selbst zu stabilisieren.

Diese Familientherapie ging ungewöhnlich lang. Wir waren ca. eineinhalb Jahre in der Familie. In dieser Zeit ist der Junge zweimal ins Koma gefallen, er ist fast gestorben. Währenddessen starb auch noch die Schwester der Mutter und zum Schluss die Hunde nacheinander. Es gab ganz viel Tod in dieser Therapie. Als A zum ersten Mal ins Koma fiel, rief die Mutter mich an. Sie war völlig hilflos und verzweifelt und hatte offenbar keine andere Hilfe als uns. Ich riet ihr, sofort einen Krankenwagen anzurufen. Die Mutter hatte großes Vertrauen zu uns und tat alles, wie wir es anrieten. Diese Situation hat die Kehrwende für den Jungen gebracht. Für uns wurde deutlich, dass wir die einzige verlässliche Hilfe für die Mutter sind. Das ist eigentlich nicht im Sinne der systemischen Familientherapie. Hier sollen die Selbstheilungskräfte aktiviert werden und keine Abhängigkeit zur helfenden Außenwelt geschaffen werden.«

Auf die Rückfrage, ob in diesem Fall die AFT zu einer Art »Nabelschnur zur äußeren Welt« wurde, erklärte Karin Bracht, wie aufwändig das Ende der Hilfe sich gestaltete.

»Absolut! Die Mutter hat am Ende der Therapie gesagt: ›Frau Bracht, ich weiß gar nicht wie ich ohne Sie leben soll!‹ Ich habe gedacht, das ist ja schrecklich. Dann haben wir ja alles falsch gemacht. ›Nein, ich will nicht, dass ich Sie nicht mehr anrufen kann!‹, sagte die Mutter. Daraufhin haben wir so eine Art Ausschleichmodell gestaltet. Wir haben dann über drei Monate noch ein E-Mail-Kontingent bekommen. Die KJP-Therapeutin ist für den Jungen geblieben. Sie hat ebenfalls eng mit den Eltern gearbeitet.«

6.4 Kritische Reflexion

Dieser Abschnitt konzentriert sich auf die Reflexion der strukturellen und inhaltlichen Merkmale des vorher beschriebenen Falls. Dazu gehört die Begründung des Einsatzes dieser bestimmten Hilfeform und die wahrgenommenen Vor- und Nachteile des Settings aus Sicht der Expertin. Weiterhin werden Hypothesen über die Bewertung der Hilfe aus Sicht der Nutzenden und aus Sicht der Helfenden dargestellt und ein besonderer Fokus auf die wahrgenommenen Schlüsselmomente/Kippunkte im therapeutischen Prozess gelegt.

B: Die Begründung des Einsatzes der AFT bestand darin, dass es sich hier um eine Krisensituation handelte. Das Leben des 14-jährigen war bedroht und man bekam auf andere Art und Weise keinen Zugang. Die Vorteile des aufsuchenden Settings lagen in diesem Fall klar auf der Hand. Nur durch die aufsuchende Arbeit konnten wir einen intensiven Einblick in die Familiendynamik bekommen. Die Nachteile der aufsuchenden Arbeit liegen darin, die so genannte professionelle Distanz zu wahren. Wir sitzen im Wohnzimmer der Familie, also Mitten im privaten Raum. Da hängen Fotos, da gibt es Gerüche, wir trinken

Kaffee, essen auch mal einen Keks, bevor wir ins Thema einsteigen. In der eigenen Praxis lässt sich die Distanz viel einfacher gestalten, dafür bekommen wir einen weniger klaren Eindruck. Die Wohnungen erzählen die Geschichten der Familien, das ist sehr intim und herausfordernd, sodass ein bisschen die Distanz verloren geht. Wenn wir die Wohnung verlassen, sage ich immer: »So, machen Sie mal die Fenster weit auf, damit die Themen den Weg nach draußen finden! Das ist jetzt wieder Ihr Wohnzimmer, die Reste nehmen wir mit und bringen sie beim nächsten Termin wieder mit.« Das hilft ganz gut, aber eine Stimmung bleibt vielleicht trotzdem.

I: Was denkst du, wie blickt die Familie wohl heute auf diese Hilfe zurück? Wie bewerten die die?

B: Die Mutter hat am Ende oft gesagt, dass wir ihre besten Freundinnen seien. Dann haben wir gesagt, dass wir das nicht sind und sie daran erinnert, dass sie am Anfang alles dafür getan hat, dass wir uns nicht treffen konnten. Die Mutter erklärte uns, dass die Schwierigkeit am Anfang daran lag, dass die »blöde Schnepfe« des Kinderschutzteams behauptet hat, dass hier eine Kinderschutzmeldung eingegangen ist. Sie fühlten sich als schlechte Eltern. Erst später habe sie bemerkt, dass wir das nicht gedacht haben, dass sie schlechte Eltern seien. Wir hätten ihr vermittelt, dass ihre Fähigkeiten gerade verborgen seien und dass wir sie gemeinsam wieder ausgraben werden.

I: So wie du es beschreibst, ist es relativ offensichtlich, dass diese Hilfe richtig gut funktioniert hat. Und vielleicht kannst du mal sagen, was aus deiner Sicht dazu beigetragen hat, dass die Hilfe funktioniert hat.

B: Ich glaube gerade in diesem Fall hatte ich mit meiner Kollegin eine wahnsinnig gute Zusammenarbeit. Wir haben der Familie erzählt, dass es bei den Systemiker:innen zwei Varianten gäbe, die Skandinavische und die Italienische. Die Skandinavische ist total wertschätzend, lösungs- und ressourcenorientiert. Die Italienische eher verstörend. Meine Kollegin ist die skandinavische Variante und ich die Italienische. Meine Kollegin hat nie schlecht über die Klienten gesprochen. Die hat immer darauf bestanden, dass es Gründe hat, warum die Wohnung so verwahrlost ist, das sei ja auch ein Hilferuf. Ich finde sowas einfach nur eklig und es ist mir egal, warum. Ich finde zwar, wir können aus Scheiße Bonbons machen, aber es schmeckt trotzdem kacke. Wir waren zwar extrem unterschiedlich, aber das hat sich sehr gut ergänzt und wir haben viel zusammen gelacht. Wir haben im Verlauf der Therapie gesehen, dass wir trotz dieser ganzen schweren Themen gerne hingehen. Am Anfang hatte ich gar keine Lust auf die Therapie. Das ist natürlich spürbar, wenn du innerlich denkst, bin ich froh, wenn sie die Tür nicht aufmachen. Aufgemacht hat die Familie trotzdem, weil sie das Jugendamt im Nacken hatten.

I: Und wenn du jetzt nochmal dahin guckst, wie bei euch der Kipppunkt entstanden ist? Dass es auf einmal ging?

B: Ein Wendepunkt hat mit diesen schrecklichen Hunden zu tun. Ich liebe eigentlich Hunde. Aber diese waren sehr speziell. Der eine hatte nur ein Auge und der andere war uralt, Vater und Sohn. Immer wenn wir kamen, machten sie ein Mordstheater. Einmal kam nur der alte Hund zu uns und meine Kollegin fragte: »Haben Sie nur noch einen Hund?« Da fiel der Familie auf, dass sie den Einäugigen bei der Begrüßung vor der Tür vergessen hatten. Er hat ganz still vor der Wohnungstür gestanden und gewartet. Ich habe den Sohn gefragt: »Könnte das mit dir auch passieren, dass du vergessen wirst?« Er antwortete nur: »Hmmm!« Dann sagte der Vater: »Mir schon!« Das war so ein Moment, wirklich das war ein wahnsinnig guter Moment. »Ehrlich gesagt, ist es ja auch ein bisschen ruhiger hier, wenn keine zwei hier rumwuseln«, sagte ich. Dieses Bild war wirklich verrückt und so passend für die Familie. Die Mutter sagt: »Naja, aber jetzt hat ausgerechnet der mit einem Auge vor der Tür gestanden.« Ein super Bild für unsere Arbeit! Das haben wir später immer wieder aufgegriffen.

6.5 Schlussfolgerungen: Handlungserfordernisse für die aufsuchende Familientherapie

I: Erinnerst Du Dich an einen Fall, wo es nicht so gut geklappt hat? Und was ihr vielleicht dazu beigetragen habt?

B: Ich erinnere mich an einen Fall einer alleinerziehenden Mutter mit einer zehnjährigen Tochter. Da habe ich mit einem Kollegen zusammengearbeitet, mit dem ich vorher schon durchaus gut zusammengearbeitet habe. Aber bei diesem Fall hatten wir oft einen großen Dissens. In diesem Fall hatte ich das Gefühl, dass das Kind eigentlich bei dem Vater besser aufgehoben wäre. Mein Kollege war der Annahme, dieser Vater sei nicht gut für das Kind. Wir waren uns da total uneinig und haben ganz schlecht zusammengearbeitet. Der Dissens trug sich bis ins Jugendamt. Der fallzuständige Sozialarbeiter war total irritiert über unsere unterschiedliche Einschätzung. Wichtig ist, dass aus meiner Sicht gelingende Therapien – völlig egal, ob aufsuchend oder am festen Ort, einzeln oder im Team – an uns hängen. Und wenn wir eine gute Arbeit machen, dann funktionieren die Therapien und wenn nicht, dann eben leider nicht. Manchmal sind wir einfach nicht gut genug. Dann ist das, was wir anbieten können, nicht ausreichend. Das heißt nicht, dass wir schlecht sind. Es meint, dass das, was wir anbieten können, für die Familien nicht das Richtige ist. Viele Kolleg:innen erklären die Abbrüche mit dem Widerstand der Eltern, mit psychiatrischen Erkrankungen etc. Das halte ich für zu kurz gegriffen. Menschen können sich entwickeln, wenn das Angebot passt, das Gegenüber der:die Richtige ist. Wenn unsere Arbeit nicht wirkt, keinen Erfolg bringt, dann waren wir nicht die Richtigen, das Angebot nicht passend. In diesen Fällen finden wir keinen Zugang. Wir stehen dann vor der verschlossenen Tür und finden den Griff nicht.

I: Das heißt, es gibt Momente, wo ihr sagt, da seid ihr vielleicht nicht hilfreich, aber es könnte ein anderes Team sein. Das heißt nicht, dass die Hilfeform nicht passt, sondern einfach ihr als Team?

B: Ja, weil ja manchmal rückgemeldet wird, dass die Klient:innen im Widerstand seien. Die kommen nicht, die vermeiden das. Das kann man so sehen, ich glaube aber, dass wir da nicht gut genug sind.

I: Welche Empfehlungen kannst du für die Arbeit der aufsuchenden Familientherapie geben?

B: Das eine ist das Prinzip der Teamarbeit, dass aufsuchende familientherapeutische Arbeit immer zu zweit durchgeführt wird. Auch die aufsuchende Familientherapie sollte die Möglichkeit bieten, Gespräche in eigenen Praxisräumen führen zu können. Das Wichtigste ist sicherlich, nicht den Humor zu verlieren.

I: Und wo würdest du typische Fehlerquellen sehen?

B: Erstens, wenn man zu schnell davon ausgeht, dass es eine tragfähige Kooperation gibt. Zweitens ein nicht überbrückbarer Dissens im Therapeut:innenteam. Drittens eine Respektlosigkeit im Auftreten, die die Familien in ihrem privaten Raum trifft. Dieser respektvolle Umgang erfordert einen Haltungswechsel im Therapeut:innenteam. Normalerweise haben wir Hausrecht. Wir können sagen, so nicht, dies nicht, das nicht. Das geht eben in diesem Setting nicht, da trittst du in deren Kultur ein und bist Gast. Du musst auch deutlich machen, dass du weißt, dass du dich selbst eingeladen hast. Ich finde das selber oft unangenehm. Die große Frage ist, wie man das so gestalten kann, dass die Familie das Gefühl bekommt, sie habe die Einladung selbst ausgesprochen.

6.6 Fazit und Ausblick

Die AFT ist ein bislang noch selten genutztes und vom Gesundheitssystem in keiner Weise ausfinanziertes Instrument in der Psychotherapielandschaft. Dabei schafft sie in kurzer Zeit einen sehr dichten und alltagsnahen Einblick in familiäre Dynamiken. Das therapeutische Team ist dabei gefordert, den häuslichen Kontext neu zu gestalten und gleichzeitig respektvoll mit der Häuslichkeit umzugehen. Es ist möglich unterschiedliche Rollen einzunehmen, da immer im Team gearbeitet wird. Die Räume können gewechselt werden, wenn die Spannung im Wohnzimmer zu groß ist. Es bieten sich ›Gehungen‹ an, wenn Familienmitglieder einmal ganz den Ort verlassen müssen. Den intimen Raum der Familien kennenzulernen, ermöglicht, die Geschichten der Familien neu zu lesen und die jeweilige Familienkultur am Lebensort der Familie kennenzulernen. Dabei sind die Therapeut:innen gefordert die Komfort- und Sicherheitszone der eigenen Räume aufzugeben, was durchaus eine Hürde ist, da viele Therapeut:innen sich nur geschützt und sicher in ihrer eigenen Praxis fühlen. Der Schritt in die Häuslichkeit der Klient:innen bietet jedoch Begegnungsmöglichkeiten, die in den therapeutischen Räumen so nicht möglich sind, wie dieses Fallbeispiel eindrucksvoll gezeigt hat.

Literatur

Bracht, K. & Stüdemann, M. (2022): Rolle rückwärts über das Parkett. Kontext, 1, 34–44.
Bräutigam, B. (2020): Abstinenzgebot oder Elendsvermeidung – was erschwert die Etablierung aufsuchender Psychotherapie? In: K. Giertz, L. Große & S. Gahleitner (Hrsg.), *Hard to reach: Schwer erreichbare Klientel unterstützen* (S. 128–137). Bonn: Psychiatrieverlag.
Conen, M. L. (2022): Aufsuchende Familientherapie – updated. Kontext, 1, 8–20.
Engelmann (2011): Aufsuchende Familientherapie – Perspektiven eines Hilfeansatzes für Familien mit besonderen dynamischen Herausforderungen. In: M. Müller & B. Bräutigam (Hrsg.), Hilfe, sie kommen! Systemische Arbeitsweisen im aufsuchenden Kontext (S. 110–123). Heidelberg: Carl Auer.

7 Aufsuchende Arbeit in der interdisziplinären Frühförderung am Beispiel der videogestützten Interaktionsberatung

Sophie Friedrich & Franziska Ullrich

Überblick		
7.1	Einleitung	68
7.2	Fallbeispiel: Familie L.	69
7.3	Kritische Reflexion der videogestützten Interaktionsberatung	72
7.4	Schlussfolgerungen und Handlungserfordernisse	75

7.1 Einleitung

Interdisziplinäre Frühförderung als Teilgebiet Früher Hilfen umfasst ein komplexes Unterstützungssystem und richtet sich gemäß der rechtlichen und finanziellen Grundlegung durch das SGB IX und die Frühverordnung (FrühV) an »noch nicht eingeschulte behinderte und von Behinderung bedrohte Kinder« (§ 1 FrühV) sowie deren Familien. Als charakteristische Grundprinzipien dieses Arbeitsfelds werden nach Sarimski (2022) Resilienzorientierung, Familienorientierung, Interaktions- und Beziehungsorientierung sowie interdisziplinäre Kooperation und Teamorientierung beschrieben. Neben einer mehrdimensionalen Diagnostikphase gehören individuell und partizipativ abgestimmte Förder-, Therapie- und Beratungsangebote zur Praxis der interdisziplinären Frühförderung (Pretis 2020).

Obwohl die Voraussetzung einer interdisziplinären Teamstruktur und die Erbringung der Komplexleistung für alle Einrichtungen der Frühförderung gelten, sind die institutionellen Differenzlinien eng verbunden mit der Relevanz aufsuchender Arbeitsweisen. In den interdisziplinären Frühförderstellen werden Leistungen größtenteils mobil erbracht, wohingegen diese Form in den Sozialpädiatrischen Zentren (SPZ) nur in begründeten Einzelfällen vorgesehen ist (§ 3 f. FrühV).

Bereits in den Empfehlungen des Deutschen Bildungsrats (1973) *Zur pädagogischen Förderung behinderter und von Behinderung bedrohter Kinder und Jugendlicher* wird auf die mobile Hausfrühförderung verwiesen. Insbesondere in den Anfängen gab es dafür strukturelle Versorgungsgründe, da vor allem in Flächenländern durch ein mobiles-aufsuchendes Arbeitsprinzip Zugangsbarrieren (z. B. lange Wegstrecken) reduziert werden konnten. Auch wenn diese mittlerweile durch eine zunehmende Mobilisierung der Familien, eine Verdichtung der interdisziplinären Frühförderstellen und eine deutliche Erweiterung integrativer Angebote im Kindesalter eher in den Hintergrund getreten sind, gibt es weiterhin strukturelle Gründe, die mobile Arbeitsweisen im Rahmen der Frühförderung erforderlich machen. Beispielhaft sind dafür die Kompensation des organisatorischen Aufwands bei mangelnden finanziellen, zeitlichen und/oder sozialen Ressourcen zu nennen (Thurmair & Naggl 2010). Fortwährend sind es jedoch häufig fachlich-inhaltliche Anlässe, die eine aufsuchende Arbeitsweise im Rahmen interdisziplinärer Frühförderung primär begründen. Diesbezüglich wird beispielsweise die diagnostische Bedeutsamkeit betont. Um Frühfördermaßnahmen individuell gestalten zu können, benötigen Fachkräfte einen Einblick in die Lebens- und Entwicklungsbedingungen des Kindes und seiner Familie (ebd.). Ein weiterer Anlass kann die Berücksichtigung einer familienorientierten Förderung, Therapie und Beratung sein, die sich in die direkte Lebenswelt des Kindes integriert. Mobile aufsuchende Förderung kann somit zur Erreichung alltagsorientierter Ziele beitragen (Sarimski et al. 2013).

Ein besonderer Fokus entwicklungsfördernder Maßnahmen liegt darin, Eltern in ihrer Selbstwirksamkeit und ihren eigenen Kompetenzen zu stärken, um förderliches Eltern-Kind-Interaktions- und Beziehungsverhalten zu unterstützen und familiäres Belastungserleben zu reduzieren (ebd.). Hierfür haben sich neben gemeinsam gestalteten Frühfördereinheiten zwischen Kind, Eltern(-Teil) und Fachkraft auch Videoaufzeichnungen als Beratungsgrundlage etabliert (Sarimski 2022).

>»Mithilfe der Videotechnik ist es gelungen, die Grenzen der bewussten Wahrnehmungs- und Erkenntnisfähigkeit zu erweitern. Das Bild erlaubt dem Betrachter eine Distanz zu dem Geschehen und zu sich selbst. Es verlangsamt (zum Beispiel durch Wiederholungen, Zeitlupe, Standbildeinblendungen) die schnelle Abfolge von Interaktionssequenzen; interaktionelle Prozesse können im Millisekundenbereich festgehalten und anschließend reflektiert werden« (Thiel-Bonney 2012, S. 416).

Im Beratungsgespräch werden ausgewählte kurze Videosequenzen dazu genutzt, die Interaktionskompetenzen der Eltern dahingehend zu stärken, responsiver auf die individuellen Bedürfnisse des Kindes einzugehen und ungeeignete Interaktionsmuster zu erkennen. Die videogestützte Beratung findet, um den Alltag möglichst realitätsnah abzubilden, häufig in Form eines aufsuchenden Settings statt. Die damit einhergehenden Potenziale und Herausforderungen gilt es nachfolgend aufzuzeigen.

7.2 Fallbeispiel: Familie L.

Exemplarisch wird im vorliegenden Beitrag das Fallbeispiel der Familie L. betrachtet. Zunächst erfolgt dafür eine Skizzierung der Ausgangssituation.

> Linus L. (Name geändert) lebt gemeinsam mit seiner Mutter, seiner Tante und deren Tochter in einem Haushalt. Beim ersten Kontakt zum SPZ war Linus 2,5 Jahre alt. Die Mutter wünschte sich eine diagnostische Abklärung aufgrund

von Auffälligkeiten in der Sprachentwicklung und der Sozialkompetenz. Insbesondere im Kontext der Kita sei er sehr zurückgezogen im Spiel und meide den Kontakt zu anderen Kindern. Zudem hatte Linus bereits mehrere Krankenhausaufenthalte hinter sich, weswegen die Mutter mit Sorge aufkommende Ängste vor Arztbesuchen beobachtete. Daraufhin erfolgte eine mehrdimensionale Diagnostikphase, die neben der regulären Anamnese und ärztlichen Untersuchung eine Entwicklungsdiagnostik, ein Erstgespräch zwischen der Mutter und der Rehabilitationspädagogin sowie eine Hospitation in der Kita umfasste. Im Rahmen der Hospitation wurden Rückzugsverhalten und gravierende Unsicherheiten im Spiel sowie in der Interaktion festgestellt.

Mit diesen ersten diagnostischen Informationen sah die zuständige Rehabilitationspädagogin des SPZ den Bedarf, ergänzend einen Eindruck von Linus im häuslichen Umfeld zu gewinnen. Diese Bedeutung zum Fallverständnis kann als erster inhaltlicher Anlass für eine aufsuchende Arbeitsweise bei Familie L. markiert werden. Da eine videogestützte Interaktionsanalyse ein hohes Maß an Vertrauen voraussetzt, wurde für die Eingangsdiagnostikphase zunächst eine Beobachtung ohne Videoaufzeichnung im häuslichen Setting mit der Familie vereinbart. Im Ergebnis der Hospitation zeigte sich deutlich, dass sich Linus im Umfeld seines Zuhauses zugänglicher und sicherer in seinem Verhalten bewegen konnte. Gleichwohl bestand aus fachlicher Perspektive die Annahme, dass vor allem die Förderung der Interaktion zwischen Linus und seiner Mutter zu einer Kompetenzerweiterung in seiner Selbstständigkeits- und Sprachentwicklung beitragen könne. Das Verhältnis der beiden wurde als sehr innig wahrgenommen und bislang bestand für Linus kaum die Notwendigkeit, verbale Sprache zu entwickeln.

Neben regelmäßigen Beratungsgesprächen mit der Kindsmutter durch die Psycholog:innen und die Rehabilitationspädagogin des SPZ wurde eine wöchentliche heilpädagogische Einzelförderung als Frühfördermaßnahme für Linus initiiert. Die Beratungsthemen bezogen sich im pädagogischen Bereich auf die Entwicklungs- und Interaktionsförderung sowie Erziehungsberatung. Die Psycholog:innen unterstützten die Mutter außerdem bei ihren Sorgen um Linus' Abwehr vor Arztbesuchen. Nach wenigen Monaten während der Begleitung im SPZ entwickelte Linus eine zunehmend offenere Interaktion und komplexere Sprache in der Einzelförderung. Diese Entwicklung verstärkte sich zudem durch einen Kitawechsel mit erhöhten integrativen Angeboten sowie durch den Einsatz von Hörgeräten nach diagnostizierter einseitiger Hörminderung. Zu erweiterten Förderung seines Sozialverhaltens wurde nach ca. sechs Monaten eine Kleingruppe mit einem weiteren Kind gebildet. Linus' emotional-soziales Verhalten, das nach der zunächst starken Zurückgezogenheit nun eher aktiv und sprunghaft wirkte, veranlasste seine Mutter wiederum zur Sorge, dass ihr Kind sich nicht adäquat entwickelt. Gleichzeitig ließen sich in der Beratung mit der Rehabilitationspädagogin wiederholt Tendenzen zu unrealistischen Erwartungen an Linus' Entwicklung sowie Formen der Überprotektion identifizieren (z. B. von ihm erwartbare Handlungen abzunehmen oder für ihn zu antworten). Im Mittelpunkt begleitender Gespräche wurde die Mutter dahingehend beraten, Linus mehr Selbstständigkeit zuzutrauen und ihm diese auch abzuverlangen. Zudem benötigte er Zeit, Orientierung und Struktur, mit den für ihn neu hinzugekommenen Außenreizen durch die Hörgeräte zurechtzukommen. Nach etwa einem Jahr der begleitenden Förderung und Beratung durch das SPZ zeigte Linus positive Entwicklungstendenzen, jedoch stellten sich in der regulären Verlaufsdiagnostik im Bereich der Kognition und in seiner emotional-sozialen Entwicklung im Altersvergleich gravierende Einschränkungen heraus. Erneut im Fokus stand die Hypothese, verstärkt über die Mutter-Kind-Interaktion förderliche Rahmenbedingungen für Linus' Entwicklung zu gestalten. Doch auch nach mehreren Beratungsgesprächen und modellhaften Förderstunden unter Einbezug der Kindsmutter im SPZ zeigte sie weiterhin eine eher defizitorientierte Sichtweise auf ihr Kind bei gleichzeitigem Wunsch nach Unterstützung im Umgang mit ihm.

Nach einem Jahr des Vertrauensaufbaus im Arbeitsbündnis mit der Mutter wurde ihr daraufhin eine videogestützte Interaktionsberatung angeboten. Die fachliche Zielsetzung lag vor allem darin, eine positive Sichtweise seitens der Mutter auf Linus und ihre eigenen Ressourcen zu erreichen, konkrete Momente der Interaktion sichtbar werden zu lassen und vorhandene Unsicherheiten der Mutter abzubauen. Nach einer vorbereitenden Erläuterung der Rahmenbedingungen und Beschreibung der Durchführung von Videoaufnahmen im häuslichen Umfeld willigte die Mutter ein. Die videogestützte Interaktionsberatung durch die Rehabilitationspädagogin kennzeichnet damit einen weiteren inhaltlichen Anlass für eine aufsuchende Arbeitsweise im Rahmen der Frühförderung.

Ziel war es, eine Spiel- und eine Lernsituation im natürlichen Setting des Zuhauses mit der Familie aufzunehmen. Während Linus in der ersten Situation selbst über die Ausgestaltung bestimmen durfte (Spielsituation), sollte er in der zweiten Situation zu einer fremdbestimmten Aktivität aufgefordert werden (Lernsituation). Am Tag der Videoaufzeichnung wurde gemeinsam mit der Mutter als idealer Ort für die Kamera das Kinderzimmer ausgewählt. Die Rehabilitationspädagogin hielt sich zur Vermeidung einer doppelten Beobachtung während der Aufzeichnung überwiegend nicht im gleichen Raum wie die Familie auf. Hierfür zog sie sich in den Nachbarraum des Kinderzimmers zurück. Während der Aufzeichnung waren sowohl die Mutter als auch die Tante und beide Kinder in der großzügigen Wohnung anwesend. Allerdings beteiligte sich die Tante nicht an der direkten Aufnahmesituation.

Es gelang der Mutter nicht sofort, eine Spielsituation zu initiieren, weshalb in der ersten Sequenz erst einmal Linus und seine Cousine im Kinderzimmer beim Cracker essen im Kontakt mit der Mutter gefilmt wurden. In einer zweiten Sequenz schauen sich Linus und seine Mutter gemeinsam ein von ihm gewähltes Tierbuch an, hierbei kommt es vermehrt zur Störung der Mutter-Kind-Interaktion durch die Cousine, bis sie schließlich erfolgreich ins Angucken des Buches integriert werden kann. Für die fremdbestimmte Lernsituation als dritte Sequenz wählte die Mutter nach vielen erfolglosen Versuchen schließlich das Angebot mit Fingermalfarben zu malen, das Linus sofort annahm. Diese Sequenz zeigt, wie sich die Mutter und Linus gut abgestimmt und in gemeinsamer Freude ausdauernd mit den Farben beschäftigen und Ideen beider gleichberechtigt in die Interaktion übernommen werden.

Die Videoanalyse durch die rehabilitationspädagogische Fachkraft erfolgte anhand der Protokollierung folgender Aspekte: Kindliche Beziehungssignale, Vorhandensein und Förderlichkeit elterlichen Verhaltens, ausbaufähige Interaktionselemente (wie Joint Attention, Triangulierung, Responsivität, Übereinstimmung von Verbal- und Körpersprache etc.). Wenige Zeit nach der Videoaufzeichnung und -analyse fand das abschließende Videofeedback-Gespräch mit der Mutter von Linus statt. Die Rehabilitationspädagogin fragte die Mutter vor dem Betrachten der Videosequenzen, wie sie sich wahrgenommen habe. Die Mutter äußerte neben einem negativen Selbsterleben, dass die Situation grundsätzlich realistisch verlaufen wäre. Sie gab an, dass es ihr kaum gelungen sei, ihn zu den gewünschten Aktivitäten motivieren zu können, was ihrer eigenen Wahrnehmung auf den gemeinsamen Alltag entsprach. Zur Stärkung des Selbstwirksamkeitserlebens der Mutter stellte die Rehabilitationspädagogin insbesondere positive und responsive Interaktionssequenzen, z. B. das gemeinsame Malen und Buch ansehen, in den Vordergrund. Den positiven Sequenzen wurden in einem weiteren Schritt Ausschnitte gegenübergestellt, in denen die Passung der Bedürfnisse von Linus (z. B. nach Struktur, Orientierung) und die elterliche Reaktion (z. B. Inkonsequenz, Inkonsistenz) sich noch zielführender gestalten ließe. In der Beratung lag der Fokus insbesondere darin, dass die Mutter förderliches und ungünstiges Interaktionsverhalten selbst erkennt (Förderung der Wahrnehmungsfähigkeit und Reflexionsfähigkeit) und daraus eigenständig Strategien für entwicklungsförderlichere Verhaltensweisen entwickelt (Stärkung der Selbstwirksamkeit und der intuitiven elterlichen Kompetenzen).

7.3 Kritische Reflexion der videogestützten Interaktionsberatung

In der Falldarstellung von Familie L. gab es zwei inhaltliche Anlässe für eine aufsuchende Arbeitsweise. Im Rahmen der ersten Diagnostikphase führte die Rehabilitationspädagogin eine Beobachtung im häuslichen Umfeld durch. Diese wurde aus fachlicher Sicht für notwendig erachtet, um umfassendere Informationen zu Linus' Entwicklungsstand zu generieren. Darüber hinaus fand nach etwas über einem Jahr der Begleitung der Familie durch das SPZ eine videogestützte Interaktionsberatung statt. Dieser aufsuchende Anlass begründete sich im Rahmen der Verlaufsdiagnostik und der daraus abgeleiteten Fördermaßnahme. Ziel dieser war die Stärkung der elterlichen Reflexions- und Interaktionskompetenzen, um dadurch Linus in seiner emotional-sozialen Entwicklung zu unterstützen. Nachfolgend wird anhand des Reflexionsmodells (▶ Kap. 2) insbesondere die im häuslichen Setting durchgeführte videogestützte Interaktionsanalyse und das Videofeedback-Gespräch aus Perspektive des *Settings*, der *Klient:innen* und der *Helfer:in* näher betrachtet.

Das häusliche Setting bietet für Videoaufzeichnungen als Beratungsgrundlage eine niedrigschwellige und lebensweltnahe Gegebenheit, um die Eltern-Kind-Interaktion in ihrem gewohnten Umfeld abzubilden. Vorteilhaft erscheint vor allem der Blick auf reguläre Alltagsaktivitäten der Familie. Gleichwohl kann das Vorhandensein einer Kamera auch die Natürlichkeit dieses Settings beeinflussen. Der Fokus liegt womöglich zunächst mehr auf der Technik und es sollte entsprechend Zeit eingeplant werden, um einen geeigneten Aufstellort zu finden und den Familien eine Gewöhnungsphase an die veränderte Situation und ggf. ein Explorieren der Kamera durch das Kind zu ermöglichen. Um eine »doppelte Beobachtung« zu vermeiden, ist es sinnvoll, dass die Fachkraft (wie im Fallbeispiel) den Raum der familiären Interaktion nach Einstellung der Videotechnik verlässt. Allerdings müssen die Räumlichkeiten für dieses Vorgehen einen Rückzugsort für die Fachkraft bieten, der für alle Beteiligten als geeignet erscheint. Das gemeinsame Festlegen der Drehorte erlaubt es den Familien, in dieser für sie unbekannten Situation Einfluss auf die Gestaltung nehmen zu können und sich als partizipativ zu erleben. Im Fall der Familie L. wurde die Kamera zuerst auf einem Regal im Kinderzimmer aufgebaut (1. & 2. Sequenz). Für das Malangebot (3. Sequenz) erfolgte ein kurzfristiger Positionswechsel der Kamera in die Küche.

Aus der Perspektive der Klient:innen bedeutet diese Art der aufsuchenden Arbeit, dass Videoaufnahmen von sehr persönlichen Momenten der familiären Interaktion gekennzeichnet sind, die darüber hinaus auch Einblicke in die räumliche Privatsphäre geben. Linus verhielt sich unbeeindruckt von der Kamera, die Mutter hingegen wirkte anfänglich etwas gehemmt, was sich aber im Laufe der Durchführung reduzierte. Es wird hypothetisiert, dass im Fall von Familie L. das aufsuchende Angebot einer videogestützten Interaktionsanalyse innerhalb der Eingangsdiagnostikphase eher eine Überforderung der Mutter dargestellt hätte. In der erlebten Verunsicherung, die sich u. a. in unrealistischen Zielsetzungen gemäß Linus' Entwicklungsstand und einer eingeschränkten Wahrnehmung der individuellen kindlichen Bedürfnisse widerspiegelte, vermittelte die Mutter zunächst das Anliegen, mittels kindbezogener Diagnosen (z. B. der geäußerten Vermutungen auf Autismus/ADHS) und entsprechender Förderungen Unterstützung finden zu wollen. Nach ca. einem Jahr der Begleitung durch das SPZ, dem Aufbau eines vertrauensvollen Arbeitsbündnisses und der Hinführung durch Beratungsgespräche, dass die Thematik der Eltern-Kind-Interaktion eine notwendige Bedeutung in der Entwicklungsförderung für Linus hat, war die videogestützte Interaktionsberatung ein für sie gut annehmbares Angebot. Um sich an die Bewertung der aufsuchenden Arbeitsweise aus der Perspektive der Mutter anzunähern, können ihre Reaktionen im Videofeedback-Gespräch herangezogen werden. So zeigten sich im Beratungsgespräch auf die ersten Fragen nach dem eigenen Erinnern und Erleben der Situationen erneut eine negative Selbstwahrnehmung und Unsicherheit ihrer selbst. Durch das wiederholte Wahrnehmen der Interaktion und die bewusste Konzentration auf zunächst das kindliche Verhalten und anschließend ihre eigenen Reaktions- und Kommunikationsmuster veränderte sich der Blick auf die Situation. Beispielsweise erkannte die Mutter anhand einer zwölfminütigen Vorlesesituation sowohl ihre eigenen responsiven Kompetenzen (z. B. Linus loben, geteilte Freude, bestätigender Blickkontakt) als auch die Ressourcen von Linus (z. B. in der Interaktion bleibend, gezielter Fokus auf den Inhalt, gemeinsame Freude und Wechselseitigkeit), die zu einer gelungenen Interaktion (Joint Attention) beigetragen haben. Das positive Erstaunen in dieser und weiteren responsiven Sequenzen ließ sie sich rückblickend als selbstwirksam erleben. Der Perspektivwechsel gelang ihr sicher, auch in der Situation, in der förderliche Interaktionselemente noch erweitert werden könnten. Die stärkenden Impulse ihrer elterlichen Kompetenzen wirkten motivierend und sensibilisierten sie nach der videogestützten Interaktionsberatung für eine bewusste Wahrnehmung positiver Eltern-Kind-Situationen und eine realistischere Einschätzung stattfindender Interaktionsmomente.

Für die Zusammenarbeit mit Familie L. stellte die videogestützte Interaktionsberatung aus Sicht der durchführenden Rehabilitationspädagogin eine wirksame Fördermaßnahme dar. Bereits seit Kontaktaufnahme der Mutter zum SPZ wurde im Rahmen der Komplexleistung Frühförderung die Eltern-Kind-Interaktion als zentrales Beratungsthema für die Entwicklungsförderung von Linus identifiziert. Diesbezüglich hatte die Unterstützung der Mutter bei der Gestaltung förderlicher Rahmenbedingungen eine ebenso hohe Relevanz wie die Stärkung ihrer Reflexionsfähigkeit und des Selbstvertrauens in sowohl die eigenen als auch die kindlichen Ressourcen. Da bereits ein Arbeitsbündnis durch die Förderung und Beratung im SPZ bestand, war der Besuch im häuslichen Setting personenbezogen bereits vertraut. Dennoch bringt die Situation des Herstellens von Videoaufnahmen unbekannte Aspekte mit sich. Während die fachliche Rolle in der heilpädagogischen Übungsbehandlung eher aktiv ist, war es im Rahmen des aufsuchenden Anlasses notwendig, einerseits eine förderliche Rahmung zu schaffen und den potentiellen Erwartungsdruck abzubauen sowie andererseits die nötige Distanz zum Geschehen zu wahren, um möglichst alltagsnahe Videoaufnahmen mit dem Fokus auf die Familiendynamik zu induzieren. Das Ausbalancieren dieses Spannungsfelds um Nähe und Distanz wird dabei mitunter auch von eigenen Erwartungen ergänzt, geeignete Aufnahmen für die Beratung zu generieren, ohne den Familien einen zu hohen Aufwand zuzumuten.

Beim Besuch der Familie L. kamen bei der rehabilitationspädagogischen Fachkraft zunächst unwohle Empfindungen des Eindringens in die Privatsphäre auf. Das Anerkennen dieser Affekte ermöglichte wiederum eine erhöhte Sensibilität für das potentielle Erleben der Mutter. Auch wenn die Fachkraft während der Videoaufnahme sich nicht im gleichen Raum befindet, so werden Familiensituationen miterlebt, die zunächst nur wahrgenommen und erst im vorbereiteten Auswertungsgespräch gemeinsam analysiert werden. Dies kann bei der pädagogischen Fachkraft ein Gefühl hinterlassen, im aktuellen Moment nicht ausreichend für die Familie/Mutter ansprechbar und unterstützend tätig gewesen zu sein. Diese Ambivalenz gilt es auszuhalten, um möglichst von außen unbeeinflusste alltägliche Situationen zu erfassen, die zu einem späteren Zeitpunkt detailliert und durch Videosequenzen unterlegt, besprochen werden können.

7.4 Schlussfolgerungen und Handlungserfordernisse

Exemplarisch für eine aufsuchende Arbeitsweise im Praxisfeld der interdisziplinären Frühförderung wurde im vorliegenden Beitrag die videogestützte Interaktionsberatung anhand des Fallbeispiels der Familie L. expliziert. Aus inhaltlich begründetem Anlass können Videosequenzen aus dem Familienalltag eine Art der Objektivierung aktueller Kommunikations- und Interaktionsmuster hervorbringen, die wiederum auf das subjektive Erleben und zukünftige Verhaltensweisen Einfluss nehmen können. Die Wiederholung des Erlebten sowie die Möglichkeit, anhand der Aufnahmen verschiedene Perspektiven (kindbezogen/elternbezogen) einzunehmen, kann zu einer Reduzierung differenter Selbst- und Fremdwahrnehmungen beitragen (Thiel-Bonney 2012). Für Eltern, deren Reflexionsfähigkeit über ihre Eltern-Kind-Beziehung aufgrund von eigenen Belastungen eingeschränkt ist und die sich unsicher in ihren elterlichen Kompetenzen fühlen, können videobasierte Beratungen förderlicher sein als beispielsweise Gespräche über Modellsituationen.

Von hoher Relevanz für videogestützte mobile Arbeit ist eine umfassende Aufklärung und Vorbereitung der Familien. Anders als bei Beobachtungen oder Förderungen nehmen Fachkräfte in Form der filmischen Sequenzen eine bleibende Dokumentation der familiären Lebenswelt nach der Aufnahme im häuslichen Setting mit. Der *Besuch* und die damit verbundene Videoaufnahme sind damit persistent. Die Legitimation dessen benötigt ein stabiles vertrauensvolles Arbeitsbündnis zwischen Klient:innen und Fachkräften, bei denen Freiwilligkeit und Partizipation notwendige Voraussetzungen darstellen. Für das aufsuchende Setting (z. B. die Videointeraktionsanalyse) ist die Mitwirkung der Familien demnach unabdingbar. Eine Kontraindikation würde vorliegen, wenn Videoaufzeichnungen für Familien negativ konnotiert sind, beispielsweise »wenn Menschen die Nutzung des Mediums Video als verletzend, die Intimsphäre beeinträchtigend, übergriffig oder sogar im Zusammenhang mit Gewaltanwendung erfahren haben« (Bünder et al. 2010, S. 92). Diese Grenzlinien lassen sich auch auf weitere mobile Frühförderanlässe (z. B. Beratung und Förderung im häuslichen Umfeld) transferieren, wenn sich Familien verstärkt kontrolliert fühlen oder dies nicht wünschen. Bereits im Entwickeln eines Arbeitsbündnisses ist es für Fachkräfte zweckmäßig, bezüglich der Planung von mobilen Arbeitsweisen »Signale von Wertschätzung, Gleichgültigkeit oder Ablehnung sorgfältig zu beachten und sie zu respektieren« (Thurmair & Naggl 2010, S. 243).

Im Fallbeispiel der Familie L. zeigt sich dies insbesondere im Hinblick auf die Sensibilisierung und Hinführung der Mutter zur Relevanz eines aufsuchenden Settings (erst Beobachtung und darauf aufbauend Videointeraktionsanalyse im häuslichen Umfeld) im Kontext eines förderlichen Interaktions- und Beziehungsverhaltens.

Abschließend sei darauf verwiesen, dass sich auch im Kontext der interdisziplinären Frühförderung Spannungsfelder zeigen, die in aufsuchenden Settings als immanent beschrieben werden (Bräutigam et al. 2011). Dies kann beispielsweise potentielle Beziehungsverwicklungen und Rollendiffusionen betreffen, die regelmäßig durch kollegiale Fallberatung und Supervision in den Blick genommen werden sollten. Zudem bedarf es eines reflektierten Umgangs mit eigenen Haltungen und Vorannahmen, um sich auf die individuellen Lebenswelten der Familien einzulassen und diese anzuerkennen. Zur Klärung der eigenen fachlichen Rolle gehört darüber hinaus »sich genau des Übergangs zwischen Grenzhaltung und Grenzüberschreitung bewusst zu sein« (ebd., S. 255). Konkret bedeutet dies für Fachkräfte der interdisziplinären Frühförderung u. a. vorliegende Entwicklungsstörungen (und z. B. wie im Fallbeispiel ungünstiges Interaktionsverhalten) mit den Familien klar zu kommunizieren und auf adäquate Unterstützungsleistungen hinzuwirken. Bestehen darüber hinaus gewichtige Anhaltspunkte für eine Kindeswohlgefährdung und eine ablehnende Haltung gegenüber Interventionsangeboten sind Fachkräfte dazu verpflichtet gemäß § 4 KKG und § 8a SGB VIII in Kooperation mit dem zuständigen Jugendamt zur Gefährdungseinschätzung beizutragen. Vor allem im komplexen und dynamischen Zusammenwirken von bio-, psycho- und sozialen Faktoren kann der Übergang von Prävention zum Schutzauftrag fließend sein. Beide Zielsetzungen können unter Berücksichtigung der damit einhergehenden Herausforderungen von aufsuchenden Settings profitieren.

Literatur

Bräutigam, B., Müller, M. & Lüngen, S. (2011): Die Kunst, sich einzulassen und dennoch ein anderer zu bleiben – einleitende Gedanken zur aufsuchenden Arbeit. In: M. Müller & B. Bräutigam (Hrsg.), Hilfe, sie kommen! Systemische Arbeitsweisen im aufsuchenden Kontext (S. 20–27). Heidelberg: Carl Auer.
Bünder, P., Sirringhaus-Bünder, A. & Helfer, A. (2015): Lehrbuch der MarteMeo-Methode. Entwicklungsförderung mit Videounterstützung. Göttingen: V&R.
Deutscher Bildungsrat (1973): Empfehlungen der Bildungskommission: Zur pädagogischen Förderung behinderter und von Behinderung bedrohter Kinder und Jugendlicher. Bonn: Bundesdruckerei.
Pretis, M. (2020): Frühförderung und Frühe Hilfen. Einführung in Theorie und Praxis. Beiträge zur Frühförderung interdisziplinär (Band 21). München: Reinhardt.
Sarimski, K., Hintermair, M. & Lang, M. (2013): Familienorientierte Frühförderung von Kindern mit Behinderung. München: Reinhardt.
Sarimski, K. (2022): Handbuch interdisziplinäre Frühförderung. München: Reinhardt.
Thiel-Bonney, C. (2012): Beratung und Therapie mit Video und Videofeedback. In: M. Cierpka (Hrsg.), Frühe Kindheit 0–3 (S. 416–424). Berlin/Heidelberg: Springer.
Thurmair, M. & Naggl, M. (2010): Praxis der Frühförderung (4., aktualisierte Auflage). München: Reinhardt.

8 »Denen redet man nur was ein« vs. »gut, dass Sie kommen« – Aufsuchende Beratung in Erstaufnahmeeinrichtungen und Gemeinschaftsunterkünften für geflüchtete Menschen

Florian Harder, Christine Krüger, Jana Michael, Marie Ortmann & Barbara Bräutigam

> **Überblick**
>
> 8.1 Vorbemerkung 77
> 8.2 Versorgungsstrukturen und Angebotsentwicklung für geflüchtete Menschen 79
> 8.3 Das Vorgehen aufsuchender Arbeitsweisen mit geflüchteten Menschen – Fallvignetten 80
> 8.4 Kritische Reflexion der Fallvignetten 84
> 8.5 Schlussfolgerungen: Handlungserfordernisse für das Arbeitsfeld . 85

8.1 Vorbemerkung

Dieser Beitrag setzt sich – wie es aus der Anzahl der Autor:innen ersichtlich ist – aus verschiedenen Perspektiven auf ein sehr komplexes Arbeitsfeld zusammen. Wir konzentrieren uns auf Versorgungsbeispiele aus Mecklenburg-Vorpommern, wobei die Anforderungen und Hürden in diesem Arbeitsfeld in den unterschiedlichen, insbesondere ländlich geprägten Bundesländern durchaus vergleichbar sind. Den Bedarf für aufsuchende Angebote in der Geflüchtetenarbeit belegen zahlreiche epidemiologische Studien. Sie zeigen Raten von 40 bis 50 Prozent an psychischen Störungen unter Geflüchteten, die in Deutschland leben (Nesterko et al. 2019, Schröder et al. 2018). Viele geflüchtete Menschen merken schon kurz nach der Ankunft in Deutschland, dass es ihnen nicht gut geht, wissen jedoch nicht, wo und wie sie Unterstützung erhalten können, und wenden sich deshalb meist an Ärzt:innen. Psychologische und psychotherapeutische Hilfe wird zudem bei der Ankunft oftmals von Geflüchteten selbst abgelehnt.

Gleichzeitig bestehen in den strukturellen Rahmenbedingungen, in denen Geflüchtete sich bewegen, erschwerte Zugänge. Geflüchtete Menschen werden in der Regel nach ihrer Ankunft und nach ihrer Registrierung in Erstaufnahmeeinrichtungen gebracht und von da aus auf Gemeinschaftsunterkünfte (GU) und manchmal auch auf Wohnungen verteilt. Die Verweildauer, sowohl in den Erstaufnahmeeinrichtungen als auch in den GU ist sehr schwankend und kann zwischen Tagen und mehreren Monaten liegen. Oftmals ist die Lage dieser Einrichtungen sehr dezentral und schlecht an öffentliche Verkehrsmittel angebunden: »Diese Form der Unterbringung trägt zur Isolation geflüchteter Menschen bei und erschwert Teilhabemöglichkeiten und Zugänge zu Unterstützungs- und Versorgungsmöglichkeiten« (BAfF 2022, 28). Aufgrund dessen kennen nur wenige geflüchtete Menschen die Strukturen und Versorgungssysteme in Deutschland. Die oftmals komplexe und voraussetzungsvolle Rechtslage verstärkt diese Isolation. Auch die Informationen über Beratungsangebote – z. B. über psychosoziale Zentren (PSZ) – erreichen nur wenige Personen. Erschwert werden die Zugänge zu psychotherapeutischen Unterstützungsangeboten schließlich noch auf andere Weise: Geflüchteten wird nicht ›geglaubt‹ oder die Symptomatik wird durch Fachpersonal in verschiedensten Institutionen anders ›gelesen‹. Dadurch wird der Zugang zur psychologischen und psychotherapeutischen Hilfe zu spät oder gar nicht hergestellt. Dabei ist die psychische Gesundheit Geflüchteter deutlich schlechter als die des deutschen Bevölkerungsdurchschnitts (Metzing et al. 2020). Trotz oder gerade wegen dieser hohen Zahlen werden Geflüchtete nicht ausreichend psychotherapeutisch behandelt (Schröder et al. 2018, Führer et al. 2020). Fehlende Sprachmittlung, bürokratische Hürden, lange Wartezeiten und fehlendes Wissen in der Community, Angst vor Stigmatisierung, aber auch fehlende Kompetenz und Vernetzung von Ärzt:innen und Therapeut:innen erschweren die Behandlung von Geflüchteten stark (Überblick Baron & Flory 2020). Dennoch stellen aufsuchende psychotherapeutische oder auch psychosoziale Beratungsangebote in diesem Feld bislang die Ausnahme dar, was sich jedoch seit Beginn des Angriffskrieges auf die Ukraine tendenziell ändert. Solche Arten von Neuerungen manifestieren sich oft in dramatischen gesellschaftlichen Situationen in der Struktur von Modellprojekten; diese nachhaltig in Regelstrukturen zu überführen, bleibt dann oftmals eine Herausforderung.

In diesem Beitrag setzen wir den Fokus auf die aufsuchende Arbeit mit geflüchteten Menschen. Anhand mehrerer Fallvignetten werden wir die Spezifika aufsuchenden Arbeitens herausarbeiten und kritisch reflektieren. Zunächst wird der Kontext der aufsuchenden Arbeit durch die Vorstellung des Modellprojekts PHil@SH-VP[1] verdeutlicht.

---

1 Psychologisches Hilfsprojekt für Schutzsuchende und Helfende in Vorpommern (PHil@SH-VP).

8.2 Versorgungsstrukturen und Angebotsentwicklung für geflüchtete Menschen

In Mecklenburg-Vorpommern gibt es bisher vier PSZ, die sich auf die Versorgung geflüchteter Menschen spezialisiert haben, die jedoch in der Regel nicht aufsuchend arbeiten. Die PSZs haben allerdings bislang keine nachhaltigen Finanzierungen, sondern werden durch Projektgelder und Spenden finanziert, was zu prekären Arbeitsverhältnissen in einem Bereich führt, in dem teils schwer traumatisierte und komplex belastete Menschen behandelt werden (BAfF 2022). Gleichzeitig gibt es kaum belastbare Daten zur Versorgungslage geflüchteter Menschen in Ostdeutschland (BafF 2022)[2].

An der Hochschule Neubrandenburg wurde das Projekt »Psychosoziale und Bildungsberatung für Geflüchtete«[3] (2018–2022) durchgeführte. In dem Projekt wurde psychosoziale Beratung und Bildungsberatung für Menschen mit Fluchthintergrund angeboten. Im Rahmen eines studentischen Begleitprojektes wurden 103 Falldokumentationen, die in einem Zeitraum von zweieinhalb Jahren erstellt wurden, mithilfe der Dokumentenanalyse ausgewertet (Elshof et al. 2021). Es zeigte sich deutlich, dass die Klient:innen in der Regel mehrere und sehr komplexe Anliegen haben und Mehrfachbelastungen ausgesetzt sind. Die Beratungsanliegen der Klient:innen bezogen sich z. B. auf psychische Erkrankungen und Symptome, Medikamente, belastende Bedingungen in den Unterkünften, Gewalt, Familie, Rassismuserfahrungen, soziale Kontakte, Ausbildung und Arbeit, unsichere Bleibeperspektiven, finanzielle Probleme, Verluste und Trauer. In diesem Projekt wurde bereits vor Februar 2022 unregelmäßig aufsuchend gearbeitet, wobei die Bedingungen in den Unterkünften dafür sehr unterschiedlich waren. In manchen GU wurde dieses Angebot von den dortigen Mitarbeitenden als sehr willkommen und entlastend erlebt, in anderen begegnete man ihnen eher ablehnend mit der Begründung, dass man den Menschen keine ›Flausen in den Kopf setzen‹ oder ›irgendwelche Probleme‹ in ihnen erst hervorbringen solle.

Unmittelbar nach dem Angriff auf die Ukraine 2022 wurde ein ehrenamtliches Zentrum in Schwerin initiiert, in dem sechs ukrainische Psychologinnen Beratung und Begleitung anbieten. Das Zentrum ist an den ukrainischen Verein SIC angegliedert. Es werden Gruppentherapie, individuelle Gespräche, aber auch Kunsttherapie mit den Zielgruppen Frauen, Kinder, Jugendliche und Senior:innen durchgeführt. Vor allem die Trauerarbeit und Trauerbegleitung werden von den Geflüchteten angefragt (Ukrainisch-Deutsches Kulturzentrum SIC e. V. 2022).

---

2 Dies hat u. a. auch damit zu tun, dass viele geflüchtete Menschen nicht die regulären Leistungen der gesetzlichen Krankenversicherung nutzen dürfen; Asylsuchende dürfen sich laut Asylbewerberleistungsgesetz nur bei akuten Erkrankungen und Schmerzzuständen ärztlich behandeln lassen.

3 »Psychosoziale und Bildungsberatung für Geflüchtete« ist Teil des Projekts »Innovative Hochschule« (2018–2022), das vom Bundesministerium für Bildung und Forschung (BMBF) gefördert wurde.

Schließlich, ebenfalls nach dem Angriff auf die Ukraine, wurde ein weiteres Projekt für Schutzsuchende aus der Ukraine durch die Initiative »Gemeinsam für psychische Gesundheit« am Lehrstuhl für klinische Psychologie und Psychotherapie der Universität Greifswald sowie dem Psychosozialen Zentrum für Asylsuchende in Vorpommern[4] durch größtenteils ehrenamtliches Engagement mit einem Team von über 60 Psychotherapeut:innen, Sprachmittelnden und weiteren Helfenden initiiert. In der ersten Phase dieses Modellprojektes (nachfolgend PHil@SH-VP[5] genannt) wurde überwiegend aufsuchend gearbeitet. Seit März 2022 konnten über 100 Krisengespräche geführt werden, größtenteils in den temporären Unterkünften (Universität Greifswald, Institut für Psychologie 2022). Aus diesem Projekt stammen die folgenden Erfahrungen und Fallvignetten.

8.3 Das Vorgehen aufsuchender Arbeitsweisen mit geflüchteten Menschen – Fallvignetten

Die starke und sehr plötzliche Zuwanderung geflüchteter Menschen aus der Ukraine hat in Mecklenburg-Vorpommern dafür gesorgt, dass die aufsuchenden Beratungsangebote in diesem Handlungsfeld deutlich zugenommen haben. Der Einsatz aufsuchender Arbeit in dem hier vorgestellten Arbeitsfeld konzentrierte sich seit März 2022 insbesondere auf die Versorgung von Menschen, die aus der Ukraine flüchten mussten. Die hier folgenden aufgeführten Charakteristika aufsuchender Arbeit sind unabhängig von der Nationalität auch auf Menschen in ähnlichen Strukturen und Kontexten der Fluchtmigration sowie der Unterbringung in GU übertragbar. Die hier beschriebenen Fallvignetten entstammen unterschiedlichen Einsätzen in GU/Ersteinrichtungen im ländlichen Raum in Mecklenburg-Vorpommern. Alle Gespräche wurden mithilfe von Sprachmittler:innen geführt. Es handelt sich jeweils um einmalige Gespräche. Die Auswahl der Fallbeispiele soll sowohl die Vielfalt als auch die Kumulation von Belastungen und traumatischen Erfahrungen illustrieren.

Fallbeispiel A

Der Klient ist alleinerziehender Vater und flüchtete mit seinen zwei Töchtern (7,5 und knapp 4 Jahre) Anfang März aus Kiew (Ukraine) nach Deutschland. Er beschreibt ein Gefühl von Rat- und Orientierungslosigkeit und wirkt sehr erschöpft. Er wisse gar nicht, was er zuerst machen solle, und er schlafe sehr schlecht. Er würde gern mit seinen Töchtern in den eigenen vier Wänden und

---

4 Das PSZ für Asylsuchende befindet sich in Trägerschaft des Kreisdiakonischen Werkes Greifswald e. V. und bietet seit 1991 psychosoziale und psychotherapeutische Angebote für Menschen mit Fluchterfahrungen an.
5 PHil@SH-VP.

nicht mehr in einer Gemeinschaftsunterkunft leben, diese Situation belaste ihn sehr. Außerdem würde seine größere Tochter gern wieder in die Schule gehen und sei traurig, dass dies noch nicht möglich sei. Durch die Sprachbarriere fühle er sich sehr eingeschränkt und insbesondere in Bezug auf seine beruflichen Aussichten wenig handlungsfähig. Hinzu käme, dass seine Frau und Mutter der Kinder vor einem Jahr in der Ukraine an einer schweren Krankheit verschieden sei, sein eigener Vater sei im April 2022, also einen Monat, nachdem der Klient mit seinen Töchtern die Ukraine verlassen hat, in der Ukraine verstorben. Der Klient berichtet, dass er sich aktuell sehr viel um seine Töchter kümmere und sich dabei oft überfordert fühle, ihnen Mutter und Vater zugleich zu sein, und zudem mit seiner eigenen Trauer zu kämpfen habe. Dabei beschreibt er ein starkes Verantwortungsgefühl, die Lücke auszufüllen, die seine verstorbene Frau hinterlassen habe, er müsse z. B. noch viel über Haushaltsführung und Kinderbetreuung lernen. Seine größere Tochter sei eher verschlossen, aber auch sehr kuschelbedürftig. Seine jüngere Tochter frage ihn häufig nach der Mutter, sie habe nicht so richtig verstanden, dass sie nicht mehr da sei. Ihm fiele es sehr schwer, über seine verstorbene Frau zu sprechen; stets treibe ihn die Ungewissheit und die Sorge um die Zukunft der Kinder und das, was aus seinem Land werde, um. Des Weiteren beschreibt der Klient eigene Stimmungsschwankungen und emotionale Instabilität, die ihm große Sorgen bereiten, da er die Befürchtung habe, in dieser Verfassung nicht ausreichend gut mit seinen Kindern umzugehen.

Bei ersten Besuchen der Schutzsuchenden in den Gemeinschafts- und Notunterkünften wurde schnell deutlich, dass Menschen, die vor Kurzem aus einem Kriegsgebiet geflohen sind, keine psychischen oder körperlichen Kapazitäten bzw. Ressourcen haben, um eine Beratungsstelle aufzusuchen. Viele der Menschen stehen unter Schock und können die gegenwärtige Situation noch nicht realisieren. Das Konzept der aufsuchenden Einsätze bestand zunächst darin, sich den Schutzsuchenden im größeren Kreis vorzustellen und anschließend in Einzel- und Familiensettings wie in den Fallvignetten beschriebene Entlastungsgespräche zu führen. Diese Gespräche fanden dann in einem möglichst abgeschlossenen Raum in der jeweiligen GU/Erstaufnahmeeinrichtung statt – die Störanfälligkeit und der begleitende Lärmpegel waren höchst unterschiedlich. Die Skepsis und das Misstrauen schienen anfänglich, aufgrund der Angst als psychisch krank zu gelten, groß. Zum anderen war immer wieder – vor allem von den geflohenen Frauen und Müttern – zu hören, dass sie sich keine Schwäche erlauben dürften. Stattdessen müssten sie stark sein, weil die Söhne und Ehemänner zuhause ihr Land mit der Waffe verteidigten. Oft gelang ein Zugang zu den Klient:innen über die Kinder, da sich viele Eltern Sorgen machten, dass die Kinder traumatisiert seien und aktiv damit beschäftigt waren, wie eine Verarbeitung der Geschehnisse möglich sei.

Fallbeispiel B

Die Klientin ist mit ihrem Sohn (8 Jahre) vor zwei Monaten aus der Ukraine geflohen. Der Vater des Kindes ist in der Ukraine geblieben und beteiligt sich am Krieg. Aktuell bestehe wenig Kontakt und der Junge vermisst nach eigenen

Aussagen seinen Vater sehr. Die Klientin und ihr Sohn leiden beide unter Angstzuständen und Panikattacken, sie versuchten sich abzulenken und gingen viel spazieren; die Mutter probierte zusätzlich Yoga zu machen. Vor der Flucht sei der Sohn laut der Mutter weitaus weniger introvertiert und viel kontaktfreudiger gewesen, nun sei er sehr zurückgezogen und hänge sehr an seiner Mutter. Im Gespräch mit uns ist der Junge sehr aufmerksam. Auf Nachfrage gibt er an, dass er sich sehr um seine Mutter sorge, und das Gefühl habe, sie beschützen zu müssen; die Klientin beschreibt ihren Sohn daraufhin als sehr sensibel und mitfühlend. Eine große Ressource sei das gemeinsame Lesen von Büchern, der Junge liebe Fantasy Bücher.

Zu Beginn des Krieges entwickelte sich eine weitreichende Solidarisierung sowohl in der Allgemeinbevölkerung als auch konkret unter Therapierenden, die dazu führte, dass in kürzester Zeit ein großes Team gewonnen werden konnte, das insbesondere zeitaufwendige Vororteinsätze mehrheitlich ehrenamtlich durchführte. Diese Solidarisierung war beispiellos in jüngerer Geschichte, da ansonsten wegen der oben genannten Barrieren selten Schutzsuchende von Therapierenden der Regelversorgung behandelt werden. Im PHil@SH-VP-Projekt wurden alle Beteiligten vor dem ersten Einsatz und danach kontinuierlich in Krisengespräche (u. a. im Umgang mit Suizidalität) geschult. Die Gespräche sollten ressourcenstärkend und kein Debriefing (Durcharbeiten des Traumas als Frühintervention, vgl. AWMF S2k-Leitlinie zur akuten psychischen Stabilisierung 2019) sein. Die Einsätze wurden mit den Mitarbeitenden der Unterkünfte so intensiv es ging, geplant und vorbesprochen. Das Angebot wurde, wenn möglich, vorher persönlich und mit Aushängen bekannt gemacht. Die Durchführung selbst fand im Team statt, oft durch Freiwillige flankiert, die ein Angebot für die Kinderbetreuung machen konnten. Je besser die organisatorische Vorbereitung und je mehr mehrsprachige Mitarbeitende das Angebot sensibel bekannt machten, desto eher wurde es angenommen.

Fallbeispiel C

Drei Schwestern (18, 20 und 21 Jahre) kamen zu einer Veranstaltung zum Thema »Warte, ist das schon Zuhause?!«, zu der eine Migrant:innenorganisation eingeladen hatte. Die jungen Frauen fühlten sich sofort wohl, weil sie in ihrer Muttersprache sprechen konnten und zudem viele weitere Migrant:innen und geflüchtete Frauen im Raum waren. Sie berichteten über die große Angst vor einer Abschiebung. Immer noch haben sie die Flucht nicht verkraftet und sollen jetzt wieder abgeschoben werden, wobei die Eltern in Deutschland bleiben dürfen. Die Älteste suchte vergeblich nach einer Lösung. Sie hat stark abgenommen, es kann eine Essstörung vermutet werden. Sie sagt selbst, dass sie psychologische Hilfe bräuchte. Die jungen Frauen haben bereits den Arzt und die Mitarbeiter:innen in der GU mehrmals angesprochen, aber niemand kann ihnen helfen.
    Die Mitarbeiterin in der Migrant:innenorganisation hat selbst eine psychologische Ausbildung und kann in der Zusammenarbeit mit den Regelstrukturen wie dem Weiße Ring und dem Flüchtlingsrat Mecklenburg-Vorpommern schnell psychologische Hilfe organisieren und die Abschiebung verhindern.

Den Brückenbauer:innen kommt eine entscheidende Rolle zu. In einer Unterkunft, in der mehrfach Gespräche angeboten wurden, nahm die Bereitschaft tendenziell zu, das Angebot in Anspruch zu nehmen. Wenn sich die Möglichkeit ergab, waren niedrigschwellige Gruppengespräche bei Kaffee und Kuchen zudem eine nichtstigmatisierende Möglichkeit überhaupt mit geflüchteten Menschen in Kontakt zu kommen. Als besonders hilfreich erwiesen sich zudem Strategien zur Verarbeitung des Rollenwechsels (eine Strategie aus der Interpersonellen Therapie, Brakemeier et al. 2017), hier in Form von Ratschlägen im Umgang mit belasteten Kindern, Normalisierung von Gefühlen und konkrete Hilfestellung im neuen Alltag. Häufig kamen Frauen mit ihren Kindern oder Enkeln zum Gespräch, manchmal auch ganze Familien. Es schien einen großen Bedarf zu geben, gemeinsam Beratung in Anspruch zu nehmen. Vielleicht wurde damit auch einer möglichen Schwellenangst begegnet. Bei vielen Personen waren einzelne Gespräche ausreichend zur Stabilisierung. Personen mit weiterem Gesprächsbedarf oder sogar psychotherapeutischem Bedarf wurden sowohl innerhalb des PHil@SH-VP-Projekts als auch außerhalb zu vermitteln versucht. Dazu half es sehr, ein sich zunehmend vergrößerndes Netz von Kolleg:innen aufzubauen und auf dieses zurückgreifen zu können. Gerade im Kinder- und Jugendbereich gibt es Schwierigkeiten, da es generell zu wenig Kinder- und Jugendlichentherapierende gibt (BPtK 2006). Im Sinne einer umfassenderen Unterstützung organisierte das Hilfsprojekt zudem häufig über die Gespräche hinausgehende Hilfen oder Ressourcen, z. B. bei der Suche von Ärzt:innen, Wohnungen und Utensilien zur Freizeitgestaltung (beispielsweise Musikinstrumente). Hier half es außerordentlich, dass sich viele sprach- und kulturkompetente Migrant:innen im Projekt engagierten. Schließlich zeigt die Praxis (auch deutschlandweit), dass sehr gute Zugänge zu Angeboten geschaffen werden können, wenn Regelstrukturen und PSZ mit den Migrant:innenorganisationen vor Ort kooperieren. Durch Projekte wie z. B. samo.fa (Stärkung der Aktiven aus Migrant:innenorganisationen in der Flüchtlingsarbeit) kann sehr schnell eine effektive Unterstützung von PSZs geleistet werden (samo.fa 2022).

Fallbeispiel D

Eine ältere Frau kommt mit ihren zwei Enkelkindern in die Beratung und berichtet sofort und unter Tränen von ihrer gefährlichen Flucht aus einem russisch besetzten Gebiet mit der ganzen Familie, auch den Eltern der Enkelkinder. Das Mädchen (ca. 10 Jahre) beginnt ebenfalls sofort zu weinen, der Junge (ca. 8 Jahre) bleibt scheinbar unbeteiligt. Sie habe viel Schlimmes erlebt, deutet sie an. Sie habe die Kinder spontan mitgenommen, als sie von der Möglichkeit hörte mit einem Psychologen zu sprechen. Die gesprächsführende Person lenkt die Unterhaltung auf die aktuelle Situation, spricht auch die Kinder direkt an und fragt nach ihren Interessen. Die Kinder machten Sport und hätten schon Freunde gefunden, der Junge liest gerne und mag Klavierspielen. Bei diesen Themen hellt die Stimmung aller merklich auf. Bei einem Folgetermin wird dem Jungen in einem örtlichen Museum ein Klavier gezeigt, auf dem er sofort dankbar anfängt zu spielen.

Insgesamt ist es beeindruckend, mit wie vielen Ressourcen und innerer Stärke die meisten Gesprächspartner:innen ausgestattet waren und mit wie viel Motivation und Überlebenswillen sie der Situation begegneten. Insbesondere fiel die große soziale Unterstützung untereinander auf. Nur wenige Menschen blieben ganz für sich allein. Dies stellt eine Besonderheit dieser Gruppe dar, Geflüchtete sind ansonsten doch oft sehr isoliert in den GU. Gerade in der ersten Zeit nach dem Ankommen in Deutschland ist die Solidarität zwischen Geflüchteten (unabhängig aus welchem Land) stark. Die aufsuchende Arbeit erlaubte dem Team zudem einen realistischen Einblick in den neuen Alltag der Geflüchteten zu bekommen und als teilnehmende Beobachtende Interaktionen z.B. zwischen Eltern und Kindern zu sehen. Nicht zu realisieren war, bedingt durch das Setting, eine anonyme Inanspruchnahme des Angebots. Menschen konnten sich nicht ›ungesehen‹ vor Ort in die Beratung begeben, was einige davon abgehalten haben könnte, das Angebot zu nutzen.

8.4 Kritische Reflexion der Fallvignetten

Die in den Fallvignetten beschriebenen Klient:innen waren ausnahmslos in Einrichtungen untergebracht, die keine oder nur eine sehr schlechte Anbindung an den öffentlichen Personennahverkehr hatten. Dadurch bestand für diese Menschen praktisch keine Möglichkeit, zu einer Beratungsstelle oder ähnlichem zu kommen. Insofern lässt sich der Einsatz von aufsuchenden Hilfen in diesem Bereich bereits strukturell als notwendig begründen. Weiterhin gibt es aber auch inhaltliche Gründe aufsuchende Arbeit in diesem Handlungsfeld zu praktizieren. So ist es aus aufgrund des gewählten Settings möglich zumeist die ganze Familie kennenzulernen und insofern auch verschiedene Perspektiven – insbesondere die der Kinder – in Interventionsideen oder Empfehlungen miteinzubeziehen. Letzteres, also zumeist die ganze Familie kennenlernen zu dürfen, zählt klar zu den Vorteilen des aufsuchenden Settings. Nachteilig ist, dass die Beratungen in diesem Setting nur in seltenen Fällen störungsfrei und in einem geschützten Rahmen verlaufen können. Allerdings können die Beratenden und Therapeut:innen auf diese Art und Weise einen spürbaren Eindruck von den aktuellen Lebensbedingungen der Klient:innen erhalten und so eine Ahnung davon bekommen, wie belastend ein mehrwöchiger oder mehrmonatiger Aufenthalt in der GU aufgrund von ständigem Lärm und dem Mangel an Privatsphäre ist.

Aus der Perspektive der Klient:innen erlebten diese in den oben beschriebenen Fällen nach eigenen Aussagen die Beratung, die vor allem aus Anteilnahme und einigen psychoedukativen Elementen – so z.B. die Aufklärung darüber, dass Kinder je nach Alter unterschiedliche Vorstellungen vom Tod haben oder dass nicht nur Eltern, sondern auch Kinder dazu neigen, sich große Sorgen um ihre Eltern zu machen – als einigermaßen wohltuend. Gleichzeitig wurde aber auch deutlich, wie wichtig es den Ratsuchenden war, nicht als psychisch krank stigmatisiert zu werden und dass die Einnahme der Klient:innenrolle alles andere als leicht und in manchen Fällen auch sehr schambesetzt war.

Aus Sicht der Helfenden ist das aufsuchende Setting vor allem wichtig, um bei der Erstvorstellung im größeren Kreis ein Gefühl dafür zu bekommen, welche Personen besonders belastet oder hilfebedürftig sind, um darauf entsprechend reagieren und ein Gesprächsangebot machen zu können. Besonders herausfordernd ist dies bei den Kindern und Jugendlichen, die diesbezüglich noch schwieriger einzuschätzen sind als Erwachsene. In den Gesprächen selbst besteht eine nicht unwesentliche Herausforderung darin, sich selbst angesichts der oftmals so vielschichtigen und extremen Leidenserfahrungen emotional zu regulieren und Anteilnahme und Mitgefühl zu zeigen, ohne dabei zu kollabieren. Es ist zudem in den Familiengesprächen oft nicht klar, wie freiwillig alle Beteiligten gerade am Gespräch teilnehmen. Oft gibt es eine Person (wie die Großmutter in Fallbeispiel C), die andere aktiv und bestimmt mitnimmt.

Der Umgang mit psychischen Krankheiten kann durch die Herkunftsländer stark geprägt sein. Das kann bei den Betroffenen Gefühle von Scham in der Begegnung mit Fachpersonal auslösen. Diversität kultureller Hintergründe und Sprachen bei den Beratenden und Therapeut:innen selbst kann den Zugang zu Hilfen für Klient:innen erleichtern. Sie fühlen sich schneller verstanden und können Angebote in ihren Erstsprachen wahrnehmen.

8.5 Schlussfolgerungen: Handlungserfordernisse für das Arbeitsfeld

Für erfolgreiche aufsuchende Tätigkeiten vor Ort haben sich die folgenden Elemente als notwendig und hilfreich herausgestellt:

- Erstens benötigen Fachkräfte eine ressourcenorientierte Haltung, die es auch unter schwierigen Bedingungen erlaubt, Menschen in Unterkünften anzusprechen und durch entstigmatisierende und normalisierende Ansprache ein Gesprächsangebot zu formulieren. Eingeschränkte äußere Sicherheiten, beispielsweise fehlende Privatsphäre in den Einrichtungen, müssen durch die Fachkräfte kompensiert werden, um einen Zugang zu den Betroffenen zu erhalten.
- Zweites müssen die Rahmenbedingungen, so weit wie möglich, in der Vorbereitung der Einsätze geklärt werden. Hier ist ein enger Kontakt zu Schlüsselpersonen (»Brückenbauer:innen«) sehr hilfreich. Ohne diese Personen werden Zugänge erschwert bzw. können innerhalb der Einrichtungen nur schwer Bedingungen für die Umsetzung von Angeboten geschaffen werden. Die Kooperation mit den Fachkräften in den Einrichtungen, zumeist Sozialarbeitende, kann für die Betroffenen bei Bedarf zusätzliche soziale Begleitung sicherstellen.

- Drittens erfordern die Einsätze von den Fachkräften einen sehr hohen Grad an Flexibilität., zunächst um den unzureichenden Rahmenbedingungen vor Ort zu begegnen. Gespräche müssen beispielsweise unter Umständen im Freien stattfinden. Des Weiteren kann es eine Herausforderung sein, den multiplen und zum Teil sehr heterogenen Problemlagen der Betroffenen zu begegnen, und Gespräche werden oftmals zunächst im Gruppensetting umgesetzt. Erst im Prozess und mit dem dazu notwendigen Vertrauen der Betroffenen können dann proaktiv Einzelgespräche ohne die Anwesenheit von Kindern, Partner:innen oder anderen Vertrauenspersonen angeboten werden.
- Viertens müssen sich Einrichtungen psychosozialer Hilfen weiter kulturell öffnen. Wer in Mecklenburg-Vorpommern psychische Unterstützung sucht, begegnet in den meisten Fällen *weißen* Fachkräften. Es gibt nicht nur zu wenige Fachkräfte of Color, sondern auch zu wenig Auseinandersetzung mit Rassismus und deren Auswirkungen auf die Interaktion zwischen Beratenden und Klient:innen.
- Und fünftens müssen die Einsätze aufsuchender Arbeit kontinuierlich begleitet und reflektiert werden, um eine Qualitätssicherung und eine Weiterentwicklung der Angebote auch bei sich dynamisch ändernden Situationen und Bedingungen der Einsätze zu gewährleisten.

Literatur

AWMF (Hrsg.) (2019): Leitlinienreport zur S2k-Leitlinie. Diagnostik und Behandlung von akuten Folgen psychischer Traumatisierung. Unter Mitarbeit von DeGPT, DGPPN, DGPM, DKPM, DGPs (AWMF Registernummer 051–027).

Baron, J. & Flory, L. (Hrsg.) (2020): Versorgungsbericht. Zur psychosozialen Versorgung von Flüchtlingen und Folteropfern in Deutschland (6., aktualisierte Auflage). Berlin: BAfF.

Brakemeier, E.-L., Zimmermann, J., Erz, E., Bollmann, S., Rump, S., von Kempski, V., Grossmüller, T., Mitelman, A., Gehrisch, J., Spies, J., Storck, T. & Schouler-Ocak, M. (2017): Interpersonelles Integratives Modellprojekt für Geflüchtete mit psychischen Störungen. Psychotherapeut, 62 (4), 322–332. DOI: 10.1007/s00278-017-0211-y

BAfF (2022): Psychosoziale & psychiatrische Versorgung geflüchteter Menschen in den ostdeutschen Bundesländern 2022. Eine Bestandsaufnahme. Berlin: BAfF. Online verfügbar unter: https://www.baff-zentren.org/wp-content/uploads/2022/10/VB-Ost-2022.pdf, Zugriff am 16.09.2022.

BPtK (2006): Positionspapier: Unterversorgung psychisch kranker Kinder und Jugendlicher. Handlungsbedarf im Vertragsarztrechtsänderungsgesetz.

Führer, A., Niedermaier, A., Kalfa, V., Mikolajczyk, R. & Wienke, A. (2020): Serious Shortcomings in Assessment and Treatment of Asylum Seekers' Mental Health Needs. PLoS One 15 (10), e0239211. DOI: 10.1371/journal.pone.0239211

Elshof, L., Nasser, L., Sprick, J. & Welz M. (2021): Wie gestaltet sich der Beratungsprozess anhand der Falldokumentationen im Projekt »Psychosoziale Beratung für geflüchtete Menschen« in Neubrandenburg? Unveröffentlichter Projektbericht. Neubrandenburg: Hochschule Neubrandenburg.

Metzing, M., Schacht, D. & Scherz, A. (2020): Psychische und körperliche Gesundheit von Geflüchteten im Vergleich zu anderen Bevölkerungsgruppen. DIW Wochenbericht, 5.

Nesterko, Y., Jäckle, D., Friedrich, M., Holzapfel, L. & Glaesmer, H. (2019): Prevalence of Post-Traumatic Stress Disorder, Depression and Somatisation in Recently Arrived Refugees in Germany: an Epidemiological Study. Epidemiology and Psychiatric Sciences, 29 (40). DOI: 10.1017/S2045796019000325 samo.fa (Hrsg.) (2022): Fünf Jahre Unterstützung von Menschen mit Fluchtgeschichte durch Aktive aus Migrant:innenorganisationen. Berlin: samo.fa. Online verfügbar unter: http://www.samofa.de/wp-content/uploads/2021/06/Samofa_Bro_v18.pdf, Zugriff am 08.12.2022.

Schröder, H., Zok, K. & Faulbaum, F. (2018): Gesundheit von Geflüchteten in Deutschland – Ergebnisse einer Befragung von Schutzsuchenden aus Syrien, Irak und Afghanistan. widomonitor, 1.

Statista (2022): Vorgesehene Verteilung der Asylbewerber auf die Bundesländer in Deutschland nach dem Verteilungsschlüssel (Königsteiner Schlüssel) im Jahr 2022. Online verfügbar unter: https://de.statista.com/statistik/daten/studie/376537/umfrage/verteilung-der-fluechtlinge-auf-die-bundeslaender-in-deutschland-nach-dem-verteilungsschluessel/, Zugriff am 18.09.2022.

Ukrainisch-Deutsches Kulturzentrum SIC e. V. (2022): Brücken bauen zwischen der Ukraine und Deutschland. Online verfügbar unter: https://sic-kulturzentrum.de/, Zugriff am 09.10.2022.

Universität Greifswald, Institut für Psychologie (2022): Hilfsangebote für durch den Angriffskrieg auf die Ukraine psychisch belastete Menschen. Online verfügbar unter: https://psychologie.uni-greifswald.de/gemeinsam/beratung/, Zugriff am 09.10.2022.

9 »Egal, wie rausgeballert ich bin, die sind da«: Intensive Sozialpädagogische Einzelbetreuung als aufsuchende Soziale Arbeit

Matthias Lindner & Vera Taube

Überblick

9.1	Einleitung	88
9.2	Fallbeispiel	89
9.3	Kritische Reflexion des Fallverlaufs	90
	9.3.1 Anlass und Beginn des Aufsuchens	90
	9.3.2 Ziele des Aufsuchens	90
	9.3.3 Rahmenbedingungen des Aufsuchens	91
	9.3.4 Strategien des Aufsuchens	92
	9.3.5 Gefahren und Grenzen des Aufsuchens	96
9.4	Schlussfolgerungen: Hilfen zur Erziehung unkonventionell denken und finanzieren	97

9.1 Einleitung

Intensive Sozialpädagogische Einzelbetreuung (ISE) ist als Bestandteil der Hilfen zur Erziehung (HzE) im SGB VIII verankert mit dem Auftrag, an den individuellen Bedürfnissen der Klient:innen anzusetzen. Dabei ist sie kaum an klassische Formen der Erziehungshilfen gebunden und kann daher sowohl innerhalb eines ambulanten als auch stationären Setting durchgeführt werden. Die Zielgruppe sind Jugendliche, die sich in besonders krisenhaften und gefährlichen Lebenssituationen, verursacht durch Drogenkonsum, aggressives Verhalten, Schulverweigerung, Trebegang, Wohnungslosigkeit, Prostitution oder psychischen Problemen, befinden. Sie haben meist mehrere stationäre Jugendhilfeangebote durchlaufen und waren nicht selten psychiatrisch untergebracht und/oder inhaftiert (Taube 2021). Oftmals sind sie für andere Formen der Jugendhilfe nicht mehr zugänglich und entziehen sich den entsprechenden Versuchen. Daher gilt die ISE als »ultima ratio« (Jordan et al. 2015, S. 266) oder »finales Rettungskonzept« (Klawe 2014, S. 167) der Jugendhilfe, also als letzte Möglichkeit vollständige gesellschaftliche Exklusion zu vermeiden. Insbesondere bei Straßenjugendlichen und Jugendlichen, die in keinem stationären Setting ankommen, arbeitet die ISE aufsuchend. Oftmals verweigern sich Jugendliche dem Familien- und Helfersystem derart, dass der Kontakt zu ihnen abreißt. Die erste Schwierigkeit einer aufsuchend gestalteten ISE besteht also darin, in Kontakt mit der Zielgruppe zu kommen und Vertrauen in die Jugendhilfe aufzubauen.

Anhand einer Fallvignette aus der Praxis aufsuchender ISE wird im Folgenden rekonstruiert, wie dieser theoretische Vorschlag des Besuchens umgesetzt werden kann, was dies von den Besuchenden verlangt und welche Aspekte des Aufsuchens in der Praxis bewältigt und bedacht werden müssen. Wie können Sozialarbeiter:innen, die vom Jugendamt beauftragt werden, niedrigschwellig und vertrauensaufbauend arbeiten?

9.2 Fallbeispiel

Es geht um Pascal, 15 Jahre alt, er lebt auf der Straße, zu seinen Eltern hat er den Kontakt abgebrochen. Er steht in unregelmäßigem Kontakt zu einer niedrigschwelligen Beratungsstelle. Pascal wird als stark verwahrlost und kognitiv schwer zugänglich beschrieben. Zudem wird von regelmäßigem, exzessivem Amphetamin-, Benzodiazepin- und Opioidkonsum berichtet. Er ist obdachlos und schläft seit mehreren Monaten in einem Zelt. Im Kontakt mit dem zuständigen Jugendamt stellt sich heraus, dass er sich bisher allen Hilfsangeboten entzogen hat.

Die Beratungsstelle regt an, einen Träger akzeptierender, aufsuchender Jugendhilfe mit dem Fall von Pascal zu beauftragen. Diesem Vorschlag stimmt das zuständige Jugendamt zu. Schnell wird allerdings klar, dass eine stationäre Unterbringung nicht in Frage kommt. Schon in vergangenen Hilfen konnte Pascal die Strukturen von Wohngruppen nicht annehmen, somit scheiterten mehrere stationäre Hilfen. Auch das Betreute Wohnen des Trägers kommt noch nicht in Frage. Man einigt sich zunächst auf eine ambulante ISE-Maßnahme, langfristig soll Pascal im Rahmen einer stationären Jugendhilfemaßnahme betreut werden.

In der Beratungsstelle spricht die ISE-Fachkraft, die Pascal schon von früheren Begegnungen kennt, ihn an und stellt die grobe Idee der Hilfe vor. Es werden regelmäßig wiederkehrende Termine in der Beratungsstelle vereinbart. Pascal kommt wie verabredet, wenn auch übermüdet und unter Drogen, zum ersten Termin. Bereits beim nächsten Termin entwickelte sich der aufsuchende Charakter der Hilfe: Pascal kam nicht und war auch nicht per Telefon zu erreichen. Andere Jugendliche der Szene am Alexanderplatz, denen die Fachkraft bekannt war, teilten Pascals Schlafplatz mit. Dort wurde er angetroffen und die Situation erklärt: Man habe einen Termin verabredet und man habe sich Sorgen gemacht, weil er nicht zum Termin erschienen ist. Daher wurde nach ihm gesucht und der Termin sollte nun vor Ort stattfinden. Der Kontakt war wiederhergestellt, es folgte ein Wechselspiel aus eingehaltenen Terminen, entschuldigtem Fehlen und aufsuchenden Treffen.

Im Verlauf nahm Pascal zusammen mit der Kollegin an der im Jugendamt stattfindenden Hilfekonferenz teil und stimmte verschiedenen Hilfezielen zu (darunter Kontakt zum Kinder- und Jugendpsychiatrischen Dienst und Suche nach einer stationären Unterbringung). Pascal lehnte ein ihm angebotenes stationäres Setting ab, dennoch wurde am Ziel, eine geeignete Wohnform zu finden, festgehalten. Da er jedoch nicht bereit war, in einem Gruppenkontext zu leben, den Drogenkonsum einzustellen und sich an Ausgangszeiten und Ähnliches zu halten, war die Suche nach einer Einrichtung mehr oder weniger aussichtslos. Mit dem Jugendamt wurde letztlich vereinbart, für Pascal eine Doppelhilfe zu installieren: Pascal konnte eine Wohnung im Rahmen des Betreuten Einzelwohnens (BEW) beziehen, während die ISE-Maßnahme weiter finanziert wurde.

9.3 Kritische Reflexion des Fallverlaufs

Die kritische Reflexion des Fallverlaufs umfasst eine tiefere Auseinandersetzung mit der Praxis des Aufsuchens im Kontext der ISE. Die nachfolgenden Überlegungen basieren auf einem Interview zum oben dargestellten Fall mit einem Mitarbeiter eines Berliner Jugendhilfeträgers, der niedrigschwellige Erziehungshilfen anbietet. Das Interview wurde anhand von Leitfragen zur kritischen Reflexion des Fallverlaufs analysiert, um daraus eine datennahe Rekonstruktion des Aufsuchens im Arbeitsfeld der ISE zu entwickeln.

9.3.1 Anlass und Beginn des Aufsuchens

Die Zielgruppe der Besuche im Kontext der ISE entzieht sich Hilfsangeboten und befindet sich in besonders gefährdenden Lebenssituationen. Wie im Fall dargestellt, bedeutet das in der Regel neben oft exzessivem Drogenkonsum auch keinen festen Aufenthaltsort zu haben. Im Kontext der HzE gilt es also, die zuständige Stelle ausfindig zu machen und den Faden dort wieder aufzunehmen. Dabei zeigt sich bereits die Relevanz des *Suchens* beim Aufsuchen. Durch Herumfragen in der Sozialarbeitsszene und eigene vergangene Kontakte zu Pascal konnte das zuständige Jugendamt ermittelt werden. Die dort existierende Akte, die aufgrund der Unerreichbarkeit des jungen Menschen ruhte, wurde wieder geöffnet und der Auftrag der HzE, angestoßen durch die Fachkräfte der ISE, erteilt.

9.3.2 Ziele des Aufsuchens

Die besondere Gefährdung der Zielgruppe wird vor allem mit deren Wohnungslosigkeit in Verbindung gebracht. Infolgedessen ist ein Ziel der ISE die Aufnahme in eine stationäre Jugendhilfemaßnahme. Von der Jugendhilfe meist enttäuscht, wenig an Kontakt mit Fachkräften interessiert sowie die herausfordernde Lebenslage führen dazu, dass die Jugendlichen Krisen- und Nothilfeeinrichtungen verweigern. Das Aufsuchen dient also zunächst der Kontaktaufnahme und dem Kennenlernen des jungen Menschen. Es gilt lebensnotwendige Grundbedürfnisse sicherzustellen:

> »Da geht's auch um überlebenswichtige Dinge. Wir müssen auch gucken, wo pennt der, wo pennt der im Winter, wie kriegen wir den warm, wie kriegen wir den versorgt« (ISE 32).

Im Kontakt soll außerdem Vertrauen aufgebaut werden, um den Jugendlichen so weit zu stabilisieren, dass eine Rückkehr ins Versorgungs- und Unterstützungssystem der Jugendhilfe ermöglicht wird. Damit übernimmt die ISE verschiedene Funktionen für die Jugendhilfe: Sie ermöglicht Kontakt zu einer schwer erreichbaren Zielgruppe und versucht Schutz und Versorgung zu bieten. Überlastete Krisen- und Nothilfeeinrichtungen werden entlastet und stark gefährdete Jugendliche an Beratungs- und Versorgungsstellen angebunden.

9.3.3 Rahmenbedingungen des Aufsuchens

Das besondere des Aufsuchens in der ISE ist, dass es oft keinen definierten Ort gibt, der aufgesucht werden kann.

> »*Ohne* 'nen garantierten Ort, also du sollst aufsuchen, aber es gibt keinen konkreten, zuverlässigen Ort, wo du das erfolgreich tun kannst« (ISE 5).

Selbst, wenn ›die Platte‹, also der Ort, an dem der junge Mensch gewohnheitsmäßig schläft, oder Szeneorte, an denen sich Jugendliche aufhalten, existieren, sind die Aufenthaltsorte der Zielgruppe nicht zuverlässig. Hinzu kommt, dass ein Ort, der als vielversprechendes Ziel für Besuche festgestellt wurde, auch schnell vom jungen Menschen aufgegeben werden kann. Termine an definierten Orten werden oft nicht eingehalten. Mehrtägige Kontaktpausen sind nicht ungewöhnlich und bedeuten für die Fachkräfte erneutes Nachfragen, Suchen und Aufsuchen von Orten, an denen die Wahrscheinlichkeit des Antreffens hoch ist.

Trotz der hohen Unverbindlichkeit des Ortes ist das Ziel der ISE, die Jugendlichen mehrmals in der Woche zu sehen. Die Hilfen sind so umfangreich, dass sie auch 20 Stunden pro Woche umfassen können, wovon ein Teil der Zeit für die Suche nach dem jungen Menschen verbraucht wird. Weitere Tätigkeiten im Rahmen der Treffen haben mit der Befriedigung von körperlichen Grundbedürfnissen zu tun, wie z. B. Essen, Duschen, Ärzt:innenbesuche und Begleiten von Entzugssymptomen. Darüber hinaus wird über die aktuelle Situation, mögliche Ziele, Wünsche nach Veränderung oder Möglichkeiten der Anbindung an andere Stellen wie Therapie, Beratung oder Unterbringung gesprochen. Es kann nicht davon ausgegangen werden, dass der Rahmen der ISE den hohen zeitlichen Aufwand deckt. Gründe dafür liegen sowohl in knapp gefassten Stundenbudgets seitens des Jugendamts als auch in der Kontaktbereitschaft der Jugendlichen.

Die bei Besuchen vorgefundenen Situationen sind oft herausfordernd. Gewalt, Drogenkonsum, Prostitution, Straftaten, widrigste Lebensumstände in schlechten hygienischen Zuständen müssen bewältigt werden.

> »Das heißt, du musst dann schon auch reinkriechen in dieses Zelt, in dem der da seit längerem dann haust« (ISE 36).

Die hochindividualisierten Hilfen bedürfen nicht nur großer personeller, zeitlicher und finanzieller Ressourcen und können darüber hinaus alle Beteiligten in diverse fachliche und moralische Dilemmata bringen. Inwieweit die absolute Priorität auf der Beziehungsarbeit und der beharrlichen Begleitung des jungen Menschen im Kontext der Hilfen gehalten werden kann, hängt entscheidend von der Bereitschaft des Jugendamts ab, diese anhand von Ressourcen und entsprechenden Rahmenbedingungen zu ermöglichen und zu tolerieren, dass Termine oft tagelang nicht zustande kommen. Über die Verortung der Maßnahme in den HzE greifen auch die dortigen Strukturen: Das Jugendamt übernimmt die Ressourcenbereitstellung und Steuerung, beauftragt den Träger und beruft Hilfepläne zur regelmäßigen Überprüfung des Fallverlaufs ein.

9.3.4 Strategien des Aufsuchens

Wie verlaufen und gestalten sich nun die Besuche in den gegebenen Rahmenbedingungen? Welche Strategien des Aufsuchens und Vorgehensweisen sind typisch für die Praxis der ISE im Hinblick auf die Zielgruppe obdachloser und besonders gefährdeter Jugendlicher?

Aus dem Interview lassen sich hierzu verschiedene Charakteristika herausarbeiten:

- zeigen, dass man es irgendwie anders macht als andere Helfer:innen,
- Aufsuchen als Beziehungsgeste,
- Individualisierung des Aufsuchens,
- Dranbleiben.

Diese Aspekte unterscheiden sich auf den ersten Blick kaum von der Beschreibung sozialer Arbeit im Allgemeinen oder von aufsuchender Arbeit in anderen Handlungsfeldern. Bei genauerem Hinsehen wird jedoch die Besonderheit der Aufsuchenden ISE in den Details der Umsetzung und Vorgehensweisen deutlich.

Zeigen, dass man es irgendwie anders macht

Die Besuche der ISE richten sich an Jugendliche, die kein Interesse (mehr) an Jugendhilfe haben. In diesem Zusammenhang ist es für die Kontaktaufnahme und die Beziehungsarbeit wichtig, sich von der Jugendhilfe, wie sie bisher erfahren wurde, zu unterscheiden:

> »*Und* auf 'ne Art und Weise musst du auch darstellen, dass du anders bist als die Anderen (lacht)« (ISE 36).

Dieses ›anders sein‹ zeigt sich in einer starken Beharrlichkeit der Beziehungsangebote und umfassend akzeptierenden Haltung gegenüber den Lebensbedingungen der Adressat:innen. In der ISE geht die Ausgabe materieller Leistungen, das Verständnis gegenüber Terminausfällen und Nichterscheinen, Abweisung oder Substanzintoxikation zum Zeitpunkt des Treffens weit über das Maß der Toleranz in klassischen Jugendhilfemaßnahmen hinaus. Terminausfälle werden als Teil des Problems angesehen und nicht als Entscheidung gegen die Hilfe oder als Kooperationsverweigerung gedeutet, da dies einen frühzeitigen Abbruch der Hilfe zur Folge hätte.

Aufsuchen als Beziehungsgeste

Zu Beginn der Hilfe dienen vor allem materielle Gaben wie Süßigkeiten dazu, eine Beziehung anzubahnen. Damit wird in das Vertrauen der Adressat:innen investiert.

> »Materiell *erkauft* man sich das schon ein bisschen. Aber das allein ist es natürlich auch nicht. Und dann ging das tatsächlich genau auch so weiter. Einerseits schon auch thematisieren, ey, du musst mal aufpassen auf dich« (ISE 38).

Diese Gaben sind nie an Bedingungen geknüpft, sondern dienen als Türöffner und zur Sicherstellung körperlicher Bedürfnisse, sind aber zumeist gepaart mit Gesprächsangeboten und Fragen nach der aktuellen Lebenslage.

Das *Aufsuchen als Beziehungsgeste* wird behutsam angebahnt, es wird überlegt, ob die Platte oder ein anderer Ort günstig für den Besuch ist, denn der Schlafplatz soll nur dosiert aufgesucht werden. Es stellt sich die Frage, zu welchem Zeitpunkt oder in welchem Stadium der Beziehungsbildung der ›Wohnort‹ aufgesucht werden sollte. Das Aufsuchen der Lebensorte der Adressat:innen geht einher mit dem Aushalten der vorgefundenen Situationen und einem behutsamen, zurückhaltenden Interesse an den Umständen der Zielgruppe.

> »Man wird sehr, sehr lang mit dem arbeiten, wo man beim Konsumieren erstmal nichts anderes macht als *zuschauen*« (ISE 8).

Sensibel dafür, wann die Adressat:innen empfänglich für Veränderungsideen sind, werden Angebote gemacht, Fragen gestellt und Ideen geäußert, die bei allem Veränderungspotential die gegebene Lebenssituation nicht kritisieren, sondern deren Akzeptanz signalisieren.

> »Wenn du sofort sagst du, trink doch mal lieber 'nen naturtrüben Apfelsaft, dann ähm, kannste gleich wieder gehen« (ISE 36).

Die Fachkräfte stellen Verbindlichkeit im Kontakt her, indem sie beharrlich bleiben, sich aber respektvoll gegenüber den Entscheidungen der Adressat:innen verhalten – ein Balanceakt zwischen Interesse, Zurückhaltung und ausdauerndem Kontaktangebot.

Individualisierung des Aufsuchens

Um das Aufsuchen in der ISE zu verstehen, lohnt es sich, über die Strategien für die Kontaktaufnahme hinaus zu betrachten, wie sich die Verstetigung des Kontakts gestaltet. Die Verstetigung kann durch den Begriff der *Individualisierung des Aufsuchens* gerahmt werden. Dahinter steckt, die Besuche aufgrund von Bedürfnissen stattfinden zu lassen oder Bedürfnisse zu befriedigen, die von den Fachkräften wahrgenommen werden. Hierzu zählen z. B. gemeinsam Essen zu gehen, Orte für die persönliche Hygiene aufzusuchen oder die Adressat:innen mit nötigen Dingen (Masken, Handys, Alltagsgegenständen) zu versorgen.

> »Du musst halt erstmal gucken, was sind denn dem seine Bedürfnisse. Er hat dann angefangen... weil der auf so 'ne bestimmte Gummibärchen-Art stand, dann halt immer so Gummibärchen mitzubringen« (ISE 36).

Im Verlauf der Kontakte werden aktuelle Bedarfslagen wahrgenommen und Gespräche dazu angestoßen oder akute Krisen begleitet. Mit wachsendem Vertrauen können mehr Fragen zur Veränderung der Lebenssituation der Adressat:innen angesprochen und Angebote dazu unterbreitet werden. Die Individualisierung der Besuche umfasst vor allem auch das Hinnehmen von Terminausfällen. In der Wohnungslosigkeit und ohne materiellen Bezug können die Adressat:innen nicht zum Kontakt gezwungen werden. Auch die materiellen Leistungen, die sich auf individuelle Bedürfnislagen beziehen, werden größtenteils vorbehaltlos geleistet, sofern das Jugendamt (hier: JA) dies mitträgt.

> »Das hängt sehr davon ab, ob das JA oder die einzelne Fachkraft da unseren Weg mitgeht und unser Verständnis teilen. Und wenn die das *tun*, dann *klappt's* meistens auch« (ISE 20).

In Pascals Fall gelang die erfolgreiche Kontaktaufnahme und Beziehungsarbeit, was den für die verfolgte stationäre Unterbringung notwendigen Vertrauensaufbau ermöglichte. Unterstützt wurde dies durch ein hohes Maß an Freiheit in der Umsetzung der Maßnahme, die dem:der Träger:in durch das Jugendamt gewährt wurde.

Dranbleiben

Die Fachkräfte suchen die Adressat:innen nicht nur physisch an ihren Lebensorten auf, sie suchen darüber hinaus auch nach emotionalen und sozialen Treff- und

Ansatzpunkten. Die Voraussetzung dafür wird durch die folgende Aussage aus dem Interview skizziert.

> »Was man schaffen muss, ist, *die eine Bezugsperson* zu werden. Und das ist halt grad bei *den* Jugendlichen, die auch ständig diese Orte wechseln [...] kann dann verrückterweise dieses *Aufsuchen* die Stabilität sein. Also [...] *nichts* ist stabil. Überall fliegt man raus. Aber den Einzigen, den man nicht los wird [...] und *eigentlich* auch nicht loswerden *will*, ist natürlich diese aufsuchende ISE-Maßnahme. Weil, die ist einfach immer da, die kommt überall hin *und*, anders als alle anderen, ist sie nicht an Bedingungen geknüpft. Das heißt, die *kommen* einfach, egal wie scheiße ich bin und egal, wie rausgeballert ich bin, die *kommen*« (ISE 58).

Es ist das beharrliche Wiederkommen der Fachkräfte zu den Orten der Adressat:innen, die den Unterschied zu anderen Hilfemaßnahmen markiert. An Punkten, die normalerweise zur Beendigung einer Maßnahme führen, setzt die ISE ihre Besuche fort und zeigt eine über das gängige Maß hinausgehende Haltekompetenz gegenüber den Adressat:innen.

Ein zentraler Gelingensfaktor solch konsequenten Vorgehens ist ausreichend Zeit. Die Strategie des Aufsuchens umfasst, sich ganz und gar der Begleitung des jungen Menschen zu widmen. Dieses Vorgehen braucht u. a. deswegen so viel Zeit, weil die Adressat:innen Erwachsenen im Allgemeinen und gegenüber der Jugendhilfe im Besonderen misstrauisch und distanziert reagieren. Es wird auf den Punkt hingearbeitet, an dem die Jugendlichen sich auf Gesprächsangebote einlassen können und die Besuche sich damit von der »Kontrolle der Vitalfunktionen« (ISE 8) und materieller Versorgung in Richtung Veränderungsplanung und Beratung wandeln. Die Besuche sind das Mittel zur Beziehungs- und Vertrauensherstellung, in dem sie konsequent erfolgen und sich situativ flexibel gestalten. Dabei entscheiden die Adressat:innen, wie schnell sie den Fachkräften vertrauen und wann sie sich auf weitere Angebote einlassen. Dies ist konstitutiv für alle Handlungsfelder Sozialer Arbeit, gilt jedoch insbesondere für den Bereich der ISE. Handeln die Fachkräfte zu schnell und werden als übergriffig oder disziplinierend erlebt, ist es ein Leichtes, den Standort zu wechseln und sich nicht mehr besuchen zu lassen.

Ein weiterer Gelingensfaktor für konsequentes Vorgehen ist, die Lebenslagen der Adressat:innen auszuhalten und sich darauf einzulassen. Situationen auszuhalten, die fremd und extrem sind, die jedoch zum Alltag der Adressat:innen gehören, wird als wichtige Voraussetzung für die Konstanz und Glaubwürdigkeit des Hilfsangebots beschrieben.

> »Das, glaub' ich, funktioniert teilweise über das einfach so das WISSEN, also der Sozialarbeiter fällt nicht aus Schreck vom Stuhl, wenn er erfährt, dass ich natürlich hart hier alle Amphetamine konsumiere« (ISE 36).

Dazu gehört auch, sich in der Szene auszukennen und bewegen zu können, spezifisches Wissen zu haben: Wie organisiere ich eine SIM-Karte, ohne dass ich sie personalisieren muss? Wie sieht ein MDMA-Kater aus? Ist die Fachkraft nicht bereit, sich auf die Regeln und Notwendigkeiten des Umfelds einzulassen, werden die Chancen erfolgreichen Aufsuchens als gering eingeschätzt, denn es ist beinahe unmöglich, mit den Adressat:innen in Kontakt zu kommen. Wenn es ein Problem ist, eine nicht personalisierte SIM-Karte zu besorgen, kann nicht angerufen werden. Wenn es für den:die Sozialarbeiter:in ein Problem ist, den jungen Menschen im Drogenrausch anzutreffen, dann sind die Gelegenheiten, sich zu treffen, gering.

9.3.5 Gefahren und Grenzen des Aufsuchens

Nicht nur die Frage nach der Flexibilität und Unterstützungsbereitschaft des Jugendhilfesystems müssen bedacht werden, um das Aufsuchen zu gewährleisten. Auch die Gefahren und Grenzen des Aufsuchens in der ISE müssen hier beachtet werden.

Die Fachkräfte werden mit ihren persönlichen Grenzen hinsichtlich Ekel, Moral und Gefahren für die eigene Integrität konfrontiert. Übergriffe durch Adressat:innen werden als selten beschrieben, trotzdem finden sich die Fachkräfte bei ihren Besuchen in schwierigen Situationen wieder. Vor allem im Zusammenhang mit dem Drogenkonsum der Zielgruppe kommt es zu verschiedenen Gefahrensituationen im Rahmen des Aufsuchens: Unberechenbare Reaktionen und Verhaltensweisen in Rauschzuständen, Begegnungen mit organisierter Kriminalität oder Infektionsrisiken sind häufige Sicherheitsrisiken.

Darüber hinaus stellt die intensive Beziehungsarbeit in der ISE immer wieder fachliche und moralische Standards in Frage. Fachkräfte erfahren von kriminellen Aktivitäten und Kontakten in entsprechenden Milieus. Der rechtliche Rahmen des Handelns wird dabei als unklar empfunden. Im Interview wird vor allem auf Fragen des Mitwissens Bezug genommen. Der sensible Umgang mit Informationen, die im Laufe der Zusammenarbeit erfahren werden, wird als unabdingbar für die Vertrauensbildung gesehen. Die Weitergabe (z. B. durch eine Anzeige illegalen Handelns, Einweihen des Jugendamts oder anderer Stellen) könnte seitens der Adressat:innen als Vertrauensbruch gewertet werden und damit das Ende der Kooperation bedeuten. Für die Fachkräfte bedeutet dies: Grenzen ernst zu nehmen könnte das Ende der Unterstützung für einen jungen Menschen bedeuten. Die Entscheidung der Grenzsetzung in einem Feld, das von weitgehender Grenzenlosigkeit geprägt ist, ist vor allem für die Fachkräfte eine Herausforderung. Denn der Gedanke, nicht stark oder tolerant genug zu sein, um den Jugendlichen helfen zu können und sie damit im Stich zu lassen, schwingt bei Abgrenzungsentscheidungen stets mit. Gleiches gilt für Selbst- und Fremdgefährdungen: Immer wieder sind Fachkräfte mit der Frage konfrontiert, ob in Extremsituationen auch die Forcierung von Zwangsmaßnahmen – wie Inhaftierung oder geschlossene Unterbringungen – notwendige Maßnahmen sind.

9.4 Schlussfolgerungen: Hilfen zur Erziehung unkonventionell denken und finanzieren

Die Rekonstruktion der Besuche durch die ISE bringt eine charakteristische Eigenlogik des Felds hervor: den Anspruch, aufsuchend und niedrigschwellig zu arbeiten trotz des hochstrukturierten und hochschwelligen Rahmens, in dem HzE üblicherweise sonst erbracht werden. Das Aufsuchen in der ISE umfasst, sich gänzlich in die Lebenswelt der Adressat:innen hineinzubegeben.

> »Man spricht ja immer sehr schnell davon, sich an Lebenswelten zu orientieren. Aber in der praktischen Umsetzung bedeutet diese Lebenswelt halt schon durchaus auch üble Gerüche und Dinge, die man vielleicht auch nicht sehen will« (ISE 42).

Über die konsequenten Besuche schafft die ISE ein sehr niedrigschwelliges Beziehungsangebot, wie es im Feld der HzE sonst nicht der Fall ist. Sind in anderen HzE Drogenkonsum, Terminausfälle oder widrige Bedingungen am Lebensort mindestens Anlass, die Hilfe in Frage zu stellen, bleibt die ISE gerade dann am Fall. Die intensive Betrachtung des Aufsuchens zeigt, dass ausdauerndes und beharrliches Besuchen die Voraussetzung für die Beziehungsaufnahme, die Vertrauensbildung und die Zusammenarbeit mit jungen Menschen sind, die von familialen Beziehungsambivalenzen sowie organisationalen Exklusionsprozessen besonders stark betroffen sind und deren Lebensmittelpunkt sich in besonders gefährdenden Milieus befindet. Eine erste theoretische Darstellung des Aufsuchens in der ISE beschreibt Hosemann: Besuche folgen hier flexiblen Strategien und umfassen neben kommunikativen Angeboten auch materielle Unterstützung. Zukunftsorientierte Aktivitäten dienen dem Aufbau von sich selbst verstärkenden Mustern, können jedoch nur an Kontexten ansetzen, die für die Jugendlichen relevant sind, und nicht ausschließlich an normativen Überlegungen. Dazu gilt es, sich auf deren soziale Systeme einzulassen, anhand einer flexiblen Zeitstruktur und unter Nutzung des sozialen Raums. Es gilt allerdings nicht nur auf der individuellen Ebene zu arbeiten, sondern gleichzeitig die konkreten Inklusions- und Exklusionsbedingungen in der Lebenssituation der jungen Menschen zu verändern.

Die Rekonstruktion des Aufsuchens im Fallbeispiel konkretisiert diesen theoretischen Rahmen und zeigt insbesondere die zentrale Rolle der Haltung des Jugendamts im Kontext komplexer Hilfen (Lindner 2023). Sind die HzE sowohl durch den Kontroll- als auch durch den Unterstützungs- und Schutzauftrag charakterisiert, können diese im Fall der ISE nur unter großzügig gesteckten Rahmenbedingungen verfolgt werden. Dies bezieht sich nicht nur auf die zeitliche Ausstattung der Maßnahme im einzelnen Fall und die inhaltliche Gestaltungsfreiheit, sondern auch darauf, inwieweit der Träger flexibel im Matching von Fachkraft und Adressat:in sein kann. Insgesamt wird die Position des Jugendamts als wichtiger Erfolgsfaktor gesehen; wenn die Zusammenarbeit funktioniert und das Amt die beschriebenen Vorgehensweisen mitgeht, trägt das zum Gelingen der Maßnahme bei.

Ein weiterer zentraler Aspekt für das Aufsuchen in der ISE ist die rechtliche Unsicherheit im Umgang mit Wissen, dass in den Kontakten erlangt wird. Hier sind Beteiligte auf mehreren Ebenen gefragt, Sicherheit innerhalb des rechtlichen Rahmens, herzustellen. Dies gilt sowohl für das direkte kollegiale Umfeld, die Leitungsebene des Trägers als auch für das Jugendamt. Gefahren, Unklarheiten und Unsicherheiten müssen offen kommuniziert, dokumentiert und diskutiert werden. Wenn sich alle Beteiligten durch gemeinsam entwickeltes Vorgehen verantwortlich zeigen, kann der gegebene rechtliche Rahmen ausgelegt und innerhalb des gegebenen Spielraums gehandelt werden. Im Sinne einer Risikopartnerschaft kann die aufsuchende Praxis abgesichert und Klarheit und Verlässlichkeit im Handlungsspielraum der Fachkräfte geschaffen werden.

Aus der Rekonstruktion zeigt sich zu guter Letzt eine weitere Herausforderung im Zusammenhang mit Besuchen in der ISE: Das Aufsuchen bringt die Sozialarbeitenden mehr als in anderen Handlungsfeldern immer wieder an die Grenzen eigener Werte und Moralvorstellungen, manchmal sogar in physische Gefahrensituationen.

Ein wesentlicher Raum zur Auseinandersetzung mit den eigenen Haltungen, Moralvorstellungen, Grenzen und Erlebnissen ist die Supervision und kollegiale Fallberatung. Hier kann fachlich reflektiert und entschieden werden, ob und wann ein Fall abgegeben werden sollte oder inwieweit das Verhalten der Klientel weiterhin ausgehalten werden kann. Solche fachlichen Reflexionen und Entscheidungsfindungen entlasten die Fachkräfte, schützen vor dem Ausbrennen und sichern die Beharrlichkeit im Aufsuchen. Die Rekonstruktion zeigt, dass Handlungsentscheidungen im Feld der aufsuchenden ISE weitestgehend unabhängig von persönlichem Befinden und eigenen Grenzen aufgrund von fachlichen Erwägungen und gemeinsamer Sicht auf den Fall getroffen werden sollten, um ein verbindliches Beziehungsangebot dauerhaft zu ermöglichen.

Literatur

Hosemann, W. (2011): Systemisches Vorgehen bei sozialpädagogischer Intensivbetreuung. In: M. Müller & B. Bräutigam (Hrsg.), Hilfe, sie kommen! Systemische Arbeitsweisen im aufsuchenden Kontext (S. 100–109). Heidelberg: Carl Auer.

Jordan, E., Maykus, S. & Stuckstätte, E. (2015): Kinder- und Jugendhilfe. Einführung in Geschichte und Handlungsfelder, Organisationsformen und gesellschaftliche Problemlagen. Weinheim: Beltz Juventa.

Klawe, W. (2014): § 35 SGB VIII: Intensive Sozialpädagogische Einzelbetreuung (ISE) im In- und Ausland. In: M. Macsenaere, K. Esser, E. Knab & S. Hiller (Hrsg.), Handbuch der Hilfen zur Erziehung (S. 167–173). Freiburg: Lambertus.

Lindner, M. (2023): »Sie wollen ein solches Verhalten doch wohl nicht mit einer eigenen Wohnung belohnen?!« Pädagogische Haltung und Kooperation bei der Betreuung von Systemsprenger:innen. In: G. Groen, M. Peters, M. Schwabe & J. Weber (Hrsg.), Krisenhafte Verläufe in den Erziehungshilfen. Kooperationen, Risikopartnerschaften, Verantwortungsgemeinschaften (S. 234–244). Weinheim: Beltz Juventa.

Taube, V. (2021): Experiencing, Working, Learning. A Grounded Theory of intensive Pedagogy with Hard-to-Reach Youngsters. Doctoral Thesis at the University of Eastern Finland. Online verfügbar unter: https://erepo.uef.fi/bitstream/handle/123456789/25294/urn_isbn_978-952-61-3751-3.pdf?sequence=1&isAllowed=y, Zugriff am 17.12.2023.

10 Mobile Jugendarbeit

Thomas Markert & Philipp Blank

> **Überblick**
>
> 10.1 Zum Arbeitsfeld 99
>   10.1.1 Formale Rahmung, Auftrag und Vereinnahmungsrisiko .. 100
>   10.1.2 Formen der Kontaktaufnahme 101
> 10.2 Fallbeispiel 102
>   10.2.1 Ausgangslage 102
>   10.2.2 Kontaktaufnahme 103
>   10.2.3 Projektverlauf 104
> 10.3 Kritische Reflexion des Fallverlaufs 106
> 10.4 Schlussfolgerungen: Handlungserfordernisse für die Mobile
>   Jugendarbeit 108

10.1 Zum Arbeitsfeld

Das Arbeitsfeld der »Mobilen Jugendarbeit« (nachfolgend MJA abgekürzt) scheint auf den ersten Blick klar beschreibbar: Es kann sich, so scheint es, nur um ein Angebot der Jugendarbeit i. S. des § 11 SGB VIII handeln, das – anders als Jugendzentren und Jugendclubs – mobil ist und sich auf den Weg zu den Treffpunkten der jungen Menschen macht. Diese erste, intuitive Annahme nimmt eine historische Entwicklungslinie der MJA auf. Die MJA entstand aus einer Kritik an institutionellen Angeboten der Jugendarbeit, die Jugendliche mit abweichendem Verhalten stigmatisierten und/oder kontrollierten, und orientiert sich zentral am Konzept der Lebensweltorientierung. Auch heute noch steht MJA

> »für ein lebensweltorientiertes, niedrigschwelliges und bedarfsgerechtes Angebot, das sich hinsichtlich Zeiten, Orten und Methoden der Arbeit flexibel auf die Bedürfnisse der Adressatinnen und Adressaten einlässt. Als Arbeitsprinzipien Mobiler Jugendarbeit werden besonders die Aspekte Freiwilligkeit hinsichtlich der Art und des Umfangs des Kontakts sowie die Akzeptanz und das Verständnis für die Lebenssituation Jugendlicher genannt« (Keppeler & Specht 2018, S. 1024).

Oder – wie es im »Praxishandbuch Mobile Jugendarbeit« formuliert wird: MJA ist »immer schon [...] ein Konzept der pädagogischen Zuwendung statt Ausgrenzung« (Keppeler et al. 2020, S. 48) gewesen. Inwieweit unter MJA dann in der Praxis immer eigenständige Projekte geführt werden oder beispielsweise Einrichtungen der Offenen Jugendarbeit im Zuge einer »herausreichenden Jugendarbeit« (Deinet & Krisch 2021) eine anteilig mobile Arbeitsweise konzeptionell gebunden vollziehen, ist an dieser Stelle im Sinne einer genauen institutionellen und organisatorischen Zuordnung nicht entscheidend.

10.1.1 Formale Rahmung, Auftrag und Vereinnahmungsrisiko

Relevant ist stattdessen die Reflexion des Grunds des Aufsuchens: die Annahme einer Unterstützungsbedürftigkeit. Denn laut des Praxishandbuchs wendet sich MJA wiederum »vorrangig an Jugendliche und junge Erwachsene [...], die zum Ausgleich sozialer Benachteiligungen oder zur Überwindung individueller Beeinträchtigungen in erhöhtem Maße auf Unterstützung angewiesen sind (§ 13, Abs. 1 SGB VIII)« (Keppeler et al. 2020, S. 55). Somit wird eine eindeutige Zuordnung zur Jugendsozialarbeit vorgenommen. Eine alternative Zuordnung zur Jugendarbeit bietet der § 11 Jugendarbeit des SGB VIII trotz seiner detailreich formulierten Breite der Angebotsformen zunächst nicht explizit an.[1] Der Blick in die jeweiligen Landausführungsgesetze – beispielsweise hier für das Land Mecklenburg-Vorpommern – spricht dann aber für eine doppelte Zuordnung in die §§ 11 und 13, da neben »aufsuchende[r] Jugendarbeit« hier auch »aufsuchende Sozialarbeit« als Angebotsform der Jugendsozialarbeit benannt wird (KJfG M-V §§ 2 f). Aufgrund dieser nicht eindeutigen oder eben doppelten Zuordnung der MJA lassen sich keine bundesweiten statistischen Aussagen zum Arbeitsfeld treffen (Bollig 2021, S. 1777 f), wobei in der Selbstdarstellung und -wahrnehmung der bundesweiten und regionalen Netzwerke der MJA dieses Angebot primär in den Bundesländern »Baden-Württemberg, Bayern und Sachsen als Element sozialer Infrastruktur etabliert« (Keppeler et al. 2020, S. 48) ist.[2]

Neben befürwortenden Beiträgen zur MJA finden sich aber auch zahlreiche skeptische und kritische Perspektiven (Huber 2014, S. 47 ff), in denen u. a. darauf hingewiesen wird, dass MJA selbst in kommunale und politische Strukturen und Prozesse eingebunden ist, die sich unter dem Label beispielsweise der »Kriminalprävention« sehr dafür interessieren, dass junge Menschen in öffentlichen, beispielsweise marktwirtschaftlichen Interessen dienenden Räumen keine ›Probleme machen‹. Nicht nur innerhalb solcher Netzwerke, sondern auch von Anwohnenden, Gewerbetreibenden oder durch die Kommune selbst werden weiterhin »ordnungs- und sicherheitspolitische Anfragen und Aufträge an Fachkräfte der MJA herangetragen« (Frank 2020, S. 313). Innerhalb kommunaler Netzwerke, aber auch in der öffentlichen Wahrnehmung von MJA besteht dann das Risiko, dass »Sicherheit, Ordnung und Sauberkeit [...] zu den zentralen Parametern für die Einschätzung des Erfolgs der Arbeit« (Huber 2014, S. 101) der MJA werden.

---

1 Angelehnt an diese Einordnung spricht dann der 16. Kinder- und Jugendbericht auch von »Aufsuchende[r] Jugend(sozial)arbeit (AJ(S)A)« (BMFSFJ 2020, S. 385).
2 Zur Situation in Baden-Württemberg finden sich bei Eddy Götz (2020) einige statistische Angaben; eine Map zu den Projekten in Sachsen hat der Landesarbeitskreis Mobile Jugendarbeit Sachsen e. V. (www.mja-sachsen.de) ins Netz gestellt.

10.1.2 Formen der Kontaktaufnahme

Der Aufenthalt von jungen Menschen, oftmals in Gruppen, außerhalb von öffentlich geförderten Einrichtungen, ist kein Zufall. Junge Menschen entscheiden, genau zu dieser Zeit ohne pädagogische Einflussnahme und genau an diesem Ort sein zu wollen, weil der Aufenthalt bestimmten Zwecken dient. Vielleicht ist es beispielsweise bequem, aufregend, unbehelligt, praktisch, interessant, sich genau dort zu treffen und diesen Platz für die eigenen Zwecke umzunutzen. Ob dies dann neben der Geselligkeit auch Sport (Skaten), Kultur (lautes Musikhören), der Konsum von legalen und illegalen Rauschmitteln, kostenloses und schnelles WLAN und bei belebten Plätzen ›Sehen und gesehen werden‹ ist – die Ideen sind sicher aus der Fachperspektive hier begrenzter als in der jugendkulturellen Realität.[3]

Teils erscheinen die Gruppierungen den Fachkräften dann als »subkulturelles Milieu« zu dem der Kontakt »häufig recht schwierig« und schon aufseiten der Fachkräfte mit diversen »persönlichen Schwierigkeiten, Ängsten, Verunsicherungen und Hemmungen verbunden ist« (Gillich 2016, S. 42). Und diese Annahmen decken sich unter Umständen genau mit der Perspektive der jungen Menschen, die unter sich und unbeeinflusst bleiben wollen, also kein Interesse an einer Arbeitsbeziehung mit den Fachkräften der MJA haben. Laut Gillich (2016) wird der Kontakt auch dann abgeblockt, wenn kein Nutzen erkennbar ist oder die mobilen Fachkräfte den Verdacht erwecken, ›Spitzel‹ zu sein, die z. B. mit Sicherheitskräften zusammenarbeiten.

Daraus ergeben sich erhebliche Anforderungen an die Kontaktaufnahme durch die Fachkräfte gegenüber jungen Menschen; sie wird regelrecht als Herausforderung erlebt. Entsprechend finden sich in der praxisbegleitenden Literatur umfangreiche, tendenziell ratgeberartig geschriebene Beiträge, um diesen Anfang gestalten zu können.[4]

Als klassische Formen der Kontaktaufnahme gelten die folgenden drei (Gillich 2016, Keppeler et al. 2020, S. 64 f):

- »Defensive Kontaktform«:
  Die Fachkräfte halten sich abwartend an einem ausgewählten Ort mehrfach und kontinuierlich auf und hoffen darauf, dass die jungen Menschen den Kontakt zu ihnen suchen.
- »Indirekte Kontaktform«:
  Die Fachkräfte versuchen über eine Kontaktperson Zugang zu einer Gruppe von jungen Menschen zu erlangen. Dies kann ein Gruppenmitglied oder eine Fachkraft eines anderen Projekts sein, die schon eine Beziehung zu den potentiellen

---

3 Ein illustratives Beispiel, wie junge Menschen sich in neu verdichteten und spezifischen Funktionen zugewiesenen städtischen Räumen dann eigene Plätze aneignen und zum Thema von MJA und Forschung in der Sozialer Arbeit werden, findet sich bei Fregin und Schoppe (2020) zu Shopping-Malls im Zusammenhang mit Stuttgart 21.
4 Angemerkt sei hier, dass die Analyse und Bearbeitung dieses essentiellen Themas aus Sicht der Fachkräfte seit mindestens 40 Jahren immer wieder debattiert wird. Den angesprochenen jungen Menschen steht jedoch kein ähnlich gearteter Leitfaden für die Begegnung mit der MJA zur Verfügung.

Adressat:innen aufgebaut hat. Oder es werden ohne direkte Kontaktaufnahme Info-Materialien ausgelegt/aufgehängt.
- »Offensive Kontaktform«:
Die Fachkräfte gehen auf die jungen Menschen direkt zu, stellen sich als Person und das Anliegen des Angebots (Rolle und Funktion) konkret vor.

Aktuell – auch durch die Erfahrungen der Pandemie beschleunigt – wird räumliche Orientierung in der MJA neu diskutiert. Im Zusammenspiel mit virtuellen Räumen in Form von z. B. sozialen Netzwerken sind Jugendliche – zumindest im städtischen Raum – eher permanent unterwegs als bei traditionellen Cliquentreffs anzutreffen oder sie weichen aufgrund von Verdrängung ganz in den virtuellen Raum aus (Keppeler & Specht 2018, S. 1026). Ob dies zu einer (anteiligen) »Virtuell-aufsuchende[n] Arbeit« (Bollig 2019, S. 472) führt, ist ein in der praktischen Erkundung befindlicher Prozess, der wiederum Fragen der digitalen Kontaktaufnahme beinhaltet.

10.2 Fallbeispiel

10.2.1 Ausgangslage

Ort des Fallbeispiels ist eine mittelgroße Stadt in einer ländlich geprägten Region. Die Stadtviertel sind im sozioökonomischen Vergleich eher heterogen und in ihrer stadtteilinternen Struktur eher homogen. Somit weist die Stadt einen relevanten Faktor der Segregation zwischen verschiedenen Bewohner:innengruppen auf.

Das Team der mobilen Jugendsozialarbeit dieser Stadt setzt sich zu diesem Zeitpunkt aus zwei Fachkräften zusammen, die in dieser Tätigkeit erst wenige Monate angestellt sind. Das Team ist somit in der Anfangsphase des Kennenlernens der städtischen Räume, ihrer Nutzer:innen und ihrer sozialräumlichen Aneignungsprozesse. Sie können auf die Arbeit und die Kontakte zu den Zielgruppen des vorherigen Teams zurückgreifen, dennoch mussten sie sich die Zugänge zu den Zielgruppen erarbeiten. Exemplarisch steht hier der Kontaktaufbau zu einer Clique aus einem Stadtteil mit niedrigem sozioökonomischem Status und geringer Durchmischung. Diese Clique, bestehend aus jungen Menschen zwischen 14 und 16 Jahren, hatte einen gemeinsamen Aufenthaltsort im Viertel. Dieser Ort ist ein freier Platz, der gelegentlich für lokale Veranstaltungen genutzt wird. Nahebei finden sich ein Einkaufszentrum, Imbisse und andere Läden, die Waren zu günstigen Preisen anbieten. Dieser freie Platz hatte für die Clique aus der Perspektive sozialräumlicher Aneignungen verschiedene Funktionen: die Funktion der Repräsentationen privater Funktionsräume im öffentlichen Raum. So fungierte der Platz für die Clique als gemeinschaftliches Esszimmer für den Verzehr der Lebensmittel aus dem Einkaufszentrum und den

Imbissen, als gemeinsames Spielzimmer für gruppenbezogene Interaktionen, als Ort des Hausaufgabenmachens und gegenseitigen Helfens, Sammelpunkt für gemeinsame Fahrten mit dem Fahrrad im Stadtgebiet und vieles mehr.

Diese sozialräumliche Aneignung des öffentlichen Raums als eine Erweiterung des privaten Raums zeigte sich auch in der Art und Weise, wie dieser Raum performativ in der Interaktion mit anderen Nutzer:innengruppen behauptet wird. Bei den ersten Begehungen des Viertels und des spezifischen Orts konnten verbale Anfeindungen durch die Clique gegenüber anderen, migrantisch bzw. mit internationaler Geschichte gelesenen Nutzer:innengruppen von den Fachkräften wahrgenommen werden. Diese verbalen Äußerungen waren rassistischer Natur und wurden dann getätigt, wenn die anderen Nutzer:innengruppen den Platz betraten und auch nutzen wollten. Der Anspruch auf die spezifische Nutzung des Raums wurde als verbale Raumergreifung performativ hergestellt. Beleidigungen, Lautstärke und Rassismus wurden verwendet, um den anderen Nutzer:innen die Nutzung des Raums zu verleiden. Dieses Verhalten verstärkte sich, wenn bestimmte Personen den Platz betraten. Jene Personen waren mit 18 bis 26 Jahren älter als die Mitglieder der Clique und wurden durch die Fachkräfte ebenso wie die Clique nicht als Menschen mit internationaler Geschichte gelesen. Diese Personen nahmen eine Art Vorbildfunktion ein und fungierten als Verstärker für die rassistischen Äußerungen. Aus den Erzählungen entnahmen die Fachkräfte, dass diese sozialräumliche Nutzung des Platzes von älteren Nutzer:innengruppen an die jüngere Clique sinnbildlich vererbt wurde.

Mit der Nutzung dieses Platzes, so waren die Überlegungen der Fachkräfte, könnte auch eine spezifische Kultur des Platzes durch die Vorgänger:innen mit übernommen worden sein, und die Mitglieder der jüngeren Clique reproduzieren Handlungen, die nicht die ihren sind. In dem Viertel ist kein anderer Platz frei für ihre eigenen Aneignungsprozesse, denn das Viertel ist relativ klein, dicht bebaut und zugleich eher weit von anderen Stadtteilen entfernt, womit die Clique an diesen Platz gebunden ist. Aufgrund der Handlungen gruppenbezogener Menschenfeindlichkeit wurden Arbeitsaufträge der mobilen Jugendsozialarbeit bezüglich der Förderung von Toleranz und Umsetzung von Strategien der Gewaltprävention ergriffen. Es bestand die Gefahr des Verfestigens von Aspekten gruppenbezogener Menschenfeindlichkeit und einer möglichen Eskalation von Gewalt, so das Ergebnis einer Diskussion der Fachkräfte miteinander. Es musste abgewogen werden, inwieweit die Fachkräfte Interaktionen zu gruppenbezogener Menschenfeindlichkeit tolerieren sollten, ohne dass das Projekt am Platz durch die Clique mit ihren rassistischen Aktionen vereinnahmt wird.

10.2.2 Kontaktaufnahme

Um mit der Clique in Kontakt zu treten und einen Prozess des Beziehungsaufbaus zu initialisieren, wurde durch die Fachkräfte ein niedrigschwelliges, aufsuchendes Projekt entwickelt. Dieses Projekt war eine Kombination aus einer alkoholfreien Cocktailbar auf einem Lastenfahrrad und einer Straßenküche in einem Transporter. Um sich der Clique und generell jungen Menschen im öffentlichen Raum mit vergleichbaren Aneignungsprozessen zu nähern, erkannten die Fachkräfte die subjektiven Qualitäten der Räume im Sinne einer Erweiterung des privaten Raums an und wählten eine defensive Kontaktform. Wenn sich die Fachkräfte der Clique auf ihrem Platz näherten, positionierten sie sich randständig am Platz, um somit der Clique die Option der Inanspruchnahme des Projekts zu überlassen. Somit bewegten sich die Fachkräfte an den Randbereichen des als privat angeeigneten Raums und drangen nicht unaufgefordert in diesen ein. Dieser Vorgang der ersten Annäherung an die Clique nahm ca. drei Monate in Anspruch und beinhaltete vier Einsätze an diesem Ort.

Das Projekt der alkoholfreien Cocktailbar und der Straßenküche nahmen die spezifische, sozialräumliche Funktion des Platzes als Essplatz auf. Die Zielgruppen hatten in dem Projekt die Möglichkeit, mit von den Fachkräften bereitgestellten Lebensmitteln und Gerätschaften sich selbst Essen und Cocktails zuzubereiten und vor Ort zu verzehren. Somit demonstrierten die Fachkräfte performativ die Akzeptanz der Aneignung der Clique.

10.2.3 Projektverlauf

Die Clique nahm diese Akzeptanz und die Bedürfnisstillung durch die Fachkräfte wahr. Es entwickelte sich ein Prozess des Beziehungsaufbaus, sodass die Fachkräfte mehr und mehr zum zeitweiligen Bestandteil des angeeigneten Raums wurden. Dieser Prozess war derart gestaltet, dass die Fachkräfte über einen Messenger in Kontakt mit der Clique standen, und so mit ihnen mehrfach Termine über das gemeinsame Kochen verabredeten und die Wahl des Gerichts diskutierten. Das Team erschien mit der mobilen Küche oder mit der alkoholfreien Cocktailbar, brachte die Zutaten mit und bereitete mit der Clique gemeinsam das Essen und die Getränke zu. Dieser Vorgang nahm weitere neun Monate in Anspruch und beinhaltete zwölf Einsätze.

Dieser lange Zeitraum ist zum Teil der Leistungsvereinbarung des Teams der mobilen Jugendsozialarbeit mit dem öffentlichen Träger geschuldet, der einen Einsatz in diesem Viertel nur bei akuten Bedarfen und nach Absprache mit dem Jugendamt vorsah. Zudem benötigten die Fachkräfte diese Zeit zwischen den Terminen, um ihr professionelles Vorgehen bezüglich der Thematik der gruppenbezogenen Menschenfeindlichkeit zu reflektieren und einer Vereinnahmung entgegenzuwirken. Aus dem *Getting-in* den physischen Zugang zum Ort wurde ein *Getting-on* im Sinne eines Zugangs zu den sozialen Konstellationen des Raums. Im Rahmen der Funktion des Raums als privater Ort waren die Fachkräfte zwar Teil der sozialen Konstellationen, aber in der Funktion der zeitweiligen Gäste bzw. der Funktion jener, die bestimmte Grundbedürfnisse erfüllten. Dies bedeutete, dass die Fachkräfte bestimmte interventionswürdige, rassistische Äußerungen nicht vor Ort kommentierten und keine direkten, pädagogischen Interventionen starteten. Der Stand des Beziehungsaufbaus und die sozialräumliche Funktion der Fachkräfte ließen keine Erfolgschancen vermuten.

Um die Intensität der intrinsischen Verankerung des Rassismus in der Clique zu eruieren und entsprechende Interventionen zu tätigen, wurde das Kleinprojekt

»Auszeit« entwickelt, in dem weitere Bedarfe der Clique aufgenommen wurden. Diese Bedarfe waren explizit Angeln, Grillen und insbesondere das Verlassen des Viertels und der Stadt. Letzteres war auch den Fachkräften wichtig, da so eruiert werden konnte, inwieweit der Rassismus lediglich Teil einer Strategie der Aneignung in dem Nutzungskonflikt mit anderen Gruppen war, oder ob es sich um verfestigte, intrinsische Strukturen gruppenbezogener Menschenfeindlichkeit handelte. Die Fachkräfte entschieden nach einem eingehenden fachlichen Austausch, dass sie vorab keine expliziten Regeln bezüglich Aktionen gruppenbezogener Menschenfeindlichkeit festlegen werden, um nicht eine Markierung dieses Themas im Projekt vorzunehmen, was die Clique selbst möglicherweise nicht von sich aus getan hätte.

Diese Markierung und kommunikative Antizipation, möglichen abweichenden Verhaltens der Clique gegenüber, hätte zu einer induzierten Reproduktion dieses Verhaltens und zu einer selbsterfüllenden Vorannahme führen können in dem Sinne, »wenn die Fachkräfte glauben, dass wir als Clique ausländerfeindlich sind, dann werden wir dieses Verhalten auch zeigen«. Wenn gruppenbezogene Menschenfeindlichkeit im Projekt kommunikativ produziert werden würde, war der Plan der Fachkräfte, mit der Methode der Gegenrede anzusetzen. Es sollte in der Interaktion eruiert werden, weshalb die beispielsweise rassistischen Äußerungen getätigt werden oder wieso Menschen anderer Nationalität abgelehnt werden, um dann fundiert mit Fakten, Empathie, Perspektivwechsel und Selbstpositionierung zu arbeiten.

Das Kleinprojekt umfasste ein Wochenende an einem See, wo mit der Clique an einem von den Sozialräumen weit entfernten Ort geangelt, gezeltet, gegrillt und Kanu gefahren wurde. Durch diese hohe Entfernung zu den Sozialräumen konnten Nutzungskonflikte um etablierte Aneignungen ausgeschlossen werden, zugleich wechselten die Fachkräfte die Positionierung als Gäste hin zu Gastgeber:innen. Durch diese beiden Faktoren konnte in den Gesprächen genauer die Intensität einer möglichen gruppenbezogenen Menschenfeindlichkeit eruiert werden und die Schlussfolgerung gezogen werden, dass die rassistischen Äußerungen vor allem Teil einer Strategie

- der Aneignung des Raumes,
- der Abwehr von anderen Nutzer:innengruppen und
- der Erfüllung der latenten Aufgabenübertragung der Weiterführung der Nutzung des Raums durch die älteren, früheren Nutzer:innen war.

Dies schlussfolgerten die Fachkräfte aus den differenzierteren Äußerungen und thematischen Gesprächsrahmen der Clique über andere Gruppen von Menschen während der »Auszeit«. Beispielsweise wurde die Queerness des zeitgleich stattfindenden CSD nicht negativ beschrieben, was im Sinn einer gruppenbezogenen Menschenfeindlichkeit mit Rassismus und anderen Diskriminierungen korreliert. Vielmehr wurde das Thema in der Gruppe behandelt, dass die Partner:in eines Cliquenmitglieds auf dem CSD feierte und das Mitglied der Clique nicht dabei sein konnte und dass lebensweltliche Themen wie Liebe, Eifersucht und Freiräume in einer Beziehung verhandelt wurden. Am Ende des Projekts wurden die Fachkräfte explizit durch die Clique gefragt, ob sie politisch Links seien, was die Fachkräfte bejahten. Dies führte zu keiner Abwehr durch die Clique, vielmehr erschien es den Fachkräften so, dass über die Antwort nachgedacht wurde.

Durch die Erkenntnis, dass der Rassismus vor allem Teil einer Strategie der Raumaneignung war, konnte weiteres, spezifisches Handeln seitens der Fachkräfte geplant werden. Zugleich entwickelte sich die professionelle Beziehung zu der Clique weiter, was weitere Interaktionen vereinfachte. Durch den Wechsel der Position der Fachkräfte zu Gastgeber:innen konnte ein eher gleichberechtigtes Verhältnis ausgebaut werden, als es rein in der Rolle der Gäste im Sozialraum der Clique möglich gewesen wäre. Die Fachkräfte waren nicht mehr nur Gäste, sondern ebenso Nutzende des Platzes für ihre Angebote und konnten dem Platz eine weitere Qualität in den Sozialräumen der Clique hinzufügen. Neben den eher privaten Funktionen kam die Qualität eines Unterstützungs- und Bildungsorts hinzu. Diese neue Qualität wurde durch die Fachkräfte in der Form eingebracht, dass sie nicht nur Gäste am Platz waren, sondern auch Ansprechpartner:innen für Fragen aus den lebensweltlichen Problemlagen der Clique. Zugleich konnten die Fachkräfte nun durch die aufgebaute Beziehung zu der Clique die Qualitäten des Platzes mitgestalten und für andere Nutzende öffnen, ohne dass die Gefahr bestand, dass die Clique mit Abwehr und Verteidigungsmechanismen zur Aufrechterhaltung des Status quo des Platzes reagieren würde. Dies zeigte sich beispielsweise in der Form, dass Angebote der mobilen Küche und der alkoholfreien Cocktailbar auch von anderen Nutzer:innen angenommen wurden und der Platz für Beratungsgespräche mit anderen Nutzer:innengruppen verwendet werden konnte. Die Fachkräfte wurden nun mehr als Personen wahrgenommen, deren Interventionen und Aussagen gewissen Überzeugungsgehalt hatten.

10.3 Kritische Reflexion des Fallverlaufs

Im Fallbeispiel selbst wie in der referierten Fachliteratur finden sich umfangreiche Begründungen dafür, warum die MJA hier tätig wird. Grundsätzlich wird von einem Unterstützungs- und Bildungsbedarf ausgegangen. Der gewaltpräventive Ansatz würde sich potenziell mit der ordnungspolitischen Funktionalisierung von MJA ergänzen, die hier aber nicht im Sinne einer Beauftragung in Erscheinung tritt. Die Fachkräfte werden hier aus eigenen professionellen Erwägungen in Abstimmung mit Träger und Jugendamt tätig. Die MJA arbeitet hier zum einen in der Tradition akzeptierender Jugendarbeit nach Krafeld (1996): Jugendliche brauchen »Territorien, die dann aber nicht gleich wieder pädagogisch besetzt und vereinnahmt werden« (ebd., S. 23). Unter Akzeptanz bestehender Cliquen als Sozialisationsorte erarbeiten Fachkräfte durch Zuhören eine Beziehung, die dann die Basis bildet, mit den Jugendlichen an ihren Problemen zu arbeiten (ebd.). Der akzeptierende Ansatz geht dabei von einem »langen Weg« aus: Konzept ist,

»momentan anstößig agierende junge Menschen darin zu unterstützen, ihr Leben in einem demokratischen Umfeld gelingender zu entfalten. Verbunden natürlich mit der Erwartung, dass gelingendere Lebensentfaltung in aller Regel auch die Abkehr von extremen Orientierungen und Handlungsmuster zur Folge hat« (Krafeld 2022, S. 55).

Ein zweiter – methodengeschichtlich sicher weniger umstrittener[5] – Bezug lässt sich zum theoretischen Konzept der pauschalisierenden Ablehnungskonstruktion (PAKO) herstellen. Kurt Möller et al. (2016) entwickelte empirisch gebunden ein an dem Bewältigungsansatz von Lothar Böhnisch (2019) orientiertes Konzept, nach dem ablehnende Haltungen in ihrer Entstehung und Funktion entschlüsselt werden müssen. Dies ist die Grundlage für die pädagogische Suche und Konzipierung funktionaler Äquivalente (Möller et al. 2016). Im gezeigten Fall erhielten die Jugendlichen an einem völlig anderen Ort volle Aufmerksamkeit und brauchten den Platz nach außen nicht durch abgrenzende Interaktionen abzusichern. Dies verlangt den Fachkräften der MJA eine akzeptierende Haltung ab, mit den Adressat:innen trotz ihrer beispielsweise diskriminierenden Aktionen zu arbeiten, bis sie selbst »spüren, dass sie nicht mehr auf ihre bisherigen Verhaltensmuster angewiesen sind« (Stübler 2020, S. 362).

Das Fallbeispiel ist geprägt von einer linearen Beschreibung, die einerseits nur die Perspektive der beteiligten Fachkräfte wiedergibt und andererseits an einem Punkt endet, an dem der langfristige (Miss-)Erfolg unklar bleibt. Im Wesentlichen steht das Ergebnis, entsprechend den oben benannten Bezügen, eine Beziehungsgrundlage für die weitere Arbeit geschaffen zu haben. Reflexiv betrachtet, werden die Nutzenden das Projekt der Straßenküche und der »Auszeit« wahrscheinlich positiv bewerten. Dieses äußerte sich insbesondere darin, dass die Teilnehmenden nach dem Auszeitprojekt mehrfach bei den Fachkräften nachfragten, ob dieses Projekt sofort wiederholt werden könne. Die freizeitpädagogisch orientierte Komponente des Projekts scheint die Lebenswelten der Nutzenden aufzugreifen. Inwieweit die Nutzenden sich dem impliziten Ziel des Projekts bewusst sind, kann nicht eruiert werden.

Diese Hilfe zu gewährleisten, stellte sich für die Helfenden als Herausforderung heraus. Um die Clique aus ihrer Sicht effektiv zu erreichen, war es für sie notwendig, bestimmte Interaktionen, verbalen Rassismus und Beleidigungen gegenüber Dritten auszuhalten, obgleich dies im Widerspruch zur Orientierung der Sozialen Arbeit an den Menschenrechten im Tripelmandat steht. Gleichwohl ist die Clique insbesondere eine Zielgruppe der Sozialen Arbeit, da ihre Mitglieder in einem sozioökonomisch benachteiligten Stadtteil leben, selbst aus Familien mit einem prekären sozioökonomischen Status kommen und durch eine weitere Verfestigung von Einstellungen zu gruppenbezogener Menschenfeindlichkeit Gefahr laufen würden, sich einer gesellschaftlichen Integration zu verwehren. Zugleich hätte ein Ignorieren dieser präsenzstarken Gruppe am Platz möglicherweise Nutzungskonflikte verstärkt, da die Clique aus Ermangelung anderer aneignungsfähiger Orte wahrscheinlich am Platz geblieben wäre, trotz einer Stärkung anderer Nutzer:-

---

5 Gemeint ist hier die Bezugnahme auf den akzeptierenden Ansatz im Rahmen des AgAG im Osten Deutschlands zur Bekämpfung rechtsextremer Jugendlicher; zur Diskussion und Klarstellung siehe Krafeld (2022).

innengruppen. Möglicherweise hätte dies zu einer Eskalation geführt. Das langfristig angelehnte Ziel der Veränderung der Qualitäten des Ortes und der nichtverfestigten Einstellungen zur gruppenbezogenen Menschenfeindlichkeit der Clique und ihrer eigenen Benachteiligung durch eben jene eigenen Einstellungen zur gruppenbezogenen Menschenfeindlichkeit, erschien den Fachkräften sinnführender, aber durch die Langfristigkeit auch riskanter in der Realisierbarkeit.

Hier nichts über das langfristige Gelingen dieser Hilfe aussagen zu können, begründet sich auch in der jährlichen Projektfinanzierung. Diese Unsicherheit, ob die Stellen weiterbestehen bleiben, beeinflusst die Auswahl von Zielen und Arbeitsweisen. Wird das Risiko eines langfristigen Ziels oder einer langfristigen Arbeitsweise eingegangen, obwohl diese Prozesse über den Jahreswechsel hinausführen? Somit besteht die Gefahr, dass das langfristige Ziel der Änderung der Qualitäten des Platzes und der Einstellungen der Clique bezüglich ihrer gruppenbezogenen Menschenfeindlichkeit nicht erreicht werden kann, da Hilfeprozesse aus diesen externen Gründen abgebrochen werden. Was bleibt in solchen Konstellationen dann als Erfahrung? Unter Umständen die Erkenntnis, dass diskriminierende Performance gesellschaftlichen Support befördert, der die Essensversorgung und die Freizeitqualität durch sozialpädagogische Begleitung verbessert.

10.4 Schlussfolgerungen: Handlungserfordernisse für die Mobile Jugendarbeit

Die MJA ist per se ein aufsuchendes Angebot der Kinder- und Jugendhilfe im öffentlichen und halböffentlichen Raum. Hierbei ist ein theoretischer Rückgriff auf die Sozialraumorientierung mit dem Konzept von Raumaneignung hilfreich, um spezifische Qualitäten von Räumen in der subjektiven Perspektive von Nutzenden zu erkennen. Diese Qualitäten können, insbesondere bei straßenaffinen Menschen, auch private Funktionen einnehmen. Auch Nutzungskonflikte können so eruiert werden.

Unter Umständen ergibt sich aber, wenn das Prinzip der Freiwilligkeit gewahrt bleibt, überhaupt kein Handlungsauftrag der jungen Menschen, kein Anlass für ein Angebot, denn die pauschale Entstörung von Sozialräumen ist eben nicht Auftrag der Kinder- und Jugendhilfe. Und völlig ungelöst ist in Anbetracht der Tatsache, dass Angebote von MJA dünn gesät sind, die Aufgabe, wie entschieden werden soll, welcher Gruppe eines Konflikts bei gleicher Beauftragungslage sich die Fachkräfte zuwenden sollen. Ausgehend vom Beispiel ist es projektpolitisch ein Drahtseilakt, mit – auf den ersten Blick – rassistischen, theoretisch als bedrängt verstandenen Menschen kontinuierlich zu arbeiten, während ihre Opfer – im Kontext von mindestens verbaler Gewalt – keine Aufmerksamkeit erhalten.

> Angesichts dessen ist ein MJA-Team nicht nur auf sich allein gestellt, sondern insbesondere allein gelassen, wenn die Fachkräfte entsprechende Entscheidungen treffen und gegenüber Funktionalisierungen Dritter erwehren müssen. Trägerseitig und damit als Teil kommunaler Förderung müssen also entsprechende Ressourcen zur Reflexion und Beratung vorhanden sein, um Handlungsoptionen in einem situativ veränderlichen Arbeitsfeld vorzubereiten und abzusichern. Befristete Projekte der MJA, die mit potenziell nur mittel- bis langfristig wirkenden methodischen Ansätzen arbeiten, bleiben fragwürdig.

Literatur

BMFSFJ (2020): 16. Kinder- und Jugendbericht. Förderung demokratischer Bildung im Kindes- und Jugendalter. Berlin: BMFSFJ. Online verfügbar unter: https://www.bmfsfj.de/resource/blob/162232/27ac76c3f5ca10b0e914700ee54060b2/16-kinder-und-jugendbericht-bundestagsdrucksache-data.pdf, Zugriff am 13.05.2022.

Böhnisch, L. (2019): Lebensbewältigung. Ein Konzept für die Soziale Arbeit (2. Auflage). Weinheim/Basel: Beltz Juventa.

Bollig, C. (2019): Digitalisierung in der Mobilen Jugend(-sozial-)arbeit – im Spannungsfeld zwischen Professionalisierung und (Alltags-)Pragmatismus. In: N. Kutscher, T. Ley, U. Seelmeyer, F. Siller, A. Tillmann, I. Zorn (Hrsg.), Handbuch Soziale Arbeit und Digitalisierung (S. 468–480). Weinheim/Basel: Beltz Juventa.

Bollig, C. (2021): Mobile Jugendarbeit und Offene Kinder- und Jugendarbeit. In: U. Deinet, B. Sturzenhecker, L. v. Schwanenflügel & M. Schwerthelm (Hrsg.), Handbuch Offene Kinder- und Jugendarbeit (S. 1769–1784). Wiesbaden: Springer VS.

Deinet, U. & Krisch, R. (2021): Mobile, aufsuchende, herausreichende Ansätze in der Offenen Jugendarbeit. In: U. Deinet, B. Sturzenhecker, L. v. Schwanenflügel & M. Schwerthelm (Hrsg.), Handbuch Offene Kinder- und Jugendarbeit (S. 1149–1154). Wiesbaden: Springer VS.

Frank, M. (2020): Kampf um den öffentlichen Raum – (k)ein Platz für junge Menschen. In: LAG MJA, Streetwork BW & C. Bollig (Hrsg.), Praxishandbuch Mobile Jugendarbeit (S. 309–318). Berlin: Frank & Timme.

Fregin, S. & Schoppe, L. (2020): Aufsuchende Arbeit im (halb-)öffentlichen Raum. Potenziale, Risiken und Nebenwirkungen am Beispiel von Shopping-Malls. In: LAG MJA, Streetwork BW & C. Bollig (Hrsg.), Praxishandbuch Mobile Jugendarbeit (S. 405–416). Berlin: Frank & Timme.

Gillich, S. (2016): Formen und Grundsätze der Kontaktaufnahme in den Arbeitsfeldern Streetwork und Mobile Jugendarbeit. Theorie und Praxis der Sozialen Arbeit, 1, 42–50.

Götz, E. (2020): Mobile Jugendarbeit in Zahlen. Entwicklung und Ausbau der Mobilen Jugendarbeit in Baden-Württemberg. In: LAG MJA, Streetwork BW & C. Bollig (Hrsg.), Praxishandbuch Mobile Jugendarbeit (S. 469–482). Berlin: Frank & Timme.

Huber, S. (2014): Zwischen den Stühlen. Mobile und aufsuchende Jugendarbeit im Spannungsfeld von Aneignung und Ordnungspolitik. Wiesbaden: Springer VS.

Keppeler, S., Bollig, C. & Reuting, M. (2020): Mobile Jugendarbeit – eine aktuelle Standortbestimmung des Konzeptes. In: LAG MJA, Streetwork BW & C. Bollig (Hrsg.), Praxishandbuch Mobile Jugendarbeit (S. 47–87). Berlin: Frank & Timme.

Keppeler, S. & Specht, W. (2018): Mobile Jugendarbeit. In: H.-U. Otto, H. Thiersch, R. Treptow & H. Ziegler (Hrsg.), Handbuch Soziale Arbeit (S. 1023–1031) (6., aktualisierte Auflage). München: Reinhardt.

Krafeld, F. J. (1996): Die Praxis akzeptierender Jugendarbeit. Konzepte, Erfahrungen, Analysen aus der Arbeit mit rechten Jugendcliquen. Opladen: Leske + Budrich.

Krafeld, F. J. (2022): Emanzipatorische Arbeit mit stressenden Jugendlichen. Umstritten aber erfolgreich. Weinheim/Basel: Beltz Juventa.

Möller, K., Grote, J., Nolde, K. & Schuhmacher, N. (2016): »Die kann ich nicht ab!« – Ablehnung, Diskriminierung und Gewalt bei Jugendlichen in der (Post-)Migrationsgesellschaft. Wiesbaden: Springer VS.

Stübler, P. (2020): Überlegungen zum Umgang mit ablehnenden Haltungen in der Mobilen Jugendarbeit. In: LAG MJA, Streetwork BW & C. Bollig (Hrsg.): Praxishandbuch Mobile Jugendarbeit (S. 357–372). Berlin: Frank & Timme.

11 Beratung in der aufsuchenden Pflege

Andrea Rose & Renate Zwicker-Pelzer

> **Überblick**
>
> 11.1 Das Handlungsfeld Pflege 111
>   11.1.1 Aufsuchen aktiviert Ressourcen 112
>   11.1.2 Besuchte und Besuchende 114
> 11.2 Fallbeispiel Johannes Walle 114
> 11.3 Kritische Reflexionen zum Fall 116
> 11.4 Ausblicke: Weitung und Öffnung des bisherigen Pflegesystems .. 119

11.1 Das Handlungsfeld Pflege

Sich pflegen bzw. andere pflegen und für sie sorgen ist normaler Bestandteil menschlichen Zusammenlebens. Die Handlungsfelder der beruflich-professionellen Pflege in unserer Gesellschaft sind komplex, multiprofessionell, persönlich und von den gesellschaftlichen, (berufs-)politischen, wirtschaftlichen sowie ethischen Einflüssen abhängig.

Die Betreuung und Versorgung der pflegebedürftigen Menschen, gerade im häuslich-familiären Kontext, wird durch den demographischen Wandel und den Fachkräftemangel zukünftig weiter an Bedeutung zunehmen. Derzeit werden dort mehr als die Hälfte der Pflegebedürftigen von pflegenden Angehörigen betreut. Pflegebedürftigkeit provoziert Systemveränderungen, die nicht alle Familienmitglieder gleichermaßen mit vollziehen können (Friedemann & Köhlen 2010).

Pflegebedürftige und ihre An- bzw. Zugehörigen sowie von Pflegebedürftigkeit bedrohte Menschen können sich an sogenannte Pflegestützpunkte wenden, wenn sie Fragen haben oder Hilfe benötigen. Durch Pflegestützpunkte sollen die Auskunfts- und Beratungsangebote der verschiedenen Sozialleistungsträger verbessert und die wohnortnahen Versorgungs- und Betreuungsangebote sowie die sozialen Hilfs- und Unterstützungsangebote koordiniert werden.

> Der Begriff der Pflegebedürftigkeit ist im 3. Pflegestärkungsgesetz in die Regelungen der Sozialhilfe und so in die Hilfe zur Pflege eingeführt. Pflegebedürftigkeit nach § 14 SGB XI besteht, wenn die Selbständigkeit oder die Fähigkeiten, bedingt durch körperliche, kognitive oder psychische Faktoren, gesundheitliche

> Belastungen oder Anforderungen, längerfristig beeinträchtigt sind und diese Beeinträchtigungen ohne fremde Hilfe nicht kompensiert oder bewältigt werden können. In sechs Lebensbereichen werden die Einschränkungen der Selbständigkeit bzw. vorhandene Fähigkeiten geprüft. Aus der Einschätzung ergeben sich dann die Schweregrade der Pflegebedürftigkeit und die entsprechenden Hilfen.

Die eigentliche Pflegeleistung wird in den häuslichen Pflegesettings dann meist von Töchtern, Schwiegertöchtern, weiteren Familienangehörigen oder Beauftragten durchgeführt (Klott 2010).

Die Pflegeberatungen der Pflegestützpunkte und andere Formen von Pflegefachberatung der ambulanten Pflegedienste werden in freiwilligen und/oder verpflichtenden Settings durchgeführt. Anlässe für eine derartige Beratungsleistung ergeben sich meist aus einem akuten Krankheitsgeschehen im Krankenhaus oder der hausärztlichen Praxis. Im Verborgenen bleiben die Beratungsanlässe und -anliegen bei den überwiegend privaten Pflegesettings. Häufig fehlt es an Informationen und der Möglichkeit, diese Informationen sinnvoll zu nutzen.

»Heute, unter den Vorzeichen der forcierten Ökonomisierung des Sozialen, der Austerität und des Demokratieverlustes, werden die in der modernen Gesellschaft seinerseits erreichten Standards der Selbst- und Fürsorge unterboten« (Aulenbacher & Dammayr 2014, S. 9).

11.1.1 Aufsuchen aktiviert Ressourcen

Für die Relevanz des Aufsuchens in Pflege und Betreuung und deren Eigenlogiken sei angemerkt, dass Alter nicht immer an den Umgang mit Krankheit gekoppelt ist und einzigartig verläuft. Psychosoziale Herausforderungen des Älterwerdens liegen in der Art und Weise, wie Menschen mit gewissen Einschränkungen, die oft als Begrenzungen erlebt werden, umgehen. Im Alter liegen neben Einschränkungen auch neue Freiheiten, die genutzt werden wollen. In einem hohen Umfang engagieren sich 65- bis 75-jährige z. B. in gesellschaftlichen Feldern des Ehrenamts (Flüchtlingsarbeit, Telefonseelsorge, Flutkatastrophe und andere). Sie verstehen dieses Engagement als Dienst an und in der Gesellschaft. Gleichzeitig oder schleichend können die Kräfte nachlassen und sich eine Umkehrung anbahnen: Neues lernen, Hilfe anzunehmen. Viele Menschen brauchen Ermutigung dabei, auf andere (meist fremde) Menschen angewiesen zu sein, sich selbst für professionelle Hilfen zu öffnen und diese in den privaten Wohn- und Lebensraum aufzunehmen. Das Angewiesensein auf fremde Hilfen wird zeitlich meist weit weg geschoben in der Hoffnung, es würde sie nicht oder noch nicht treffen (Zwicker-Pelzer 2014, S. 48 f). Manchmal tun sich Abgründe auf zwischen den Erwartungen der Älteren und der jüngeren Generation, es eröffnen sich weite Felder bislang unerfüllter Wünsche. Ein Tabuthema ist immer noch, dass es durch die Mehrbelastungen bei den pflegenden Angehörigen zu erheblichen gesundheitlichen Belastungen und in deren Folge zu Erschöpfungszuständen und psychosomatischen Erkrankungen kommen kann (Kuhlmey 2005, S. 141).

»Die Duldsamkeit vieler alter Menschen scheint begrenzt: derer, die Sorge für andere tragen, und derer, die der Sorge bedürfen. Sie alle verdienen unsere anteilnehmende Aufmerksamkeit und Empörungsbereitschaft« (Klie 2013, S. 13).

Aufsuchende Pflege vor dem Hintergrund von Pflegeversicherung und hausärztlicher Versorgung zeigt immer wieder, wie schwer es den Betroffenen fällt, sich an den passenden Stellen zu informieren, die relevanten Informationen zu verstehen und diese für sich in hilfreicher Weise einzuordnen (Schaeffer et al. 2018).

Ob es zur Beratung kommt, entscheidet sich oft in kürzeren Familiengesprächen, die meist in *Tür-und-Angel*-Situationen stattfinden oder *nebenbei* bei pflegerischen Handlungen im häuslichen Umfeld. Sie in einen Beratungsrahmen (Setting und Prozess) zu überführen – das wäre eine herausragende Gelegenheit für psychosoziale systemische Beratung (Wright & Leahey 2009, S. 221–261). Gerechte Teilhabe an Hilfen gelingt durch eine Zugangsgerechtigkeit (Knab 2014, S. 83–101), diese wird durch niedrigschwellige aufsuchende Settings ermöglicht. Anlässe für Beratung in der Pflege kann es viele geben: von der spezialisierten ambulanten Palliativversorgung über dementielle Veränderungen, Vorsorgeplanung, Gewalt und Verwahrlosung im häuslichen Kontext, Vorsorge in der letzten Lebensphase bis hin zu allgemein pflegerischen Aufgaben seitens des Pflegebedürftigen. Die Themen der Angehörigen betreffen oft die Organisation der Pflege in räumlicher Nähe oder Distanz, die Versorgung und Betreuung bei Einschränkungen. Dabei geht es auch um Entlastung für die unmittelbar pflegenden Angehörigen und um die Vereinbarkeit von Beruf/Ausbildung und Pflege/Versorgung.

Die Pflegedienste, die Pflegestützpunkte, die Hausärzte, die Senior:innenberatungsangebote, Senior:innen-Beiräte in den Städten und Kommunen, Rehabilitationsangebote der Krankenkassen, Volkshochschulen, Apotheken, Arztpraxen, Forschungsprojekte der angewandten Forschung und andere Quartiersangebote können Einsatzorte für Beratung in Pflege und Betreuung sein. Auch Senior:innen-Online-Dienste, Behörden und die Polizei helfen beratend bei der Selbstorientierung.

Diese Dienste sind jedoch selten gut vernetzt, daher kann soziale Beratung auf der Meso-Ebene dazu beitragen, dass (über-)regionale soziale Angebote und Träger sowie medizinisch-pflegerische Dienstleister besser kooperieren und Menschen aus der Isolation des Individuellen bzw. des Kontextes der Pflegeversicherung herausholen können. Auch eine Öffnung der Beratungsanlässe auf lebensweltliche Krisen unterstützt Menschen in der autonomen Gestaltung ihres Lebens und kann helfen, Leistungen im Kontext von gesundheitlicher Hilfe- und Pflegebedürftigkeit gezielt zu nutzen und die Familien in ihren eigenen Bewältigungsprozessen zu unterstützen. Koch-Straube hat bereits 2008 erläutert, dass in diesem Handlungsfeld die Professionellen nicht nur mit gesundheitlichen Aspekten, sondern mit der umfassenden sozialen Situation der Klienten konfrontiert werden (Koch-Straube 2008, S. 88).

11.1.2 Besuchte und Besuchende

Angehörige als Bezugssysteme von Pflegebedürftigen sind in jedem Pflegefall bedeutsam und doch anders: Systemeigenschaften weisen Gemeinsamkeiten auf, die es zu erkunden gilt. Wie im Bild des Mobiles geraten sie mit in die Veränderung, sobald ein Mitglied des Familiensystems krank, alt und/oder pflegebedürftig wird. Es müssen neue Formate in den Beziehungen der familialen Zugehörigkeit entwickelt werden. Erwachsene Kinder gehen mehr und mehr in eine ›gebende‹ Rolle der Versorgung, waren sie doch lange Zeit eher ›Nehmende‹. Die von Krankheit betroffene Partnerschaft ändert sich: Waren die Rollen des gegenseitigen Versorgens doch über Jahre hinweg vertraut, bekannt und gut eingespielt, so sind sie nun neu zu justieren. Ob die Partner:innen ihren liebevollen Umgang miteinander mit den Erfordernissen des Rollenwechsels hinbekommen, ist eine neue Entwicklungsherausforderung. Auch die nachbarschaftlichen Kontakte und der Freundeskreis werden von diesen Veränderungen nicht verschont. Besuchte sind Gastgeber:innen, Besucher:innen sind Gast und Gastgeber:in für gute Gespräche (Zwicker-Pelzer 2021, S. 69 f).

Vielfach übernehmen Angehörige schleichend immer mehr Aufgaben der sozialen Unterstützung und Betreuung. Für die Selbstreflexion der Beweggründe und Ziele fehlt die Zeit und über den Umgang mit Einschränkungen und gegenseitigen Erwartungen wird selten gesprochen. Die mit der Unterstützung und Betreuung einhergehenden Wechsel- und Auswirkungen auf sich selbst, die Partnerschaft, die Familie, die Arbeitssituation scheinen tabu. Meist hilft *die* Person, die vermeintlich kann und vielfach sind es Frauen, Töchter und/oder Schwiegertöchter. Die Zunahme von Gewalt in familiären Pflegesettings ist ein deutlicher Hinweis für die Überlastung und fehlende Hilfe dieser Helfer:innen. So wird das erweiterte familiäre Netz immer wichtiger: Schwäger:innen, Nichten, Neffen, Patenkinder, bei jüngeren Erkrankten die Onkel und Tanten, Omas und Opas, ja sie alle können sehr stützend und hilfreich sein. In der professionellen Sozialen Arbeit ist die Soziale Netzwerkarbeit ein bekanntes Konzept; es immer wieder neu anzuwenden, kann zur Verdichtung der ressourcenorientierten Hilfe werden (Straus 2022, Zwicker-Pelzer 2019).

11.2 Fallbeispiel Johannes Walle

Der Fall von Herrn Walle zeigt die widersprüchlichen Bedürfnisse und Motive aller Beteiligten und deren Kommunikationsprozesse. Nach Tronto (2013) sind gute Pflegesituationen und -beziehungen durch alltägliche und strukturelle Ambivalenzen geprägt. Eine Haltung der Allparteilichkeit ist für die passgenaue Hilfe und Pflege wichtig, damit diese einvernehmlich gestaltet und von allen Beteiligten gemeinsam getragen und gehalten werden kann.

In der Familie von Herrn Walle sind die Ambivalenzen der Hilfe- und Pflegebedürftigkeit sehr deutlich. Es tun sich permanent neue Dilemmata auf und die Freiheitsgrade der Einzelnen sind auszuhandeln; die Gesunderhaltung aller Beteiligten und die Autonomie von Herrn Walle bleiben durchgängig konflikthaft. Das familiäre Netz gilt es – trotz aller Konflikte – zu stärken, darin waren sich alle Beteiligten einig. Der Fall bietet Anregungen zur Reflexion von sozialen Einflüssen in der Lebenswelt von Herrn Walle und seinen Bezugspersonen.

Fallbeispiel: Herr Walle

Herr Walle lebt seit dem Tod seiner Frau vor 20 Jahren in einer kleinen Wohnung mit Terrasse. Von seinem Sitz auf der Terrasse aus schaut er direkt auf den Möhnesee. Viele Stunden am Tag verbringt er dort, beobachtet die Natur. Die Kontakte zu den Nachbar:innen sind in diesem Jahr weniger geworden. Er wohnt in einem reinen Wohngebiet am Ende einer Sackgasse. Sein Vermieter schaut mehrmals in der Woche vorbei und bringt immer hin und wieder was zu essen mit. Herr Walle war bis zum Tod seiner Frau 46 Jahre verheiratet. Noch heute ist er sehr traurig und berührt, wenn er von ihr spricht. Herr Walle hat alle seine Freund:innen überlebt. Nur mit seinem gleichaltrigen Schulfreund telefoniert er ab und an.

Herr Walle ist 91 Jahre alt und in den vergangenen Jahren mehrfach wegen drohendem Herz- und Nierenversagen ins Krankenhaus eingeliefert worden. Kurzzeitpflege lehnt er ab, auch ist es sein Wille, niemals in ein Altenheim zu kommen. Beim letzten Krankenhausaufenthalt wurde ein Herzschrittmacher implantiert. Einen mobilen Notruf lehnt Herr Walle ab. Er liebt es bei gutem Wetter auf der Terrasse zu sitzen und den Vögeln zu lauschen. Die Sonne tut ihm gut. Er hat seit mehreren Jahren eine Pflegeeinstufung Pflegegrad 3 und wird von einem ambulanten Pflegedienst bei der Körperpflege, der Medikamenteneinnahme, der Kontrolle der Vitalwerte, Arztbesuchen und Behördengängen, hauswirtschaftlichen Arbeiten und der Ernährung unterstützt. Die Sehbehinderung geht so weit, dass er Schmutz an der Kleidung oder der Wohnung nicht und den privaten Schriftverkehr nicht ohne fremde Hilfe erledigen kann. Beim Einkauf und der Nahrungszubereitung ist er auf Hilfe angewiesen, die er jedoch meist ablehnt. Tochter und Sohn werden von ihm nicht um Hilfe gebeten und dürfen auch nicht selbst Hand anlegen. Das belastet die Beziehungen stark und löst Wut und Abwehr auf beiden Seiten aus. Er ernährt sich einseitig und greift auf Fertigmahlzeiten zurück. Die Küchen- und Badhygiene ist aus Sicht der Kinder grenzwertig. Die Tochter hat sich dazu mit dem Pflegedienst, der die Körperpflege, die Ernährung, die Medikamenteneinnahme, die krankheitsbedingten Symptome und Behandlungen sowie die hauswirtschaftliche Versorgung überwacht und unterstützt, besprochen und neue Rituale vereinbart. Das Budget der Pflegeversicherung ist ausgeschöpft, weitere Hilfen will Herr Walle nicht finanzieren. Die Kinder würden sich beteiligen, dies lehnt Herr Walle jedoch ab. Beide Kinder haben bei ihren regelmäßigen Besuchen eine längere Anfahrt (ca. 1,5 Stunden einfache Fahrt) und sind voll berufstätig. Die Tochter ist verheiratet und betreut die pflegebedürftige Schwiegermutter (92 Jahre), mit der das

Paar in einem Haus lebt. Die Tochter hat sich um die Finanzierung und Beschaffung einer digitalen Lesehilfe bemüht, deren Anschaffung lehnt Herr Walle jedoch ab. Beide Kinder können nicht noch mehr Zeit für die Unterstützung ihres Vaters aufbringen; sie fühlen sich aber im hohen Maß verpflichtet. Nun haben die Kinder Sorge, dass Herr Walle nicht ausreichend trinkt und isst. Er hat in den letzten vier Wochen sechs Kilogramm abgenommen und ist recht schwach. Die Befunde sind dem Hausarzt bekannt.

Auch der Madenbefall im Mülleimer in der letzten Woche, das Klima war außergewöhnlich heiß, fiel der Tochter beim letzten Besuch auf, sie kümmerte sich. Neben aller Sorge können die Kinder den Wunsch ihres Vaters nach größtmöglicher Freiheit verstehen – darauf hat er sein ganzes Leben Wert gelegt. Seit seiner Kindheit reagiert er auf Abhängigkeiten besonders abwehrend. Es hat deswegen in der Familie schon viele konfliktreiche Zeiten gegeben. Die familiären Beziehungen sind stark belastet, sollen aber in den letzten Lebensmonaten oder -jahren daran nicht zerbrechen. Zwei Nachbarn sind in diesem Sommer eingesprungen und bringen kleine Mahlzeiten vorbei – da Herr Walle diese außerhalb des Kühlschranks aufbewahrt, hat er schon mal verdorbene Lebensmittel gegessen. Einen professionellen Essensdienst lehnt er ab.

Am letzten Wochenende trafen sich Sohn und Tochter mit ihren Partner:innen bei Herrn Walle. Der Nachmittag begann friedlich mit einem Kaffeetrinken, allerdings ist es schon Gewohnheit geworden, dass der Sohn mit seiner Frau frisches Geschirr und die Tochter den Kuchen mitbringt. Da Herr Walle aus Angst vor einem Kabelbrand den Stecker vom Kühlschrank gezogen hatte, mussten fast alle Lebensmittel entsorgt werden. Nach zwei Tagen ohne Strom entstand ein erheblicher Schimmelbelag auf Wust und Essensresten. Dies führte zu heftigen Auseinandersetzungen, an deren Ende Herr Walle den Kindern verboten hat, sich um den Kauf eines neuen Kühlschrankes zu kümmern, er wolle selbst alles mit seinem Pflegedienst klären. Wut, Ärger und Ohnmacht lagen in der Luft.

Bei allen Hilfsangeboten kämpft Herr Walle für seine Autonomie, nimmt das Alleinsein in Kauf und ermahnt alle eindringlich: »Aus dieser Wohnung gehe ich nur liegend mit den Füßen nach vorne. Ein Seniorenheim kommt für mich nicht in Frage.«

11.3 Kritische Reflexionen zum Fall

Der Fall von Herrn Walle ist ausgesprochen komplex. Vielfältige Ambivalenzen werden deutlich: zwischen Zuwendung und Abgrenzung, Beziehungen zwischen Tochter, Sohn und Vater, zwischen familiärer Zuwendung und beruflich-professioneller Pflegearbeit, zwischen Autonomie und Abhängigkeit, zwischen Angst/Sorge und Freude/Fürsorge, zwischen Pflegemotiven und Ausbeutung/Gewalt, zwischen weiter so oder (ganz) anders, zwischen Problemlösen und Abschied/

Endlichkeit. Gemeinsam ist allen Beteiligten das Ringen um einen guten Weg in guter Sorge und Versorgung (Zwicker-Pelzer 2014, S. 50–55).

»Eine anthropologische Grundannahme von Care besagt, dass Menschen nur dann Fähigkeiten erwerben, selbstbestimmt zu handeln und eigene Bedürfnisse zu artikulieren, wenn ihnen persönliche Aufmerksamkeit und Zuwendung entgegengebracht wird. […] Care als Bestandteil einer conditio humana übersteigt insofern den Umkreis beruflicher Pflege, als sie eine mit den reproduktiven Funktionen menschlicher Lebenswelten in toto verknüpfte Praxis darstellt« (Remmers 2018, S. 10).

Viele soziale und psychosoziale Aspekte bringen das Pflegesystem (Herr Walle, Angehörige, Nachbar:innen/Freund:innen und die Professionellen) an die Grenzen, auch wenn viele Pflegebedarfe gut gelöst werden. Wenn nun aber Pflegebedarfe aufgrund von Alter, Krankheit oder Krisen längerfristig (lebenslang) und schwerwiegend auftreten, dann mischen sich gemeinsame Sorge, Unsicherheit, Ängste mit Wut und Enttäuschung. In dieser Gemengelage von Gefühlen und Regelungsbedarfen ist systemisch-fachliche Beratung und Unterstützung sehr hilfreich.

Lüngen (2010) beschrieb verschiedene Settings der Sozialen Arbeit und besonders das des aufsuchenden Settings. Sie stellt die Freiwilligkeit des Aufsuchens als Ergänzung zu verpflichtenden Beratungen in Familien heraus.

Freiwilligkeit

Freiwilligkeit stärkt die Selbstbestimmung des Einzelnen und ermöglicht jedem Beteiligten und/oder Betroffenen, im Falle einer Versorgungseinschränkung, diese Unterstützung entsprechend zu nutzen.

Bei Pflegebedürftigkeit braucht es die Beteiligung von Pflegeexpert:innen und von professionellen Berater:innen. Diese könnten im Laufe des Beratungsprozesses zu besonderen Fragestellungen hinzugezogen werden oder von Anfang an begleitend dabei sein.

Herr Walle und seine Kinder haben Sorgen und Ängste und ringen um eine gute Lösung. Die Beziehungen erscheinen belastet und grenzverletzendes Verhalten möglich. Der ZQP-Report Gewaltprävention in der Pflege (Stand 2017) zeigt auf, was Gewalt in der häuslichen Pflege ist, beschreibt, wie häufig sie vorkommt, und erläutert präventives und achtsames Handeln in den Face-to-Face-Settings.

Die Fallschilderung enthält wenig Aussagen zum sozialen Netzwerk (über die Familie hinaus). Zu erkunden wäre: Gibt es frühere Arbeitskolleg:innen von Herrn Walle, mit denen er seinerzeit gute Kontakte hatte? Gibt es Vereine, Gruppen im Umfeld, in denen er sich einmal beheimatete? Was genau ist mit den Nachbar:innen? Wer beobachtet ihn, wer hatte früher Kontakt mit ihm? Wie erlebt er das Alleinsein und die Endlichkeit?

Vielfältige Studien belegen die Motivationen, Herausforderungen und Bedürfnisse zur Situation älter Pflegebedürftiger im häuslichen Umfeld, und pflegerische Unterstützung durch Familienangehörige sind immer noch weiblich geprägt (Klott 2010, Statistisches Bundesamt 2020). Aktuelle Studien und Modellprojekte, die die Zusammenarbeit zwischen Pflegefachkräften und hausärztlicher Versorgung fokussieren, weisen darauf hin, wie wichtig die interdisziplinäre Zusammenarbeit für eine wirksame und hilfreiche pflegerische Versorgung und das Wohlergehen der Pflegebedürftigen ist (u. a. Gemeindeschwesterplus, Pflegexperten-Center der Marienhaus Holding GmbH, HandinHand, Projekt mobil, Präventive Hausbesuche bei Senioren, Deutsches Institut für angewandte Pflegeforschung, DIP, in Köln, präventive Hausbesuche angekoppelt an die Mobile Seniorenberatung der Stadt Bayreuth, Projekt Daheim in Emlichheim, Conferencing-Verfahren, Netzwerkkonferenzen e. V.).

Herr Walle zeigt wenig Vertrauen in das Gesundheitssystem und bemüht sich mit all seinen Kräften, sein selbstbestimmtes Leben auch in Krankheit und Alter umzusetzen. Er nimmt Einschränkungen seiner Lebensqualität billigend in Kauf. Die dadurch entstehenden Konflikte in der Familie versucht er mit eigenen Mitteln zu bewältigen. Er zeigt eine ausgeprägte Ich-Stärke und will die Kontrolle über die Situation behalten. Im hohen Alter kommen oftmals alte Kindheitsmuster zum Ausdruck; Herr Walle wurde in einer armen Zeit, geprägt von Kriegsvorbereitungen (Zweiter Weltkrieg) geboren, seine Kindheit und Jugend war von Krieg, Hunger, Armut geprägt und auch die Nachkriegs-Jugendzeit fiel sehr bescheiden aus. Möglicherweise erreicht ihn – nun hochaltrig – dieses Grundgefühl und er ist leicht mit dem ›Wenigen‹ zufrieden, auch ist ihm die Welt der unterstützenden Dienstleistungen nicht zugänglich. Die familiären Beziehungen sind durch die Pflegebedürftigkeit des Vaters in Wandlung: Alte und vergangene Erfahrungen und Konflikte können aufflackern, z. B. wie in der Familie über die Jahrzehnte mit Scham, Schuld, Angst oder Hilflosigkeit umgegangen wurde.

Was nun sind die Ressourcen gerade *dieser* Familie? Viel Nichtbearbeitetes aus dem bisherigen Leben und verdeckte Konflikte aus der Vergangenheit beeinflussen das Erleben und Verarbeiten in der Familie. Hier liegen möglicherweise Potenziale für ein neues Verstehen und für die Veränderung.

Das soziale Netz über die Familie hinaus scheint in Vergessenheit geraten; möglicherweise gäbe es in diesem Netz aufmerksame Beobachter:innen von Herrn Walles alltäglicher Befindlichkeit. Zudem benötigt er Unterstützung bei vielen Alltäglichkeiten wie Bankgeschäfte tätigen, Einkaufen, Kochen, Lesen, Korrespondenz, Kirchgang, Besuch von Freund:innen oder Nachbar:innen, Telefonieren etc. Es könnte untersucht werden: Wer kann wann, wie in welcher Weise unterstützen? Wo sind Grenzen? Gibt es Brückenbauer:innen? Was gäbe es noch mehr?

Die Beziehung zwischen der Tochter und dem Sohn von Herrn Walle sind von diesen Veränderungen auch auf der geschwisterlichen Ebene betroffen (Kindersubsystem). Die aktuelle Situation erfordert neue Rolleneinnahmen, indem beide die Sorgearbeit in der Familie neu regulieren müssen. Das jeweilige Bild, das jede:r vom Vater hat, verändert sich. Alte Beziehungsmuster sind zu prüfen, zu aktualisieren und anzupassen.

Wie wird die Familie auf ein Angebot der Kommune für eine Familienberatung reagieren? Wer wird sie über dieses Angebot informieren und ein Setting arrangieren? Wer finanziert diese Beratung? Wie werden die Chancen der Beteiligung von Sozialarbeiter:innen im Sinne § 7a SGB XI genutzt? Eine auf das Makrosystem bezogene Hypothese richtet sich auf die Alten- und/oder Gesundheitspolitik bezüglich der zielbedingten Eingrenzungen an Autonomie und Wahlfreiheit des Einzelnen.

> »Dieses System den wirklichen Bedürfnissen alter Menschen anzupassen, erfordert [...] eine Umverteilung der Mittel und bessere Nutzung vorhandener Ressourcen, der Orientierung und Koordinierung, eine Defragmentierung der Leistungen, hin zu einer an dem Einzelfall orientierten Behandlung und Betreuung des alten Menschen im Versorgungssystem [...]« (Klostermann 2005).

11.4 Ausblicke: Weitung und Öffnung des bisherigen Pflegesystems

Der Fall macht deutlich, wie bedeutsam die Erweiterung des Face-to-Face-Settings in der Pflege und die Kooperation der Fachkräfte (Pflege und Soziale Arbeit) sind. In der häuslichen Versorgung liegen viele potenzielle Risiken, die es gemeinschaftlich zu begleiten gilt. Die Hinweise auf Konflikte und Gewalt in der Pflege sind nicht zu übersehen. Alle Formen von Gewalt bzw. krankheitsbedingtem gewaltförmigen Verhalten seitens der Pflegebedürftigen gegen die pflegende Person als auch Gewalt in der umgekehrten Konstellation, von pflegenden Angehörigen und/oder Professionellen, muss aus der Tabuzone geholt werden (Kuhlmey 2005, S.137–151; Rose 2017). Den Autorinnen erscheint es notwendig, diese Gefährdungen für das Wohlergehen der Beteiligten aus dem Einzelfall hervorzuheben.

> »Soziale Unterstützung kann neben ihrem Einfluss auf den Zugang zu professioneller Hilfe und dem Beratungsprozess auch Determinante des Therapieerfolgs sein. So kann Social Support Voraussetzung und Prädikator für positiven Therapieerfolg, Mediator therapeutischer Effekte und Bedingung für die Stabilität der Therapieeffekte sein« (Röhrle & Laireiter 2009).

Am Ende hilft aufsuchende Beratung sowohl aus Sicht der Sozialen Arbeit als auch aus Sicht der Gesundheitspflege die Würde des:der Einzelnen zu sichern, auch dann, wenn es um den Umgang mit Krankheit, dem Alter, der Endlichkeit, des Leids und dem eigenen Sterben und Tod geht. Kuhlmey et al. (2005) plädiert dafür, das Thema »Gewalt gegen Ältere« endlich aus der Tabuzone zu heben. In einem Workshop zu Gewaltthemen in ambulanten Pflegesituationen wurde über die Öffnung des Pflegesystems und die Zusammenarbeit mit Schutzbehörden nachgedacht. Hierbei müssten (auch) die Rechte auf Beratung auf die pflegenden Angehörigen erweitert werden. Analog zur stationären Pflege sollten hierzu Schutzkonzepte für die häusliche Pflege installiert werden (Rose 2017, 2019). Die Öffnung bzw. Weitung durch aufsuchende Beratungsangebote der Sozialen Arbeit könnte dabei unterstützen (Kuhlmey 2005). Eine am ganzheitlichen Wohlergehen der Pflegebedürftigen und ihrer Bezugspersonen orientierte Hilfeplanung wäre gleichsam Auftrag und Ziel.

Literatur

Aulenbacher, B. & Dammayr, M. (Hrsg.) (2014): Für sich und andere sorgen. Krise und Zukunft von Care in der modernen Gesellschaft. Weinheim/Basel: Beltz Juventa.

BMG (2021): Siebter Bericht der Bundesregierung über die Entwicklung der Pflegeversicherung und den Stand der pflegerischen Versorgung in der Bundesrepublik Deutschland Berichtszeitraum: 2016–2019. Am 20. Mai 2021 im Bundeskabinett verabschiedet. Online verfügbar unter: https://www.bundesgesundheitsministerium.de/themen/pflege/pflegeversicherung-zahlen-und-fakten/pflegeberichte.html, Zugriff am 21.01.2023.

Fuhs, B. & Rose, L. (2022): (Un-)Gastlichkeit der Beziehungsgestaltung in der Sozialen Arbeit. In: S. Richter & A, Bitzer (Hrsg.), In Beziehung sein. Weinheim: Beltz.

Friedemann, M.-L. & Köhlen, C. (2010): Familien- und umweltbezogene Pflege. Bern: Huber.

DIP (Hrsg.) (2008): Präventive Hausbesuche bei Senioren. Projekt mobil – der Abschlussbericht. Hannover: Schlütersche Verlagsgesellschaft. Online verfügbar unter: https://www.dip.de/materialien/veroeffentlichungen/praeventive-hausbesuche-bei-senioren/, Zugriff am 20.11.2022.

Klie, T. (2014): Wen kümmern die Alten? Auf dem Weg in eine sorgende Gesellschaft. München: Pattloch.

Klott, S. (2010): Ich wollte für sie sorgen. Die Situation pflegender Söhne: Motivation, Herausforderungen und Bedürfnisse. Frankfurt: Mabuse.

Knab, M. (2014): Beratung zwischen Tür und Angel und die Frage der Gerechtigkeit. In: P. Bauer & M. Weinhardt (Hrsg.), Perspektiven sozialpädagogischer Beratung. Weinheim: Beltz.

Koch-Straube, U. (2008): Beratung in der Pflege. (2., aktualisierte Auflage). Bern: Huber.

Kuhlmey, A.; Rosemeier, H. P. & Rauchfuß, M. (Hrsg.) (2005): Tabus in Medizin und Pflege. Frankfurt am Main: Peter Lang.

Kupfer, A. (2015): Wer hilft helfen? Einflüsse sozialer Netzwerke auf Beratung. Tübingen: dgvt.

Lüngen, S. (2019): Möglichkeiten und Grenzen von Beratung im aufsuchenden Setting. Masterarbeit. Online verfügbar unter: https://digibib.hs-nb.de/file/dbhsnb_derivate_0000000766/Masterarbeit-Luengen-2010.pdf, Zugriff am 22.01.2023.

Netzwerkkonferenzen e. V. (o.J.): Forum zur Förderung des Conferencingverfahrens. Online verfügbar unter: https://www.netzwerkkonferenzen.org, Zugriff am 21.01.2023.

Ministerium für Arbeit, Soziales, Transformation und Digitalisierung in Rheinland-Pfalz (o.J.): Gemeindeschwesterplus. Online verfügbar unter: https://mastd.rlp.de/de/unsere-themen/aeltere-menschen/gemeindeschwesterplus/, Zugriff am 17.11.2022.

Pflegeexperten-Center der Marienhaus Holding GmbH HandinHand – Hausarzt und Pflegeexperte Hand in Hand – ANP Center zur Zukunftssicherung der medizinischen Basisversorgung in der Region (o.J.): Online verfügbar unter: https://innovationsfonds.g-ba.de/projekte/neue-versorgungsformen/handinhand-hausarzt-und-pflegeexperte-hand-in-hand-anp-center-zur-zukunftssicherung-der-medizinischen-basisversorgung-in-der-region.192, Zugriff am 17.11.2022.

Riedel, A. & Line, A.-C. (Hrsg.) (2018): Ethische Reflexionen in der Pflege. Konzepte – Werte – Phänomene. Berlin: Springer.

Rose, A. (2017): Sexualisierte Gewalt in der Alten- und Krankenpflege. Blick auf institutionelle Risiken und Abbilder von Realitäten der Krankenhäuser. In: M. Watzlawick & S. Freck (Hrsg.), Sexualisierte Gewalt an erwachsenen Schutz- und Hilfebedürftigen (S. 121–150). Wiesbaden: Springer.

Rose, A. (2019): Eine Erfahrung auf die jeder gerne verzichten würde ... Formen (sexualisierter) Gewalt in der ambulanten Pflege, Thomas-Morus-Akademie/Kardinal-Schulte-Haus Bensberg: Gewalt in der Pflege: Prävention und Opferschutz in der ambulanten und stationären Pflege. 30.09.–02.10.2019. Online verfügbar unter: https://tma-bensberg.de/coach_seminars/gewalt-der-pflege/, Zugriff am 17.11.2022.

Samtgemeinde Emlichheim (2020): Abschlussbericht zum Projekt Daheim in Emlichheim. Online verfügbar unter: https://www.emlichheim.de/soziales-bildung/senioren/pilotprojekt-daheim-in-emlichheim/, Zugriff am 20.11.2022.

Schaeffer, D., Hurrelmann, K., Bauer, U. & Kolpatzik, K. (Hrsg.) (2018): Nationaler Aktionsplan Gesundheitskompetenz. Die Gesundheitskompetenz in Deutschland stärken. Berlin: KomPart. Online verfügbar unter: https://www.nap-gesundheitskompetenz.de/, Zugriff am 22.11.2022.

Statistisches Bundesamt (2020): KORREKTUR: 72 700 höchst Pflegebedürftige wurden Ende 2019 allein durch Angehörige zu Hause versorgt. Online verfügbar unter: https://www.destatis.de/DE/Presse/Pressemitteilungen/2020/12/PD20_N083_224.html, Zugriff am 23.01.2023.

Straus, F. (2022): Vortrag: Das Potenzial der Netzwerke und wie man es (richtig) für die Pflege nutzen kann. Vortrag beim Fachtag der DGSF Fachgruppe Pflege: systemisch {pflegen – betreuen – begleiten} beraten – Zu den Quellen der Kraft: wenn Menschen plötzlich auf andere Menschen angewiesen sind. Online verfügbar unter: https://www.dgsf.org/ueber-uns/gruppen/fachgruppen/pflegen, Zugriff am 23.01.2023.

Tronto, J. C. (2013): Caring: Democracy: Markets, Equality and Justice. New York: New York University Press.

Wansing, C. (2021): Abschlussbericht Gesundheitsregion EUREGIO e. V. Verbundprojekt Dorfgemeinschaft 2.0. Online verfügbar unter: https://www.dorfgemeinschaft20.de/abschlussbericht-zum-projektende-am-30-04-2021/, Zugriff am 20.11.2022.

Wright, L. & Leahey, M. (2009): Familienzentrierte Pflege. Bern: Huber/Hogrefe.

Zwicker-Pelzer, R. (2014): Beratung von Familien im Kontext von Alter und Pflegebedürftigkeit. In: P. Bauer & M. Weinhardt (Hrsg.), Perspektiven sozialpädagogischer Beratung (S. 47–63). Weinheim: Beltz.

Zwicker-Pelzer, R. (2020): Systemische Beratung und Familientherapie im Kontext von Pflege und Angehörigenarbeit. In: T. Kuhnert & M. Berg (Hrsg.) Systemische Therapie jenseits des Heilauftrags (S. 242–258). Göttingen: V&R.

Zwicker-Pelzer, R. (2021): Beratung als Handlungskonzept zwischen Sozialer Arbeit und Therapie. In: S. Erbring & J. Fischer (Hrsg.): Zukunft der Beratung Sozialmagazin, (5). Sonderband: Zukunft der Beratung (S. 61–75). Weinheim: Beltz/Juventa.

Zwicker-Pelzer, R. (2022): Aufsuchend beraten in Kontexten von Krankheit, Pflege und Hochaltrigkeit. Kontext, 53 (1), 62–74.

Zentrum für Qualität in der Pflege (2017): ZQP-Report Gewaltprävention in der Pflege 2017. Online verfügbar unter: https://www.zqp.de/produkt/report-gewaltpraevention/?hilite=%27Gewaltpr%C3%A4vention%27%2C%27Pflege%27, Zugriff am 22.01.2023.

Weiterführende Literatur kann bei den Autorinnen angefragt werden:
Andrea Rose: supervision-rose@web.de/http://www.AndreaRoseLeverkusen.de
Renate Zwicker-Pelzer: zwicker.pelzer@t-online.de/www.veraenderungs-raum.de

12 Hausbesuche im Kontext von rechtlicher Betreuung

Katharina Winkler

Überblick

12.1 Das Arbeitsfeld der rechtlichen Betreuung 122
    12.1.1 Die Relevanz aufsuchender Arbeit im Arbeitsfeld der rechtlichen Betreuung 122
    12.1.2 Welche Eigenlogiken weist das Arbeitsfeld auf? 124
12.2 Praxisbeispiel 125
12.3 Reflexion des Fallbeispiels 127
    12.3.1 Die Vor- und Nachteile des Settings 127
    12.3.2 Die Bewertung der Hilfe aus Sicht der besuchten Person . 128
    12.3.3 Die Bewertung der Hilfe aus Sicht der Helfenden 128
12.4 Metareflexion über das Gelingen/Misslingen der Hilfe und Schlussfolgerungen 129

12.1 Das Arbeitsfeld der rechtlichen Betreuung

12.1.1 Die Relevanz aufsuchender Arbeit im Arbeitsfeld der rechtlichen Betreuung

Hausbesuche gehören in der rechtlichen Betreuung zum Alltag. Das zum 1. Januar 2023 in Kraft getretene reformierte Betreuungsrecht setzt dafür einen neuen gesetzlichen Rahmen. So heißt es in § 1821 Absatz 5 BGB:

> »Der Betreuer hat den erforderlichen persönlichen Kontakt mit dem Betreuten zu halten, sich regelmäßig einen persönlichen Eindruck von ihm zu verschaffen und dessen Angelegenheiten mit ihm zu besprechen.«

Der gesetzliche Auftrag einer rechtlichen Betreuung sieht demnach eine Besprechungspflicht aller zu regelnden Angelegenheiten vor. Zudem muss der Kontakt regelmäßig und persönlich erfolgen. Eine Nichtbeachtung dieses Grundsatzes der »persönlichen Betreuung« nach § 1821 Absatz 5 BGB kann nach § 1868 Absatz 1 Satz 2 BGB einen Entlassungsgrund für die rechtliche Betreuung darstellen.

Die explizite Nennung der Kontakt- und Besprechungspflicht im Gesetzestext wurde deshalb vorgenommen, weil rechtliche Betreuer:innen in der Praxis nicht immer den regelmäßigen persönlichen Kontakt zu den Personen gesucht und die Angelegenheiten adäquat besprochen haben (Deutscher Bundestag 2020, S. 237; 255; Matta et al. 2017, S. 9). Die Notwendigkeit des persönlichen Kontakts und der Besprechung der Angelegenheiten von Person zu Person ergibt sich hingegen bereits aus der Umsetzung von Artikel 12 der UN-Konvention über die Rechte von Menschen mit Behinderung und dem dort verankerten Grundsatz der unterstützten Entscheidungsfindung. Demnach liegt die Handlungsfähigkeit zur Entscheidung über die Angelegenheit, die es zu regeln gilt, bei der die Betreuung in Anspruch nehmenden Person. Zusätzlich sind auch bei der Entscheidung des Umfangs und der Umsetzung der Unterstützung die Wünsche der Person maßgeblich (Artikel 12 Absatz 3 UN-BRK, § 1821 Absatz 2 BGB). Dies betrifft z. B. die Wünsche der Personen für einen bestimmten Ort der Besprechung.

Die Kontakt- und Besprechungspflicht wird im Berufsalltag in der Regel durch Hausbesuche erfüllt. Ergänzend werden Angelegenheiten auch telefonisch oder per Messenger geklärt. Auch wenn das neu geschaffene Gesetz keine verpflichtenden Hausbesuche vorsieht, muss in jedem Fall ein regelmäßiger persönlicher Kontakt erfolgen, um sich einen persönlichen Eindruck zu verschaffen, unabhängig davon, ob eine Angelegenheit zu regeln ist (Deutscher Bundestag 2020 BT DS 19/24445, S. 255). Dies stärkt eine vertrauensvolle Zusammenarbeit und erleichtert die Bewertung sowohl des mutmaßlichen Willens als auch von Wünschen in möglichen späteren Krisen und Situationen, in denen die Person keinen freien Willen äußern kann. Einen persönlichen Eindruck kann sich die rechtliche Betreuung durch ein Treffen im Betreuungsbüro, an einem öffentlichen Ort, z. B. in einem Café, am Arbeitsplatz oder bei einem gemeinsamen (Behörden-)Termin verschaffen. Hausbesuche können aber im Einzelfall je nach Situation der Person – zum Beispiel bei eingeschränkter Mobilität – auch zwingend geboten sein. Dann ist es erforderlich die Personen in ihrer Häuslichkeit oder in der stationären Einrichtung aufzusuchen, um Angelegenheiten adäquat und vertraulich besprechen zu können. Die Art, den Umfang und den Anlass des persönlichen Kontakts hat die rechtliche Betreuung in einem Jahresbericht an das Betreuungsgericht zu erläutern (§ 1863 Absatz 3, Satz 3 Nr. 1 BGB, Deutscher Bundestag 2020, S. 143).

Der Betreuungsalltag besteht überwiegend in der Beantwortung lebenspraktischer Fragen, insbesondere zu den Themen Gesundheit, Wohnen, Finanzen und Sicherung des Lebensunterhalts. Ein gewöhnlicher Hausbesuch wird sich in den Räumen, in denen die Person eine Besprechung wünscht, abspielen. Das ist in der Regel der Flur, die Küche oder das Wohnzimmer der Häuslichkeit. Es ist in der Regel nicht angezeigt, dass bei einem Hausbesuch die gesamte Wohnung von der rechtlichen Betreuung in Augenschein genommen wird. Situationen, in denen aufsuchende Arbeit gegen den ausdrücklichen Wunsch der Person erfolgt, sind äußerst selten geboten. Solche Ausnahmesituationen ergeben sich beispielsweise, wenn es um die Gefährdung des Lebens der Person oder um eine mögliche Fremdgefährdung geht. Wenn ein persönlicher Kontakt dauerhaft abgelehnt wird, erfolgt ein Versuch der Kontaktaufnahme zunächst telefonisch oder per Messenger und dann wird das weitere Vorgehen mit dem Betreuungsgericht abgestimmt. Gegen den

Willen der betreuten Person darf eine Wohnung nur mit richterlicher Genehmigung oder bei Gefahr in Verzug durch entsprechend befugte Organe betreten werden (Artikel 13 Absatz 2 GG; Deutscher Bundestag 2020, S. 255).

> Festzuhalten ist daher, dass Besuche in der Häuslichkeit der Personen durch ihre Betreuer:innen auch durch die gesetzliche Neuregelung nicht vorgeschrieben, aber auf Wunsch der Personen möglich sind. Persönliche Kontakte, die indes regelmäßig stattfinden *müssen*, können, wenn es die betreute Person wünscht, auch an anderen Orten stattfinden. Die Neuregelung berücksichtigt damit die hohe Bedeutung aufsuchender Arbeit im Rahmen der gesetzlichen Betreuung, während sie gleichzeitig die Wünsche zu betreuender Personen in den Fokus stellt.

12.1.2 Welche Eigenlogiken weist das Arbeitsfeld auf?

Nicht nur die Wünsche, auch die Entscheidungsbefugnisse der Personen wurden durch die Betreuungsrechtsreform 2023 gestärkt. Der gesetzliche Anspruch, die betreute Person in Mittelpunkt der rechtlichen Betreuung zu stellen, stößt dabei auf lang praktizierte und teilweise der Regelung entgegengesetzte Eigenlogiken sowie infrastrukturelle Bedingungen im Arbeitsfeld vieler Betreuer:innen.

Dem Wunsch eines persönlichen Treffens außerhalb der eigenen Häuslichkeit können insbesondere strukturelle Gründe entgegenstehen, wenn z.B. keine ausreichenden finanziellen Mittel für Tickets des öffentlichen Nahverkehrs, für ein Taxi oder eine Assistenz zur Verfügung stehen. Auch kann eine mangelnde Verkehrsinfrastruktur vor allem im ländlichen Raum den Wünschen entgegenstehen, weil lange Distanzen zum Betreuungsbüro oder öffentlichen Treffpunkten überwunden werden müssen oder es keinen oder nur eingeschränkten öffentlichen Nahverkehr gibt.

Auch müssen selbstständige rechtliche Betreuer:innen oder Betreuungsvereine über die entsprechenden Besprechungsräume verfügen, in denen Angelegenheiten vertraulich besprochen werden können. Diese sind jedoch oft gar nicht oder nur zeitlich eingeschränkt vorhanden. Nach Matta et al. (2017, S. 8) steht »rund jedem zehnten Vereinsbetreuer und jedem vierten selbstständigen Berufsbetreuer […] kein Raum für ungestörte und unbeobachtete Gespräche zur Verfügung.« Die Verordnung über die Registrierung von beruflichen Betreuer:innen (auf Grundlage des Betreuungsorganisationsgesetzes) sieht vor, dass rechtliche Betreuer:innen bei ihrer Registrierung Angaben zu der Art ihrer Räumlichkeiten und Organisationsstruktur machen müssen (§ 11 Nr. 2 zu § 24 Absatz 1 Satz 3 Betreuungsorganisationsgesetz), damit »sie ungestörte Gespräche mit den Betreuten führen können« (BMJ 2022, S. 38).

Rechtlich nicht berücksichtigt, jedoch für den Alltag von Betreuer:innen relevant, ist, dass sie in der Regel eine Vielzahl von rechtlichen Betreuungen führen und Besprechungen deshalb ressourcenschonend und betriebswirtschaftlich (z. B. hinsichtlich des Zeitmanagement, der Benzinkosten und weiterer Kosten) organisieren müssen. Wenn mehrere Personen, die eine Betreuung in Anspruch nehmen, in derselben Einrichtung, im selben Stadtteil oder Ort wohnen, werden die regulären Termine zu sogenannten Hausbesuchstouren zusammengelegt. Betreuer:innen haben dabei ein organisatorisches Interesse, möglichst viele Betreuungen hintereinander ›in einer Tour abzufahren‹. Das gilt insbesondere im ländlichen Raum, um gefahrene Kilometer zu reduzieren, die nicht extra vergütet werden. Fraglich ist aber, ob dabei auch auf die Wünsche der betreuten Personen Rücksicht genommen wird oder vielmehr das Datum, die Uhrzeit und das Treffen in der Häuslichkeit von den Betreuer:innen festgelegt und somit ausschließlich deren Interessen berücksichtigt werden.

12.2 Praxisbeispiel

Um das Spannungsfeld zwischen dem Wunsch der die Betreuung in Anspruch nehmenden Person und den Eigenlogiken des Betreuungsalltags noch deutlicher darzustellen, wird im Folgenden ein Fall beschrieben, der die Erfahrungen und Alltäglichkeit verschiedener erlebter Praxisbeispiele hervorhebt. Er beruht auf der Erfahrung der Autorin als rechtliche Betreuerin sowie auf Beobachtungsprotokollen, die von einer ›Hausbesuchstour‹ im Rahmen eines Studienforschungsprojekts im Masterstudium Soziale Arbeit angefertigt und durch die Autorin ausgewertet wurden. Eine eigene Büroorganisationsstruktur im Sinne von frei verfügbaren Besprechungsräumen, die eine vertrauliche Besprechung ermöglicht hätten, standen nur zu bestimmten, nicht wählbaren Zeiten und nicht planbar zur Verfügung, weil die Räume vorwiegend von einer anderen Beratungsstelle genutzt wurden. Der skizzierte Fall wird anonymisiert dargestellt.

> Die Betreuerin Frau Bartel übernimmt die Betreuung von Frau Amon. Deren vormalige Betreuerin Frau Tesskamp hat wenige Tage zuvor ihre Tätigkeit als rechtliche Betreuerin aufgegeben. Frau Tesskamp berichtet, dass Frau Amon nicht zuverlässig sei und sie schon oft vor verschlossener Tür gestanden habe. Nach Aussage von Frau Tesskamp kam es in der Vergangenheit öfter zu Konflikten. Frau Amon lebt mit ihrem 4-jährigen Kind zusammen in einer Wohnung und arbeitet in einer Werkstatt für Menschen mit Behinderung. Die neue Betreuerin Frau Bartel meldet sich nach Erhalt des Wechselbeschlusses vom Amtsgericht telefonisch bei Frau Amon und stellt sich vor. Frau Amon weiß bereits, dass ihre bisherige Betreuerin Frau Tesskamp kurzfristig eine neue Arbeitsstelle angetreten hat. Auch ist ihr der Name Bartel bekannt. Frau Amon bringt bereits im ersten Gespräch ihren Missmut zum Ausdruck. Sie habe bisher noch keine Möglichkeit gehabt, Frau Bartel kennenzulernen. Außerdem habe sie auch bei der richterlichen Anhörung zum Ausdruck gebracht, dass sie keine neue:n Betreuer:in haben möchte und grundsätzlich von nun an ohne eine rechtliche Betreuung leben wolle. Frau Bartel sei bereits ihre vierte Betreuerin. Im Telefongespräch erklärt ihr Frau Bartel, dass sie von dem Anhörungstermin beim

Gericht keine Kenntnisse hatte und der Beschluss nun mal da sei. Sie freue sich auf das Kennenlernen und wolle gerne Frau Amon am Dienstag der folgenden Woche nach der Arbeit um 17 Uhr besuchen. Frau Amon entgegnet, dass sie kommenden Dienstag keine Zeit habe und auch nicht möchte, dass eine fremde Person zu ihr nach Hause kommt. Sie habe es schon immer komisch gefunden, dass Frau Tesskamp zu ihr nach Hause gekommen sei. Das Einhalten der Termine sei für sie stets unmöglich gewesen. Sehr unangenehm sei gewesen, dass die Nachbarn jeweils danach spekuliert hätten, ob das Jugendamt vor ihrer Tür gestanden und nach ihr gefragt habe. Im Haus wüsste niemand von der rechtlichen Betreuung und so solle es auch bleiben, denn sie wolle »normal« leben. Frau Amon teilte mit, dass sie zukünftig spontan im Betreuungsbüro vorbeikommen werde, wenn etwas anliegen würde und sie Unterstützung brauche. Sie werde es jetzt aber erst einmal alleine versuchen. Frau Bartel wolle sie daher auch nicht kennenlernen. Im Gespräch informiert Frau Bartel sie jedoch, dass es im Betreuungsbüro keinen Besprechungsort gibt, weshalb die erste Besprechung und weitere Absprachen auf dem Flur des Betreuungsbüros oder für alle sicht- und hörbar in einem Durchgangsraum stattfinden müssten. Das lehnt Frau Amon mit Vehemenz ab, woraufhin Frau Bartel Frau Amon jedenfalls für das Kennenlernen von einem Besuch bei ihr zuhause überzeugen kann.

Wie verabredet ist Frau Bartel am kommenden Dienstag um 17 Uhr vor der Wohnung von Frau Amon. Frau Amon begrüßt Frau Bartel kurz und bittet sie die Schuhe auszuziehen. Frau Bartel fühlt sich wegen der von ihr als ablehnend wahrgenommenen Begrüßung unwohl und bietet an blaue Überzieher über die Schuhe zu ziehen. Die hat sie immer dabei. Frau Amon sagt: »Na gut«. Sie gehen gemeinsam in das sehr ordentlich und schlicht möblierte Wohnzimmer. Das Kind ist anwesend. Frau Amon sagt, dass 17 Uhr eigentlich gar nicht passe. Sie habe sich sehr beeilen müssen, ihr Kind aus der Kindertageseinrichtung abzuholen und jetzt sei bald Zeit für das Abendessen. Das Kind sitzt im Wohnzimmer und malt. Frau Bartel stellt sich noch einmal vor und sagt, dass sie sich darauf freue Frau Amon kennenzulernen. Sie wolle gern ein paar Dinge besprechen. Von der ehemaligen Betreuerin wisse sie, dass Frau Bartel viele Schulden habe. Sie würde immer wieder neue Abos über ihr Smartphone abschließen. Sie habe gerade wieder ein Abo für einen Musik-Streamingdienst abgeschlossen. Das müsse aus finanziellen Gründen gekündigt werden. Während sie spricht, sucht das Kind immer wieder die Nähe und Aufmerksamkeit der Mutter und beginnt dann neugierig, die Tasche von Frau Bartel auszuräumen. Frau Amon entgegnet, dass sie das Abo behalten wolle. Sie habe einen Brief bekommen, dass die Firma bereits 120 € haben wolle. Sie holt den Brief aus der Küche. Sie brauche aber die Musik, damit sie auf der Fahrt zur Arbeit Musik hören könne. Frau Bartel versucht zu beschwichtigen und erklärt, dass sie keine 120 € Guthaben auf ihrem Konto habe. Es wären daher neue Schulden entstanden. Frau Amon springt auf und fordert Frau Bartel mit lauter Stimme auf, augenblicklich ihre Wohnung zu verlassen. Sie würden sich noch nicht mal kennen und jetzt nehme sie ihr auch noch die Musik weg. Frau Bartel ist überrascht von Frau Amons Reaktion und fühlt sich unwohl. Sie verlässt schnell die Wohnung und fährt zu ihrem Folgetermin der Hausbesuchstour.

12.3 Reflexion des Fallbeispiels

Im Folgenden werden Vor- und Nachteile des Settings des Fallbeispiels, Sichtweisen der besuchten Person sowie der rechtlichen Betreuung reflektiert. Durch die Gegenüberstellung der verschiedenen Perspektiven sowohl der besuchten Person als auch der Betreuerin wird das Spannungsfeld der Hausbesuchssituation deutlich.

12.3.1 Die Vor- und Nachteile des Settings

Für die Betreuerin ist es üblich bei Übernahme der Betreuung einen Hausbesuch zur Vorstellung durchzuführen. Dadurch ist es möglich, sich einen persönlichen Eindruck von der Person und ihrem Lebensumfeld zu verschaffen. Das Setting (Besuch in der Häuslichkeit) bietet für die besuchte Person zudem ein vertrautes Umfeld, das grundsätzlich ein geeigneter Ort zur Besprechung von persönlichen Angelegenheiten sein kann. Zudem kann die besuchte Person in diesem Setting auch leichter auf Dokumente (wie z. B. Briefe) zugreifen. Ein Vorteil des Settings ist außerdem, dass die Betreuerin Einblick in die Räumlichkeiten und Lebensweise der Person gewinnen kann und somit ein etwaiges Vermüllen oder bauliche Mängel in der Wohnung ein- oder ausschließen kann. Für die Betreuerin handelt es sich um ein Treffen, das eine besondere Anreise und Organisation in der Vorbereitung erforderlich macht. Gleichzeitig bietet es die Möglichkeit mehrere Hausbesuche, die räumlich oder zeitlich günstig zu realisieren sind, zu koordinieren.

Gleichwohl hat diese Vorgehensweise auch gewichtige Nachteile, die Beachtung finden müssen. So kann ein Besuch der Häuslichkeit einen intensiven Eingriff in die Privatsphäre der besuchten Person darstellen. Die besuchte Person muss ihr privates Leben offenbaren und eventuell ihre Wohnung den vermeintlichen Wünschen der Betreuerin anpassen. Wie in diesem Fall deutlich wird, ist es möglich, dass die Person den Besuch in ihrer Wohnung und die einseitige Bestimmung des Besprechungsorts durch die Betreuerin als übergriffig empfindet. Auch die Anwesenheit des Kindes zeigt, dass ein vertrautes Umfeld für die besuchte Person nicht immer heißt, sich besser auf ein Gespräch einlassen zu können. In dem Fallbeispiel werden Themen wie Schulden und das aus Betreuerinnensicht falsche Verhalten von Frau Amon vor dem Kind thematisiert. Dies kann einerseits zu schamhaften Gefühlen gegenüber dem Kind führen, andererseits ist auch das Kind der Konfrontation zwischen Mutter und einer fremden Person im eigenen ›sicheren‹ Zuhause ausgesetzt. Auch ist zweifelhaft, ob sich Frau Amon gut auf das Gespräch konzentrieren kann, wenn sie gleichzeitig ihr Kind betreuen und entgegen ihrer Alltagsroutine (hier: die Zubereitung des Abendessens) sich mit wichtigen persönlichen Angelegenheiten befassen muss, die für ihren Alltag sehr relevant sind. Auch für Frau Bartel bedeutet die Anwesenheit des Kindes, dass Angelegenheiten eventuell nicht offen besprochen werden können, da sie sich auch auf das Kind einlassen und wichtige Dokumente vor dem Kind sichern muss.

Gleichwohl bietet der Besuch in der Häuslichkeit auch eine Chance für Frau Amon, einen Termin wahrzunehmen, den sie mit Kind außer Haus möglicherweise nicht hätte wahrnehmen können. Es ist aber festzustellen, dass Frau Bartel alternative Orte zur Besprechung wie ein Café, einen Park oder während ihrer Arbeitszeit in der Werkstatt nicht aufgezeigt hat und auch die Uhrzeit des Hausbesuchs vorgegeben hat. Sie ist unhinterfragt davon ausgegangen, dass Frau Amon Kapazität für ein Kennenlernen hat, wenn sie zuhause ist.

12.3.2 Die Bewertung der Hilfe aus Sicht der besuchten Person

Jegliche Form von Besuchen in der Häuslichkeit, ob spontan oder lange geplant, führen zu einer besonderen Aufmerksamkeit aufseiten der besuchten Person. Bereits die Ankündigung eines Hausbesuchs kann Stress auslösen. So könnte die besuchte Person davon ausgehen, ihre Wohnung in der Vorbereitung aufräumen zu müssen und nach außen von ihrer Lebensweise und von ihrem Lebensumfeld ein Bild zu vermitteln, das den Ansprüchen der rechtlichen Betreuung entspricht. Eventuell müssen Besuche von Freund:innen abgesagt und der Termin in den Alltag integriert werden. Im vorliegenden Fall kommt es außerdem zu Schwierigkeiten, da der Termin zwar nach der Arbeit stattfindet, aber nicht berücksichtigt wird, dass Frau Amon ihr Kind noch aus der Tagesbetreuung abholen muss. Daneben muss Frau Amon die täglichen Routinen des Alltags wie Kochen und das Zubettgehen des Kindes koordinieren. Gleichzeitig erspart sich Frau Amon den finanziellen und zeitlichen Aufwand der Organisation einer Anreise zum Betreuungsbüro. Das Betreuungsbüro bietet ihr ebenfalls nicht den geeigneten Ort, weil sie dort womöglich von anderen Personen erkannt wird und nicht vertraulich mit Frau Bartel sprechen kann.

Für Frau Amon ist es unverständlich, warum die Betreuerin ein Datum und eine Uhrzeit nennt und von ihr erwartet, dass sie dann zuhause ist. Das von ihr nicht gewünschte Treffen greift damit erheblich in ihre Selbstbestimmung und individuelle Tagesorganisation ein und wird von ihr als Zeichen der mangelnden Anerkennung ihrer Person verstanden.

Die Weigerung von Frau Bartel, die Schuhe auszuziehen, kann, aus Sicht der besuchten Person, als Zeichen mangelnden Respekts der Privatsphäre verstanden werden, da die Betreuerin sich nicht an die Gepflogenheiten anpasst, die in der Wohnung üblich sind. Frau Amon möchte nicht mit einer Person, die sie erst ein paar Minuten persönlich kennt, über den Abschluss eines Abonnements, das für sie sehr wichtig ist, sprechen. Sie fühlt sich unwohl und muss dennoch gleichzeitig auf ihr Kind achtgeben. Für sie erfordert es hohen Aufwand, ihren Alltag umzustrukturieren und beispielsweise ihrem Kind erst später als üblich ein Abendessen zuzubereiten, wodurch das Kind später als gewöhnlich schlafen gehen kann.

12.3.3 Die Bewertung der Hilfe aus Sicht der Helfenden

Für die Betreuerin ist ein Besuch in der Häuslichkeit auf der einen Seite ein Vorteil, da sie sich einen persönlichen Eindruck vom Lebensumfeld der Person verschaffen kann. Sie sieht den Besuch als Notwendigkeit an, die Häuslichkeit der Person kennenzulernen, um den Umfang der zu regelnden Angelegenheiten zu erfassen. Aus ihrer Perspektive ist es angemessen und effektiv, ein Thema wie den Umgang mit Streaming-Abos, die über die finanziellen Möglichkeiten von Frau Amon hinausgehen, von Beginn an zu besprechen.

Auch ist es in der Regel einfacher, persönliche Angelegenheiten im häuslichen und damit vertrauten Umfeld der Personen zu besprechen und benötigte Unterlagen, wie der Brief des Streamingdienstes, sind griffbereit. Gleichzeitig ist jedoch die Möglichkeit des Umschlagens in eine konfliktträchtige Situation zu berücksichtigen. Vor einer solchen Situation versucht sich Frau Bartel zu schützen, indem sie sich nicht darauf einlässt, die Schuhe beim Hausbesuch auszuziehen, sondern Schuhüberzieher nutzt. Sie will damit sicherstellen, dass sie bei einer konflikthaften Situation schnell die Wohnung verlassen kann. Aber genau durch dieses Verhalten verstärkt sie das ablehnende Verhalten von Frau Amon ihr gegenüber, was wiederum dazu führt, dass Frau Bartel sich in der Situation unsicher und beide sich unwohl fühlen.

12.4 Metareflexion über das Gelingen/Misslingen der Hilfe und Schlussfolgerungen

Die Metareflexion erfolgt hier auf zwei Ebenen. Zunächst liegt der Fokus darauf, wie die Situation individuell besser gelöst werden kann. Als zweite Ebene wird das strukturelle Dilemma erörtert, was Situationen wie diese in dem Fallbeispiel begünstigt.

Die beschriebene konflikthafte Situation war unausweichlich, da bereits mit dem ersten Telefonat zwischen Frau Bartel und Frau Amon deutlich wurde, dass ein Hausbesuch und ein Kennenlernen vonseiten Frau Amons nicht gewünscht war, und sie einem Hausbesuch nur eingewilligt hat, weil er als ›alternativlos‹ dargestellt wurde. Ein Kennenlernen an einem öffentlichen Treffpunkt oder ein Besuch am Arbeitsplatz wurde nicht in Betracht gezogen. Zudem fordert Frau Bartel ein zeitnahes persönliches Kennenlernen ein und wartet nicht ab, bis sich Frau Amon proaktiv bei ihr meldet, um Unterstützung zu erhalten. Die Betreuerin übernimmt die Logiken ihres Arbeitsfeldes und stellt die zeitliche und wirtschaftliche Effizienz bei der Organisation der gesetzlichen Betreuung in den Vordergrund. Vor dem Hintergrund der eingeschränkten Räumlichkeiten ihres Arbeitgebers versucht sie situativ mit den Möglichkeiten umzugehen und misst dabei dem gegenteiligen Wunsch von Frau Amon wenig Bedeutung bei. Hier hätte das Telefonat mehr ›fragend‹ als vorgebend sein können. Neben den Wünschen hätten auch Abläufe im Alltag erfragt werden können. So wäre klar geworden, dass 17 Uhr keine passende Zeit für Frau Amon ist. Auch hätte der Wunsch von Frau Amon nach einem Alternativort oder nach Berücksichtigung ihrer Lebensumstände mehr Anerkennung von Frau Bartel finden müssen.

Frau Bartel versucht beim Hausbesuch sogleich inhaltlich an die vorherige Betreuung anzuknüpfen und aktuelle finanzielle Angelegenheiten mit Frau Amon zu besprechen. Dies geschieht ohne eine vorherige Phase des Kennenlernens, und ohne dass erörtert wurde, wie und wo zukünftig die Angelegenheiten besprochen werden. Der Wunsch, die Lebensumstände von Frau Amon kennenzulernen, die Frau Bartel als Gründe für den Hausbesuch vorab explizit anführt, wird von ihr nicht umgesetzt. Der Hausbesuch fand lediglich als struktureller Anlass statt. Der eigentlich intendierte inhaltliche Anlass, sich gegenseitig kennenzulernen und ein Vertrauensverhältnis aufzubauen, konnte nicht realisiert werden. Hier sollte Frau Bartel für sich überlegen, welche Ziele ein Erstbesuch bei einer Betreuung verfolgt und wie ein Kennenlernen trotz zeitlichen Drucks besser umgesetzt werden kann. Frau Bartel baut sehr auf die Informationen, die sie von der Vorbetreuerin erhalten hat, anstatt zunächst die Wünsche und Lebensumstände aus der Sicht der Person, die im Zentrum der Betreuung stehen sollte, zu erfassen. Weiterhin wäre ein Kennenlernen von Frau Amon und ihrer Wünsche und Lebensumstände angebracht gewesen. Die Anerkennung des Umstands, dass Frau Amon sich während der anspruchsvollen Gesprächssituation zugleich um das Kind kümmert, hätte dem Gespräch einen anderen Verlauf geben können. Im weiteren Verlauf wirkt Frau Bartel sehr bestimmend und vorgebend in Bezug auf die Handlungsoptionen zur Beendigung des Musikabonnement. Sie hört nicht hin und würdigt nicht, dass Musik für Frau Amon wichtig ist, und schlägt keine Alternativen zum Musikstreaming vor.

Das vorliegende Fallbeispiel zeigt deutlich, dass neben der individuellen Aushandlung des Besprechungsorts auch tatsächliche Gründe für einen Hausbesuch bestehen können. Auch ein Treffen in der Öffentlichkeit oder am Arbeitsplatz müssen keine geeigneten Orte sein, um vertrauliche und persönliche Gespräche zu führen. Die von Frau Amon vorgeschlagene Alternative, sich im Betreuungsbüro zu treffen, kann ihre Erwartung an das Gespräch an Vertraulichkeit und Anonymität ebenso nicht entsprechen. Das Kennenlernen von Frau Amon und Frau Bartel wäre anders verlaufen, wenn Frau Bartel einen angemessenen Besprechungsort in ihren Büroräumen anbieten hätte können. Denn ohne einen solchen Raum besteht indirekt ein Zwang zur aufsuchenden Arbeit. Die Notwendigkeit des Hausbesuchs begründet sich in diesem Fall nicht situationsbedingt. Dieser aus der Praxis begründete Zwang steht in Widerspruch mit den gesetzlichen Vorgaben und dem Paradigma, den Wunsch und die Handlungsfähigkeit der zu betreuenden Person in den Mittelpunkt zu stellen.

> Gesetzlich ist der Wunsch der Person zentral und die Arbeitsorganisation und -weise diesem anzupassen. Es muss klar sein, dass die Person, wenn es um die Regelung ihrer Angelegenheiten geht, auch den Ort der Unterstützung und Besprechung der Angelegenheiten festlegen kann. Die Person darf auch die Unterstützung ablehnen oder auf andere Unterstützungsnetzwerke zurückgreifen. Ebenso muss berücksichtigt werden, dass die Person das Hausrecht hat und die Betreuerin nicht gegen den (freien) Willen der Person in die Wohnung kommen

darf. Dies gilt insbesondere in Fällen, in denen die Person in stationären Einrichtungen lebt und die Tür nicht verschließen kann. Sind von der rechtlichen Betreuung eine Vielzahl von Betreuungen zu organisieren, muss auf der anderen Seite Berücksichtigung finden, dass es wirtschaftlich sein muss die Betreuungen zu übernehmen. Ebenso sind Vorgaben und Erwartungen der Betreuungsbehörde oder dem Betreuungsgericht an die rechtliche Betreuung zu berücksichtigen.

Das Dilemma wird mit einiger Wahrscheinlichkeit nicht immer aufzulösen sein. Gleichwohl liegt es in der Entscheidungskompetenz der einzelnen Person (Betreuer:in) vermeintlich ›gute Standards‹ wie die Indikation eines Kennenlernhausbesuchs und die eigenen Arbeitsweisen zu hinterfragen. Es liegt auch an ihm:ihr, mehr ›hinzuhören‹ und stärker auf den Einzelfall einzugehen. Es erscheint zudem wichtig, Alternativen zu Hausbesuchen zu ermöglichen. So sollte es für jeden, der berufsmäßig eine Betreuung übernimmt, verpflichtend sein, eine entsprechende Organisationsstruktur wie einen Besprechungsraum vorzuhalten. Das können eigene Büroräume oder aber auch ein Besprechungsraum im Nachbarschaftszentrum oder ähnliches sein. Erleichtert würde ein solcher Perspektivwechsel durch die Übernahme der dadurch entstehenden Kosten (z. B. Busticket, Besprechungsraum), soweit es an finanziellen Möglichkeiten fehlt.

Entscheidend sollte dabei sein: Eine gute Beratung erfolgt und gute Entscheidungen werden dort getroffen, wo sich sowohl die Klient:innen als auch die Betreuer:innen in einem vertrauten Umfeld wohlfühlen.

Literatur

BMJ (2022): Entwurf der Verordnung über die Registrierung von beruflichen Betreuern. Online verfügbar unter: https://www.bmj.de/SharedDocs/Gesetzgebungsverfahren/DE/VO_Registrierung_berufliche_Betreuer.html, Zugriff am 25.03.2023.
Deutscher Bundestag (2020): Bundestag-Drucksache 19/24445. Online verfügbar unter: https://dserver.bundestag.de/btd/19/244/1924445.pdf, Zugriff am 25.03.2023.
Matta, V., Engels, D., Brosey, D., Köller, R., Schmitz, A., Maur, C., Kosuch, R., Engel, A. (2017): Qualität in der rechtlichen Betreuung. Kurzfassung. Köln/Berlin. Online verfügbar unter: https://www.bmj.de/SharedDocs/Downloads/DE/Service/Fachpublikationen/Kurzfassung_Qualit%C3%A4t_Betreuung.pdf?__blob=publicationFile&v=1, Zugriff am 25.03.2023.

13 »Wenn ich Sie nicht hätte!« Verstrickungen in der sozialpädagogischen Familienhilfe

Matthias Müller & Sarah Mathwig

Überblick

13.1 Einleitung 132
13.2 Strukturelle und inhaltliche Anlässe der Sozialpädagogischen
     Familienhilfe 134
13.3 Falldarstellung 136
13.4 Kritische Reflexion des Fallverlaufs 138

13.1 Einleitung

Die Sozialpädagogische Familienhilfe (SPFH) ist eine Hilfeform, die wesentlich zur Renaissance der aufsuchenden Sozialarbeit in der Kinder- und Jugendhilfe beigetragen hat. Das Aufsuchen der Familien zuhause ist dabei ein meist unhinterfragter Automatismus, der die implizite Hoffnung der Nutzer:innennähe mitführt. Diese Hoffnung ist aber zugleich äußerst fragil, weil das meist unreflektierte, aber beständige Auftauchen von Fachkräften im häuslichen Nahbereich der Familien von diesen nicht selbstverständlich goutiert wird.

Das SGB VIII definiert im zweiten Kapitel die folgenden vier Leistungsbereiche: »Jugendarbeit, Jugendsozialarbeit, erzieherischer Kinder- und Jugendschutz«, »Förderung der Erziehung in der Familie«, »Förderung von Kindern in Tageseinrichtungen und in Kindertagespflege« sowie »Hilfe zur Erziehung, Eingliederungshilfe für seelisch behinderte Kinder und Jugendliche, Hilfe für junge Volljährige« für die Kinder- und Jugendhilfe. In diesem Leistungsspektrum sind die Hilfen zur Erziehung (HzE), der am stärksten interventionsorientierte Bereich des Gesetzes. Die HzE sind im SGB VIII wie folgt definiert.

§ 27 SGB VIII Hilfe zur Erziehung (HzE)

(1) Ein Personensorgeberechtigter hat bei der Erziehung eines Kindes oder eines Jugendlichen Anspruch auf Hilfe (Hilfe zur Erziehung), wenn eine dem Wohl des Kindes oder des Jugendlichen entsprechende Erziehung nicht gewährleistet ist und die Hilfe für seine Entwicklung geeignet und notwendig ist.

(2) Hilfe zur Erziehung wird insbesondere nach Maßgabe der §§ 28 bis 35 ge-

währt. Art und Umfang der Hilfe richten sich nach dem erzieherischen Bedarf im Einzelfall; dabei soll das engere soziale Umfeld des Kindes oder des Jugendlichen einbezogen werden. Unterschiedliche Hilfearten können miteinander kombiniert werden, sofern dies dem erzieherischen Bedarf des Kindes oder Jugendlichen im Einzelfall entspricht.
[...]

Die SPFH ist im SGB VIII folgendermaßen festgeschrieben:

§ 31 SGB VIII Sozialpädagogische Familienhilfe

Sozialpädagogische Familienhilfe soll durch intensive Betreuung und Begleitung Familien in ihren Erziehungsaufgaben, bei der Bewältigung von Alltagsproblemen, der Lösung von Konflikten und Krisen sowie im Kontakt mit Ämtern und Institutionen unterstützen und Hilfe zur Selbsthilfe geben. Sie ist in der Regel auf längere Dauer angelegt und erfordert die Mitarbeit der Familie.

Auch wenn es in der Fachwelt selbstverständlich ist, dass in der SPFH aufsuchend gearbeitet wird (Uhlendorff et al. 2022, S. 137), so ist dies nicht unmittelbar aus dem Gesetzestext abzuleiten. Die HzE werden in einer Art Metadifferenzierung (Rätz et al. 2014, S. 143) unterteilt in:

- *Ambulante Hilfen*
  Erziehungsberatung (§ 28 SGB VIII), Soziale Gruppenarbeit (§ 29 SGB VIII), Erziehungsbeistand, Betreuungshelfer:innen (§ 30 SGB VIII) und SPFH (§ 31 SGB VIII)
- *Teilstationäre Hilfen*
  Erziehung in der Tagesgruppe (§ 32 SGB VIII)
- *Stationäre Hilfen*
  Vollzeitpflege (§ 33 SGB VIII), Heimerziehung, sonstige betreute Wohnformen (§ 34 SGB VIII) und Intensive Sozialpädagogische Einzelbetreuung (ISE, § 35 SGB VIII).

Unter den ambulanten Hilfen sind auch Hilfearten subsummiert, in denen nicht unbedingt das Zuhause der Familien aufgesucht wird, sondern mit der Erziehungsberatung (§ 28 SGB VIII) und der Sozialen Gruppenarbeit (§ 29 SGB VIII) werden auch Hilfen als ambulant verstanden, die in der Regel in den Räumen eines Trägers stattfinden. Deshalb wird innerhalb der ambulanten Hilfen auch noch zwischen Komm-Strukturen und Geh-Strukturen unterschieden (Rätz et al. 2014, S. 143). Während die Komm-Strukturen davon ausgehen, dass die Nutzenden der Kinder- und Jugendhilfe zu den Fachkräften kommen, gehen die Gehstrukturen davon aus, dass die Fachkräfte zu den Nutzenden gehen. Die Bezeichnung ambulante Hilfen markiert hier also, dass die Hilfen nicht an ein spezifisches Ortssetting gebunden sind, wie dies z. B. bei der Heimerziehung – auch wenn es hier natürlich

Settingdifferenzierungen gibt – oder der Tagesgruppe der Fall ist. Diese insbesondere Hilfestrukturen erläuternden Unterscheidungen sind aber keine hinreichende fachliche Begründung für die aufsuchende Arbeitsweise der SPFH. Es ist daher weder aus rechtlicher noch aus fachlicher Sicht ein Automatismus, dass in der SPFH aufsuchend gearbeitet wird, und es ist notwendigerweise immer wieder neu zu überlegen und zu reflektieren, ob zu den Familien nachhause gegangen werden soll, oder ob die Familien besser zum Träger in dessen Räume kommen.

13.2 Strukturelle und inhaltliche Anlässe der Sozialpädagogischen Familienhilfe

Die frühen Fachdiskussionen zur SPFH setzen programmatisch an der Reformdiskussion der 1960er und 1970er Jahre in der Kinder- und Jugendhilfe an (Helming et al.1999, S. 136) und stammen im Schwerpunkt aus den 1980er Jahren. Ausgangspunkt für die Idee zu den Familien nachhause zu gehen, waren u. a. die in den 1970er überfüllten Heime und die daraus resultierende Platznot.

> »In Berlin (West) waren 1968 alle Heime überbelegt. Martin Bonhoeffer arbeitete damals als Leiter der vom Berliner Senat verwalteten Heime. Er hatte die Idee, daß ein arbeitsloser Freund von ihm eine Familie betreuen könnte, um eine kurzfristige Heimunterbringung von 5 Kindern zu vermeiden. Das zuständige Bezirksamt entschied (sich) dagegen. Die fünf Kinder wurden in fünf verschiedenen Heimen untergebracht. Die Idee der pädagogischen Hilfe in der Familie, als Alternative zur Fremdunterbringung, war geboren« (Nielsen et al. 1986, S. 27).

In den frühen Argumentationslinien für die SPFH lassen sich strukturelle und inhaltliche Aspekte finden, an denen auch heute noch die Vorzüge der aufsuchenden Arbeitsweise festgemacht werden. Strukturell ist die aufsuchende Arbeitsweise der SPFH darin begründet, dass die bestehenden Strukturen der Heimerziehung überlastet und zu kostenintensiv waren. So wurde die aufsuchende Arbeitsweise der SPFH u. a. als die kostengünstigere Hilfeform im Kontrast zur Heimerziehung dargestellt (z. B. Helming et al. 1999, S. 7). Letztlich ist die SPFH damit, ob gewollt oder ungewollt, eine der frühen Treiber der Ökonomisierung der Kinder- und Jugendhilfepraxis, weil dem Kostenargument ein prominenter Platz in der Argumentation für diese Hilfeform eingeräumt wurde. Das Kostenargument ist nach wie vor zentral für die SPFH, allerdings wird es mittlerweile auf sie selbst angewendet. Es geht nicht mehr darum, ob die SPFH günstiger als die Heimerziehung ist, sondern wie die SPFH selbst günstiger werden kann (M. Müller 2010). Dies passiert z. B. durch die sukzessive Reduzierung der zur Verfügung stehenden Fachleistungsstunden pro Fall oder die fixe Begrenzung der Dauer der Hilfe. Ein weiteres strukturelles Argument bezieht sich auf die Erweiterung des Spektrums an möglichen

Hilfen im Kontext der Jugendwohlfahrt. Die SPFH ist eine aktive fachliche Bewegung weg von Großheimen, die als Einrichtungen mit Zügen totaler Institutionen angesehen werden können (Freigang 1986, S. 33 f). Insgesamt waren die Strukturen der Jugendwohlfahrt und das für sie geltende Jugendwohlfahrtsgesetz (JWG) von einer Tradition der Schutzaufsicht mit starken Kontrollaspekten und Stigmatisierungseffekten geprägt (Elger 1990, S. 12). Durch die SPFH ist die Frage der Erziehung strukturell in die Verantwortung der Familien der Kinder und Jugendlichen rückgebunden. Das bedeutet, dass die SPFH auf der Basis arbeitet, dass Erziehungsfragen in den Herkunftssystemen der Kinder und Jugendlichen bearbeitbar sind. Sie greift deshalb deutlich weniger stark in die gesamte Familienstruktur ein als die Heimerziehung. Das Problem, das ganze Familienstrukturen durch Heimunterbringungen im Auftrag staatlicher Hilfe nachhaltig zerstört werden können, und auch noch dazu beigetragen wurde, Geschwisterverhältnisse auseinander zu bringen, soll durch die aufsuchende Arbeitsweise verhindert werden. Ziel ist es, durch die Arbeit mit den Herkunftsmilieus (Allert et al. 1994) eine förderliche Umwelt für die jungen Heranwachsenden zu schaffen. Gerade an den strukturellen Begründungen lässt sich gut markieren, dass die SPFH im Spektrum der HzE als weniger eingreifende Intervention verstanden wird als z.B. die Heimerziehung.

Die inhaltliche Begründung für die aufsuchende Arbeitsweise der SPFH lässt sich allgemein als das fachliche Bemühen darum verstehen, sich weg von einer objektivistischen Betrachtung der Nutzenden der Kinder- und Jugendhilfe hin zu einem Verständnisprozess der Menschen aus ihren subjektiv bestehenden Relevanzsystemen heraus zu verstehen. Diese Sichtweise vollzieht sich in der SPFH beispielsweise durch die Lebensweltorientierung (Thiersch et al. 2002, Rätz et al. 2021), durch soziokulturelles Milieuverstehen (Allert et al. 1994), durch ein systemisches Verständnis (Ackermann 2011) oder auch durch die Verbindung von Teilaspekten dieser Sichtweisen (M. Müller 2010). All diesen Ansätzen ist gemeinsam, dass sie die Nutzenden als Individuen verstehen, die in ihren Selbstkonstruktionen in Wechselwirkung zu ihrem Lebensumfeld stehen und die sich darin konstruieren sowie zugleich konstruiert werden. In diesem Verständnis hat sich in der Sozialen Arbeit im Allgemeinen und in der SPFH im Speziellen ein Fallverstehen etabliert, dass ganz im Sinne der sozialen Diagnostik der Klinischen Sozialarbeit die traditionelle objektivistische klassifizierende Diagnostik in ihrem Fallverständnis umdreht (Gahleitner et al. 2018) und ein Primat des rekonstruktiv dialogischen Fallverstehens (Nauert 2018, S. 8) verfolgt. Für die SPFH lassen sich in diesem Sinne gegenwärtig sechs theoretisch generierte Modelle der Fallarbeit benennen:

1. »Personen-orientierte Modelle der Fallarbeit
2. Diskursorientierte Modelle der Fallarbeit
3. Feldorientierte Modelle der Fallarbeit
4. Systemische Modelle der Fallarbeit
5. Strukturorientierte und prozessuale Modelle der Fallarbeit
6. Kompetenzorientierte Modelle der Fallarbeit« (Harrer-Amersdorffer 2021, S. 178).

Nach einer systematischen Literaturrecherche von Metzger und Domeniconi Pfister (2018) lassen sich zudem die folgenden sieben Arbeits- und Handlungsprinzipien herausarbeiten, an denen das Handeln der Fachkräfte ausgerichtet ist: »Ressourcen-

und Risikoorientierung, Alltags- und Lebensweltnähe, Netzwerkarbeit, Hilfe zur Selbsthilfe, Stabilisierung, strukturierte Offenheit sowie Beziehungs- und Rollengestaltung« (ebd., S. 64).

Auch wenn in der jüngsten Vergangenheit die zuvor genannten Differenzierungen aus wissenschaftlicher Perspektive diskutiert werden, so kann der SPFH-Praxis eine sehr geringe programmatische Differenzierung konstatiert werden (M. Müller 2017, S. 4). Es handelt sich bei der SPFH um einen in der Praxis unspezifischen Sammelbegriff für äußerst unterschiedliche Formen der aufsuchenden Hilfegestaltung (Gut 2022, S. 76 ff), z. B. Familie im Mittelpunkt (FIM) (Gehrmann & Müller 2013) oder aufsuchende Familientherapie (▶ Kap. 6). Darüber hinaus lassen sich für die aufsuchende Arbeitsweise der SPFH keine fachlichen Indizierungsargumente im engeren Sinne – also über die vorherigen allgemeinen Prinzipien hinaus – finden. Das ist überraschend, weil der § 31 SGB VIII gar keinen expliziten aufsuchenden Auftrag formuliert. Insofern hat sich die aufsuchende Arbeitsweise der SPFH zu einer nicht weiter zu begründenden Selbstverständlichkeit entwickelt. Dies führt letztlich zu einer relativ unreflektierten Praxisindizierung und berücksichtigt wenig die Besonderheiten des aufsuchenden Settings (Bräutigam & M. Müller 2014), wie z. B. sehr interessierte Nachbar:innen, Kontrollgefühle bei den Nutzenden, Einbruch in die Intimsphäre der Familien usw. mit all den Folgen für die Familien und die Hilfe insgesamt; Lebensweltnähe wird hier zum unreflektierten Allheilmittel.

Es handelt sich bei den Hilfeformen der HzE (Erziehungsberatung, § 28 SGB VIII, Soziale Gruppenarbeit, § 29 SGB VIII, Erziehungsbeistand, Betreuungshelfer:innen, § 30 SGB VIII, SPFH, § 31 SGB VIII, Erziehung in der Tagesgruppe, § 32 SGB VIII, Vollzeitpflege, § 33 SGB VIII, Heimerziehung, sonstige betreute Wohnformen, § 34 SGB VIII und ISE, § 35 SGB VIII) um eine Klimax (M. Müller 2023), bei der die SPFH als eine schwächer intervenierende Hilfeform (finanziell und in Bezug auf den Eingriff in das Familiensystem) angesehen wird. Sie stellt in der Praxis der Kinder- und Jugendhilfe daher durchaus eine Anfangshilfe dar, mit dem der HzE-Prozess beginnt, bevor sich zeigt, ob teurere und stärker in das Familiensystem intervenierende Hilfen notwendig sind. Die aufsuchende Arbeitsweise wird dabei mit niedrigem Interventionsniveau verbunden. Diese Sichtweise plausibilisiert sich im Kontrast zur Heimunterbringung und ist darin einerseits sicher richtig, aber sie verdeckt andererseits auch, dass das Aufsuchen der Familien in ihrem Zuhause eine relativ starke Intervention in die Privatsphäre der Nutzenden darstellt, daher begründungswürdig ist und regelmäßig überprüft werden sollte.

13.3 Falldarstellung

Das nachfolgende Fallbeispiel beschreibt weniger eine wie auch immer verstandene erfolgreiche SPFH, sondern der Fall wurde ausgewählt, weil er mit den präsentierten Themen Zuspitzungen zeigt, die die Dynamik einer SPFH ausmachen können und gleichzeitig die Komplexität der verschiedenen Aufgaben innerhalb dieser Hilfeform verdeutlichen. Weiterhin veranschaulicht das Beispiel viele unterschiedliche Herausforderungen auf der Beziehungsebene zwischen Nutzer:in und Helfer:in, die in der anschließenden Reflexion differenzierter betrachtet werden.

Frau Schulz ist eine alleinerziehende Mutter. Sie hat das alleinige Sorgerecht für ihren 10-jährigen Sohn David, mit dem sie in einem ländlich gelegenen Dorf wohnt. Der Kindsvater, Herr Hecht, hatte lange Zeit keinen Kontakt zu David. Mittlerweile besteht ein unregelmäßiger Kontakt zwischen Herrn Hecht und David.

Aufgrund von Mietschulden musste die Wohnung von Frau Schulz und David zwangsgeräumt werden, sodass das Jugendamt informiert wurde und eine SPFH (Frau Meier) installierte. Wegen der Corona-Pandemie und der schlechten Erreichbarkeit der Kindsmutter, fand das erste Kennenlernen zwischen Frau Meier (SPFH) und Frau Schulz in ihrer Häuslichkeit statt[1]. Bereits zu diesem Zeitpunkt öffnete Frau Schulz sich, berichtete von einigen ihrer Sorgen und zeigte sich emotional. Vor allem der wenige Kontakt zu ihrem jüngeren Sohn Jonas, der bei seinem Kindsvater (Herr Fischer) im selben Ort lebt und regelmäßig zum Umgang bei ihr ist, machte ihr zu schaffen. Zuvor lebte Jonas bei der Kindsmutter, jedoch verhinderte sie den Kontakt zu Herrn Fischer gänzlich, sodass es zu einer Herausnahme von Jonas durch den zuständigen Mitarbeitenden des Allgemeinen Sozialen Diensts (ASD) des Jugendamts kam. Jonas lebt seither im Haushalt des Kindsvaters. Zunächst fand der Umgang mit Frau Schulz begleitet durch einen ortsansässigen freien Träger statt. Nach mehreren familiengerichtlichen Verfahren wurde der Umgang ausgeweitet, sodass die Kindsmutter ihren Sohn Jonas zunächst stundenweise, schließlich auch mehrere Tage, einschließlich Übernachtungen, bei sich haben durfte. Trotz weiterer, teilweise noch nicht abgeschlossener gerichtlicher Verfahren konnte bisher kein paritätisches Wechselmodell, das dem Antrag der Kindsmutter entspricht, installiert werden.

Bereits kurz nach dem ersten Kennenlernen zwischen Frau Schulz und Frau Meier fand eine Zwangsräumung statt und das Jugendamt forderte die Anwesenheit der Helferin. Frau Meier entschied sich zugunsten der Hilfebeziehung dazu, zunächst mit Frau Schulz darüber zu sprechen und zu erfragen, ob sie dies wünscht. Frau Schulz bejahte dies und zeigte sich sehr dankbar für den Beistand am Tag der Räumung sowie der Möglichkeit der Partizipation.

Bei den darauffolgenden Terminen wurde der erhöhte Leidensdruck von Frau Schulz sehr deutlich; sie erzählte, wie sehr sie ihren kleinen Sohn Jonas vermisse und welche Vorfälle sich mit dem Kindsvater ereigneten. Erschwerend hinzu kamen Ereignisse, die durch den letzten Ex-Partner der Kindsmutter bedingt waren. Sie wurde von diesem über einen längeren Zeitraum gestalkt. Weiterhin kam es seinerseits zu körperlichen Übergriffen gegenüber Frau Schulz und zu Sachbeschädigungen, Verleumdungen sowie Einbrüchen in ihrem Zuhause. Während eines Hausbesuchs von Frau Meier waren im Hausflur Geräusche zu

---

1 Im Regelfall geschieht dies in den Räumlichkeiten des Jugendamts und mit Begleitung des:der zuständigen Mitarbeiter:in des ASD.

vernehmen, obwohl zu der Zeit keine anderen Mieter:innen vor Ort waren. Gemeinsam entschieden sich Frau Schulz und Frau Meier auf dem Dachboden und im Keller des Hauses nachzusehen, ob der Ex-Partner dort war. Er war jedoch nirgends zu sehen. Wenig später erhielt Frau Meier eine Nachricht von Frau Schulz, in der sie einen Vorfall schilderte, der sich kurz nach dem Abschied Frau Meiers zutrug. Der Ex-Partner hatte sich doch im Keller versteckt und Frau Schulz im Hausflur überwältigt.

Es folgten stetig Polizeieinsätze, die Anbindung an eine Opferberatungsstelle, ein Gerichtsverfahren und ein kontinuierlicher Austausch zwischen dem Jugendamt und der Helferin. Die Aussagen von Frau Schulz wurden seitens der Polizei, des Jugendamts und des Kindsvaters von Jonas immer wieder angezweifelt und ihre Glaubwürdigkeit aufgrund vergangener nicht den Tatsachen entsprechenden Aussagen in Frage gestellt, sodass sich schließlich auch die Helferin Frau Meier immer wieder gegenüber den genannten Institutionen positionieren musste – nicht zuletzt weil die andauernden gerichtlichen Verfahren zur Umgangs- und Sorgeeinigung für Jonas liefen und die genannten Vorfälle Einfluss auf die Urteile nahmen.

Frau Meier wurde schnell zu einer wichtigen Ansprechpartnerin für Frau Schulz. Letztere äußerte in geringen und regelmäßigen Abständen so etwas wie »wenn ich Sie nicht hätte«, und wie gut es ihr täte, dass jemand für sie da sei und versucht, ihr andere Perspektiven aufzuzeigen. Im weiteren Hilfeverlauf folgten seitens Frau Schulz liebevoll gestaltete Aufmerksamkeiten zu Ostern oder zu Weihnachten bis hin zu der Aussage, dass Frau Meier in irgendeiner Art zur Familie gehören würde. Hinzu kamen viele Nachrichten von Frau Schulz mit Dankesbekundungen und netten Worten an Frau Meier, aber auch ausführlichen Erklärungen und Entschuldigungen, z. B. bei Terminausfällen oder bei Nichterreichbarkeit.

Während der gesamten Zusammenarbeit wurde der Fokus von Frau Schulz auf Jonas und seinen Kindsvater gelenkt. Frau Schulz sagte mit fortschreitendem Hilfeverlauf immer häufiger Termine ab und verschwieg der Helferin wichtige Informationen, die das Kindswohl betreffen. Irgendwann stellte sich durch das zuständige Jobcenter heraus, dass sie erneut schwanger war. Das Jugendamt informierte die Helferin wenig später, dass erneut eine Zwangsräumung festgesetzt wurde, der Grund sei unbekannt. Frau Meier entschied sich nach zwei Jahren Zusammenarbeit mit der Familie für einen Helfer:innenwechsel.

13.4 Kritische Reflexion des Fallverlaufs

Der wesentliche *inhaltliche Anlass* für die Wahl der aufsuchenden Arbeitsweise war die Krisensituation der Zwangsräumung, vor der Frau Schulz stand. Der Beginn der SPFH war für die Verhinderung der Zwangsräumung letztlich zu spät und sie wurde vollzogen. Dieser Umstand war auch schon vor dem Beginn der Hilfe klar, sodass die

SPFH in der Klimax-Logik der Intervention der HzE als eine geeignete Anfangshilfe schien. Das war aus Sicht des Jugendamts notwendig, weil von der Zwangsräumung auch David, das Kind von Frau Schulz, betroffen war und damit auch die Frage des Kindswohls relevant wurde. Der Krisenanlass hat sich wiederum im gesamten Hilfeverlauf nie richtig aufgelöst, sodass sich der inhaltliche Anfangsanlass der SPFH und der Krisenmodus während der gesamten Hilfe stabilisierte (z. B. Anschuldigungen, vermuteter Drogenkonsum, Stalking, Anfeindungen). Ein weiterer inhaltlicher Anlass bestand darin den Geschwisterkontakt zwischen David und Jonas zu fördern. Dies war allerdings nicht möglich, weil der Vater als sorgeberechtigter Elternteil das nicht wollte und es sich letzlich um ein nicht mit ihm abgestimmtes Hilfeziel handelte, das sich u. a. aus der etwas ungewöhnlichen Art der Hilfeetablierung erklären lässt. Auch wenn fachlich allen Beteiligten klar ist, dass eine SPFH unter den Beteiligten deutlich abgestimmter etabliert werden sollte, so wird an dem Fallbeispiel auch Folgendes deutlich: Familien, die SPFH in Anspruch nehmen, befinden sich mitunter in bedrängenden Lebenssituationen, die dazu führen, dass die Fachkräfte fachlich zweifelhafte Situationen erzeugen, die wiederum auf die Beziehungsdynamik mit den Nutzenden wirken und entsprechend tariert bzw. idealerweise produktiv in den Hilfeprozess integriert werden müssen.

Strukturell war die Hilfe aufsuchend sinnvoll, weil Frau Schulz im ländlichen Raum lebt, über kein Auto verfügt und sie somit schlicht aus Mobilitätsgründen nicht gut in der Lage war, regelmäßig Hilfen außerhalb ihrer Wohnung in der nächstgelegenen Stadt wahrzunehmen. Des Weiteren arbeitete die Helferin häufig in aufsuchenden Hilfen dieses speziellen ländlichen Raums; sie ist daher mit dieser aufsuchenden Arbeitsweise institutionell bekannt und akzeptiert. Diese Etabliertheit brachte allerdings das Problem mit, dass Frau Meier auch ungefragt und ohne die Einwilligung von Nutzenden über diese informiert wurde, da die Institutionen vor Ort in der Regel wissen, wenn sie als SPFH in einem Haushalt aktiv ist. Der Umstand war mit Blick auf den hier beschriebenen Fall und die darin bestehende Kindswohlsituation von David für die beteiligten Dienste und Institutionen (z. B. Kita, Jobcenter) durchaus attraktiv. Die Dienste erhofften sich von Frau Meier schnell – kontrollierende – Informationen über Frau Schulz, ohne deren explizite Zustimmung zu erhalten. Diese informelle Erwartung an Frau Meier behinderten aber zugleich eine konstruktive Kinderschutzarbeit mit Frau Schulz, da eine enge Abstimmung und Beteiligung der Mutter hinsichtlich des Kindswohls von David erschwert war. Frau Meier war somit immer wieder mit Abgrenzung- und Balancesituationen konfrontiert, die zugleich transparent zu Frau Schulz kommuniziert werden mussten. Darüber hinaus zeigt sich insgesamt für die SPFH, dass die Fachkräfte durch ihre Präsenz im Privaten der Familien im Zweifel private Dinge veröffentlichen, die letztlich von den Nutzenden nur begrenzt steuerbar sind. Die Fachkräfte stehen somit nicht nur in Wechselwirkung mit den Nutzenden, sondern eben auch mit deren sozialem – institutionellen und privaten – Umfeld. Vor diesem Hintergrund müssen sich die Fachkräfte Gedanken über ihr Erscheinen bei den Familien machen und sich beispielsweise damit auseinandersetzen, wie sinnvoll es ist – gerade im ländlichen Raum – mit Dienstautos vorzufahren, die mit Träger und Hilfehinweisen beklebt sind, ob sie Dienstkleidung mit Trägerlogo tragen sollten, wie die Ansprache an der Haustür gestaltet werden kann, damit die interessierten

Nachbar:innen nicht gleich mitbekommen, dass es sich um eine SPFH handelt, oder auch wie mit überraschenden Kontakten mit Familienmitgliedern und Freund:innen sowie Institutionen (z. B. Kindertagesstätte, Sportverein) umgegangen werden soll. Bei all diesen Punkten kann ggf. eine Öffentlichkeit erzeugt werden, die die Nutzenden nicht wünschen.

Aus *Sicht der Klientin* war die Wohnungsräumung stark schambesetzt und die Hilfe an sich war zudem von einigen Ängsten begleitet. Die Ängste begannen gleich mit der Etablierung der Hilfe, die sich ohne die übliche Hilfeanbahnung des Jugendamts vollzog, sodass sich die Helferin und die Mutter nicht zunächst in den Räumen des Jugendamts getroffen haben und schon ein wenig kennenlernen konnten, sondern die Helferin gleich ohne diesen Vorlauf vor der Wohnung von Frau Schulz stand. Die von der Tendenz her niedrige Kontrolle über die Hilfegestaltung durch Frau Schulz setzte sich durch häufigen Sachbearbeiter:innenwechsel im Jugendamt (Jugendhilfe im Familienrecht sowie im ASD/Bezirkssozialdienst des Jugendamts) und anderen Institutionen fort. Neben der Erfahrung des Kontrollverlusts darüber, ob die Helfenden eigentlich noch die sind, von denen sich Frau Schulz helfen lassen möchte oder kann, vollzog sich über den Sachbearbeiter:innenwechsel auch ein Geschlechterwechsel. Das gesamte Hilfeumfeld, mit Ausnahme der Familienhelferin und der Verfahrensbeiständin, war männlichen Geschlechts. In dieser geschlechtlichen Verteilung im Hilfesystem entwickelten sich mit der Zeit geschlechtsspezifische Koalitionen, die ungünstig mit den Auseinandersetzungen zwischen Frau Schulz und dem Vater von Jonas und der Stalkingsituation korrelierten. Hier zeigt sich, dass in den Hilfen Dynamiken entstehen können, die für die Nutzenden trotz des Postulats der Hilfe zur Selbsthilfe eben nicht unbedingt als solche erlebt werden, sondern auch Kontrollverluste mit sich bringen, die auch als Einschränkungen ihrer Selbstwirksamkeit erlebt werden können.

Für *die Helferin* war es sehr ungewöhnlich ohne Hilfeplantermin beim Jugendamt direkt zur Familie zu fahren. Auch wenn Frau Schulz sich gleich zu Beginn der Hilfe sehr offen zeigte, war die Art und Weise der Hilfeanbahnung außerhalb der üblichen Routine und zugleich durch die anstehende Wohnungsräumung damit doppelt unsicher. Die schon angedeuteten geschlechtsspezifischen Koalitionen wurden auch bei der Helferin aktiviert. Dies hatte mehrere Gründe: Die männlichen Mitarbeiter der helfenden Institutionen stereotypisierten Frau Schulz beständig als ›arme‹ Frau und schufen so ein Opfernarrativ über sie. Die Lebenssituation von Frau Schulz wurde somit beständig mit ihrem Geschlecht verbunden, was kommunikativ eine Unlösbarkeit der Situationen, in denen sie sich befand, stabilisierte. Letztlich wurde somit eine Biologisierung der Lebenssituation vorgenommen. Frau Meier war in diesem Milieu damit konfrontiert, eigene frühe Geschlechterkämpfe und -stereotype in ihrer Herkunftsfamilie zu reflektieren. Damit befand sie sich im Spannungsfeld von eigenbiographischen Projektionen und der Anforderung eines professionellen Umgangs mit determinierenden Geschlechterzuweisungen im Hilfeprozess. Die Alltagsnähe der aufsuchenden Arbeitsweise, der Kontakt mit dem Alltag der Nutzenden kann sich mit den Alltagserfahrungen und biographischen Prägungen der Fachkräfte kreuzen und ein Handeln in biographischen Projektionen und Routinen befördern. Die Reflexion der professionellen Handlungsweisen in der SPFH kann dadurch für die Fachkräfte erheblich erschwert sein.

Die Hilfebeziehung zwischen Frau Schulz und der Helferin lässt sich in mehreren Bereichen reflektieren. Allgemein kann festgehalten werden, dass Frau Meier in stetiger Rücksprache mit Frau Schulz hinsichtlich des Umgangs mit den diversen Stellvertreterinnensituation war, in die sie durch die anderen Dienste gebracht wurde. Das war für Frau Schulz wichtig und ein beziehungsförderliches Verhalten. Die immer wieder auftretenden Krisen und der Krisenzyklus des gesamten Hilfeprozesses führten dazu, dass Veränderungen, die durch die Hilfe erreicht werden sollten, letztlich nicht angegangen und erreicht werden konnten. Es bleibt der Eindruck zurück, dass Frau Schulz sich im Krisenzyklus Fürsorge organisierte und diese Dynamik für Frau Meier nur sehr schwer und bestenfalls punktuell durchbrochen werden konnte. Für die Hilfebeziehung zwischen Frau Schulz und der Helferin war für Frau Schulz zudem das Geschlecht der Helferin wichtig. Das Einhalten des Datenschutzes und das Geschlecht der Helferin waren somit beziehungsförderlich für die Hilfe.

Der schon erwähnte Krisenzyklus der gesamten Hilfe wurde u. a. dadurch befördert, dass Frau Schulz gerade in den Eskalationsspitzen für Frau Meier nicht erreichbar war. Das führte dazu, dass die Helferin andere Menschen (z. B. die Mutter von Frau Schulz) ohne Einwilligung von Frau Schulz kontaktierte. Darüber hinaus neigte Frau Schulz dazu, relevante Sachverhalte nicht zu erzählen, was wiederum andere Beteiligte (z. B. das Jobcenter) dazu veranlasste, die Helferin, auch aufgrund ihrer Bekanntheit, zu kontaktieren, um direkt Informationen an die Helferin weitergeben zu können. Die Familienhelferin war somit immer wieder in Abgrenzungsfragen involviert, die aufgrund der Art und Weise des Kontakts zu Frau Schulz letztlich in die Frage mündeten, ob grundsätzlich ein Prozess der Hilfe zur Selbsthilfe gestaltbar sein kann oder ob durch die Hilfe letztlich eine Steigerung der Abhängigkeit von Frau Schulz vom Hilfesystem befördert wurde. Der Reflexionsprozess war zudem erschwert, weil Frau Schulz durch ihr kontinuierliches positives Feedback auch narzisstische Bedürfnisse von Frau Meier bediente. Das Feedback wurde auch dadurch bestärkt, dass Frau Schulz in der oben beschriebenen geschlechtsspezifischen Koalitionsbildung immer wieder Frauen suchte, die ihr zur Seite standen, und der Kontakt zur Helferin von ihr als gute gleichgeschlechtliche Erfahrung benannt und erlebt wurde. Dies ist ein Beispiel dafür, dass die Fachkräfte in der SPFH in der Hilfebeziehung auch mit einem libidinösen Beziehungsanteil konfrontiert sein können und dieser mitunter auch eigene Sehnsüchte nach Bestätigung und Wertschätzung tangiert. In dieser Facette zeigt sich, dass eben auch die Nutzenden über starke und wirksame Beziehungskompetenzen verfügen, die eine Dynamisierung der Hilfebeziehung mit sich bringen und die letztlich von den Fachkräften selbst nur begrenzt gesteuert werden können. Diese beziehungsdynamische Wechselwirkung bedeutet für die Fachkraft auch eine Auseinandersetzung mit Allmachts- und Ohnmachtserfahrungen.

Frau Schulz hatte zudem einen Hang zur Grenzüberschreitung im Kontakt mit der Helferin; dies manifestierte sich darin, dass sie sie z. B. unabgesprochen duzte, körperliche Nähe suchte und Frau Meier Geschenke machte. Darüber hinaus verstand Frau Schulz es sehr gut, die Hilfe als Fahrdienst zu instrumentalisieren oder auch Frau Meier bei Anzeigen als Zeugin zu benennen, obwohl die Helferin bei den zur Anzeige gebrachten Sachverhalten gar nicht anwesend war. Durch die schon beschriebene starke Dynamik der unterschiedlichen Krisen wurde die Helferin auch in Situationen gebracht, die ihre persönliche Sicherheit bedrohten, wie z. B. bei der oben beschriebenen Suche des Stalkers von Frau Schulz durch die Helferin im Keller. Das Handeln im Alltag der Nutzenden lässt die Grenzen in der Hilfebeziehung zwischen Nutzer:in und Fachkraft so mitunter verschwimmen. Es können daher – gewollt oder ungewollt – Grenzüberschreitungen (sozialer, biologischer, psychischer Art) forciert werden, die schlechtesten Falls Situationen erzeugen, in denen die Sicherheit der Fachkräfte real bedroht ist.

> Zusammenfassend zeigt dieser Fall die Komplexität und Diffusität aufsuchenden Arbeitens in der SPFH. Der Fall war für Frau Meier insgesamt schwer zu händeln, weil er von stark divergierenden Sichtweisen (z. B. Jugendamt, Frau Schulz, Jobcenter, Polizei, Verfahrensbeiständin) geprägt war. Es war auf diese Weise kaum möglich ein gemeinsam geteiltes Fallverständnis zu entwickeln, was zur Verunsicherung der Helferin in ihrer Urteils- und Entscheidungsfähigkeit führte. Anhand dieses Fallbeispiels lässt sich somit sehr gut zeigen, warum Fachkräfte in diesem Arbeitsfeld engmaschige fachliche Supervision benötigen und wie wichtig ein interdisziplinäres und multiprofessionelles Fallverständnis ist.

Literatur

Allert, T., Bieback-Diel, L., Oberle, H. & Seyfarth, E. (1994): Familie, Milieu und sozialpädagogische Intervention. Münster: Votum.
Ackermann, T. (2011): Case-Management in der Sozialpädagogischen Familienhilfe? Erfahrungen in der Umsetzung und Ansätze für ein nutzerorientiertes Case-Management. In: M. Müller & B. Bräutigam (Hrsg.), Hilfe, sie kommen! Systemische Arbeitsweisen im aufsuchenden Kontext (S. 87–99). Heidelberg: Carl Auer.
Bräutigam, B. & Müller, M. (2014): Aufsuchende Hilfen. In: T. Levold & M. Wirsching (Hrsg.), Systemische Therapie und Beratung. Das große Lehrbuch (S. 435–438). Heidelberg: Carl Auer.
Bräutigam, B., Müller, M. & Lüngen, S. (2011): Die Kunst, sich einzulassen und dennoch ein anderer zu bleiben – einleitende Gedanken zur aufsuchenden Arbeit. In: M. Müller & B. Bräutigam (Hrsg.), Hilfe, sie kommen! Systemische Arbeitsweisen im aufsuchenden Kontext (S. 20–27). Heidelberg: Carl Auer.
Elger, W. (1990): Sozialpädagogische Familienhilfe. Neuwied: Luchterhand.
Gahleitner, S. B., Pauls, H. & Glemser, R. (2018): Diagnostisches Fallverstehen. In: P. Buttner, S. B. Gahleitner, U. H. Freund & D. Röh (Hrsg.). Handbuch Soziale Diagnostik. Perspektiven und Konzepte für die Soziale Arbeit (S. 117–127). Berlin: Verlag des Deutschen Vereins für öffentliche und private Fürsorge.
Gehrmann, G. & Müller, K. D. (2013): Praxis Sozialer Arbeit: Familie im Mittelpunkt. Handbuch effektives Krisenmanagement für Familien (3., neu bearbeitete Auflage). Regensburg: Walhalla.
Freigang, W. (1986): Verlegen und Abschieben. Zur Erziehungspraxis im Heim. Weinheim/München: Juventa.
Harrer-Amersdorffer, J. (2021): Sozialpädagogische Familienhilfe im Spannungsfeld. Theoretisch-methodische Kategorien zur Reflexion der Mehrdeutigkeit in der Fallarbeit. Blätter der Wohlfahrtspflege, 5, 177–180.

Helming, E., Schattner, H. & Blüml, H. (1999): Handbuch Sozialpädagogische Familienhilfe. Stuttgart: Kohlhammer.

Lüngen, S., Müller, M. & Bräutigam, B. (2016): »Kaffee, Kekse, Katzenallergie«. Umgang mit Grenzen, Grenzerfahrungen und Abgrenzungsbedürfnissen in den Hilfen im häuslichen Setting. Neue Praxis, 46 (1), 67–82.

Metzger, M. & Domeniconi Pfister, S. (2018): Arbeits- und Handlungsprinzipien der Sozialpädagogischen Familienhilfe und Familienbegleitung. Zeitschrift für Sozialpädagogik, 1, 56–71.

Müller, M. (2010): Drei Dimensionen Sozialpädagogischer Familienhilfe. In: B. Michel-Schwartze (Hrsg.), »Modernisierungen« methodischen Handelns in der Sozialen Arbeit (S. 205–229). Wiesbaden: Springer.

Müller, M. (2023): Hilfen zur Erziehung und sozialpädagogische Familienhilfe. In: A. v. Rießen & C. Bleck (Hrsg.), Handlungsfelder und Adressierungen der Sozialen Arbeit (S. 49–57). Stuttgart: Kohlhammer.

Nauert, M. (2018): Soziale Diagnostik. Ein analytischer Beitrag zum Gegenstand und zum Verfahren von Verstehensprozessen in der Sozialen Arbeit. Klinische Sozialarbeit, 3, 6–8.

Nielsen, H., Nielsen, K. & Müller, C.W. (1986): Sozialpädagogische Familienhilfe. Probleme, Prozesse und Langzeitwirkungen. Weinheim/Basel: Beltz.

Rätz, R., Biere, A., Reichmann, U., Krause, H.-U. & Ramin, S. (2021): Sozialpädagogische Familienhilfe. Ein Lehr- und Praxisbuch. Stuttgart: Kohlhammer.

Rätz, R., Schröer, W. & Wolff, M. (2014): Lehrbuch Kinder- und Jugendhilfe. Grundlagen, Handlungsfelder, Strukturen und Perspektiven (2., überarbeitete Auflage). Weinheim/München: Juventa.

Thiersch, H., Grunwald, K. & Köngeter, S. (2002): Lebensweltorientierte Soziale Arbeit. In: W. Thole (Hrsg.), Grundriss Soziale Arbeit: Ein einführendes Handbuch (S. 161–178). Opladen: Leske + Budrich.

Uhlendorff, U., Sabla, K.-P. & Euteneuer, M. (2013): Soziale Arbeit mit Familien. München/Basel: Reinhardt.

14 Sozialpsychiatrischer Dienst und Hausbesuche – ambulante Beratung und Begleitung von Menschen mit psychischen Erkrankungen

Lisa Große & Elisabeth Augart

Überblick

14.1 Soziale Arbeit in der Sozialpsychiatrie – Bewegung zwischen Hilfe und Kontrolle 144
14.2 Laura Bernhard – »… und da dachte ich, Sie verfolgen mich jetzt!« 147
14.3 »Bei Laura Bernhard müssen wir einen Hausbesuch machen« – oder die Not nach umfassender Reflexion 149
14.4 Hausbesuch im sozialpsychiatrischen Tätigkeitsfeld – was heißt das? 151

14.1 Soziale Arbeit in der Sozialpsychiatrie – Bewegung zwischen Hilfe und Kontrolle

Psychiatrie ist zunächst eine medizinische Profession, die versucht »das Phänomen Krankheit physiologisch zu erklären und zu behandeln und auf eine biologistisch-naturwissenschaftliche Grundlage zu stellen« (Dörr 2005, S. 12, vgl. auch Walther 2023). Der Begriff der Sozialpsychiatrie verweist nach Kruckenberg (2000, S. 17) darauf, dass »Psychiatrie a-sozial geworden ist und dass seelisches Kranksein nicht nur im biologischen, sondern auch im sozialen Kontext wahrgenommen und behandelt werden muss.« Die (sozial-)psychiatrische Versorgungslandschaft[1] entwickelte sich im Zuge der Reformbemühungen der Rodewischer Thesen 1963 und der Psychiatrie-Enquete 1975 (Beddies et al. 2000, vgl. auch Walther 2023). Seit der Auflösung der Verwahr- und Großanstalten werden Menschen mit (chronisch) psychischen Erkrankungen in ihrem Sozialraum beraten, begleitet und behandelt. Mit der Zeit entstand die heutige differenzierte, spezialisierte und versäulte Versorgungslandschaft (Eichenbrenner & Ruhl 2023).

Auch die Etablierung Sozialpsychiatrischer Dienste (SpDi) entstand im Zuge der Auflösung der Großanstalten. Je nach kommunalen Bedingungen und Bestim-

---

1 Mitunter wird wieder von einem Roll-Back im Sinne einer erneuten Medizinierung der Psychiatrie gesprochen (Armbruster et al. 2015).

mungen der Psychiatriekrankengesetze (PsychKG) unterscheiden sich Aufgabenfelder und personelle Kapazitäten, damit einhergehend auch zeitliche Ressourcen. Bedingt dadurch sind nicht zuletzt telefonische Erreichbarkeit, Gestaltung des Beratungs- und Begleitungsprozesses (Inhalte, Dauer und Häufigkeit der Kontakte) und Nutzung unterschiedlicher Beratungssettings. Alle, die einen Unterstützungsbedarf auf Basis einer psychischen Erkrankung vermuten, sind Auftraggebende des SpDi: Betroffene selbst, Angehörige, Vermieter:innen, Fachkräfte aus der Versorgungslandschaft, Ämter und Behörden und viele mehr. Zu den generellen Aufgaben der SpDi gehören u. a. die niedrigschwellige Beratung und Betreuung, Krisenintervention und Zwangseinweisung, Planung und Koordination von Einzelfallhilfen, Netzwerkarbeit und Steuerung im regionalen Verbund wie Beschwerdemanagement und Fachaufsicht (Bundesweites Netzwerk Sozialpsychiatrischer Dienste 2012).

Deutlich an der Aufgabenbeschreibung wird die Doppelfunktion der Mitarbeitenden. Sie durchzieht den Arbeitsalltag im Allgemeinen, die Tätigkeit der Sozialarbeitenden im Speziellen. Nahe liegt daher die Auseinandersetzung mit dem Triplemandat Sozialer Arbeit (Staub-Bernasconi 2018). Zunächst nimmt das durch Böhnisch und Lösch (1973) beschriebene doppelte Mandat das Spannungsfeld zwischen Auftrag durch das Gemeinwohl (Überwachungen gesellschaftlicher Normen) und der Klient:innen (individuelle Bedürfnisse) in den Blick. »Professionalität fordert als erstes und unverzichtbar das Eingehen auf die Sichtweisen der Klientel über ihre individuelle Situation, Not, desgleichen ihre Unrechtserfahrungen und ihre bislang gelungenen wie gescheiterten Problemlösungsversuche«, so Staub-Bernasconi (2018, S. 117).

> Werden zugleich heterogene Gesundheits- und Störungsverständnisse oder die immer noch nicht selten gemachten Macht- und Ohnmachtserfahrungen der Klient:innen betrachtet, sind Sozialarbeitende nicht frei, sich dem Hilfemandat selbstverständlich anzuschließen.

Neben den klarer auslegbaren Entscheidungen bei Selbst- und Fremdgefährdung (formal juristisch beispielsweise durch § 1906 BGB oder den jeweiligen PsychKG der Länder) kommen Fragen der Selbstbestimmung und Teilhabe hinzu. Sozialarbeitende bewegen sich in ihrer »Vermittlungstätigkeit« daher zwischen Hilfe und Kontrolle (Staub-Bernasconi 2018, S. 113). Gesetzliche, institutionelle und aktuelle Bedarfslagen wie Individualität der Klientel bestimmen den Aushandlungsprozess. »Loyalitäts-, Rollen-, Handlungs- und Identitätskonflikte sind hier vorprogrammiert. Der Umgang mit dieser sozialen Konstellation gehört unabweisbar zu den Merkmalen der Disziplin und Profession Sozialer Arbeit« (ebd., S. 114).

Notwendig wird das dritte Mandat der eigenen Fachlichkeit (Staub-Bernasconi 2007, 2018).

> Soziale Arbeit thematisiert auf Basis eigener Fachlichkeit soziale Probleme und deren Wechselwirkung. Sie nutzt hierzu Wissenschaftsdiskurse der eigenen Disziplin, positioniert sich gegenüber Bezugsdisziplinen und anderen Professionen

> und orientiert sich an eigenen Ethikkodizes (insbesondere Menschenrechte und soziale Gerechtigkeit, IFSW 2018).

Neben dem beruflichen Ethos und dem fachspezifischen Wissen sind auch die Autonomie und Entscheidungsspielräume wichtige Indikatoren des berufsstrukturellen Professionsverständnisses (Oevermann 1996). Nur wenn oben beschriebene Loyalitätskonflikte sichtbar sind, können sie bearbeitet werden. Das ist die Basis »mit [...] [den Klient:innen] zusammen die Artikulation ihrer Bedürfnisse und Interessen, die Einlösung ihrer legitimen Ansprüche auch gegenüber einer illegitimen Machtstruktur zu erstreiten« (Staub-Bernasconi 2018, S. 123).

Das ist besonders dort vordergründig, wo das psychosoziale Funktionsniveau von Menschen mit psychischer Erkrankung erheblich eingeschränkt ist. Die Beeinträchtigung, Sorge für zielführende Entscheidungen zu tragen, ist in krisenhaften, akuten Phasen deutlich. Veränderungen von Affekt, Antrieb, Urteilsfähigkeit, Aufmerksamkeit, Denkinhalte, Wahrnehmung, Selbstversorgung, Gedächtnis und Beziehungsgestaltung können die Krankheitsverläufe prägen (Zimmermann & Schulz 2023, Falkei et al. 2022). In den letzten Jahrzehnten differenzierte sich der SpDi vor allem als Dienst für Menschen in akuten, psychiatrischen Krisen und Menschen mit chronisch verlaufenden psychischen Erkrankungen und wenig sozialen Unterstützungsressourcen aus. Ihnen gelingt es aufgrund der begrenzten Ressourcen häufig nicht hinreichend, den Ansprüchen der Versorgungslandschaft gerecht zu werden: beispielsweise Einhalten von Terminen, zielgerichtete Bedarfsäußerung und hohe Eigeninitiative. Die Verantwortung für das Scheitern einer adäquaten Versorgung wird nicht selten ausschließlich dem Individuum zugeschrieben. Menschen, die zudem bereits verletzende zwischenmenschliche Vorerfahrungen gemacht haben, ziehen sich aus sozialen Kontakten zurück und sind somit schwieriger durch das Hilfesystem zu erreichen (Giertz et al. 2021, Obert et al. 2018).

Im Rahmen der Tätigkeit im SpDi können Hausbesuche als sehr niedrigschwelliger Zugang genutzt werden, um überhaupt Unterstützung anbieten zu können oder zu leisten: beispielsweise wenn Symptome einer Angst- oder depressiven Störung das Verlassen der Wohnung nicht ermöglichen oder die Terminwahrnehmung in der Dienststelle als zu stressreich erlebt wird (Obert et al. 2018). Wird die Übernahme von Verantwortung in Krisensituationen in den Blick genommen, sind Hausbesuche aber auch Settings, um Kontrollfunktionen umzusetzen. Die Kontrollfunktion wurde also mit der Entwicklung der Sozialpsychiatrie nicht abgeschüttelt (ebd.). Einerseits ermöglichen Hausbesuche, Kontakte herzustellen (das heißt Zugriff auf Menschen mit Unterstützungsbedarf zu erreichen), aber auch einen Einblick in die Wohnumgebung und das soziale Umfeld zu erhalten. Über das In-Kontakt-Kommen im Hausbesuch werden dann Selbst- und Fremdgefährdung und prekäre psychosoziale Unterstützungsbedarfe überprüft.

14.2 Laura Bernhard – »… und da dachte ich, Sie verfolgen mich jetzt!«

Wie komplex die Gemengelage zur Entscheidung für die Durchführung eines Hausbesuchs sein kann, zeigt die Schilderung der Zusammenarbeit mit Laura Bernhard[2] auf.

Laura Bernhard berichtet der Sozialarbeiterin vom SpDi am Telefon, dass sie gerade umgezogen und auf der Suche nach psychiatrischer und psychotherapeutischer Anbindung ist. Ein Termin in der Beratungsstelle wird vereinbart. Da Laura Bernhard eine klare Zielvorstellung hat, wird von einer Kurzberatung ausgegangen. Zum vereinbarten Termin erscheint die Klientin erst 15 Minuten später, nicht unüblich für die psychosozial oft schwer belasteten Klient:innen des SpDi. Laura Bernhard ist durch ihre Verspätung jedoch offensichtlich belastet und verunsichert. Zudem wird bereits nach einem kurzen Gespräch die Schwere der psychiatrischen Erkrankung deutlich. Sie wirkt verschlossen, misstrauisch, vorsichtig und beobachtend, was Vermutungen und Rückschlüsse auf Wahnideen nahe legt. Dennoch wirkt Laura Bernhard offen gegenüber dem Beratungskontakt.

Das Erstgespräch macht folgende Situation deutlich: Die 23-Jährige stammt ursprünglich aus Schleswig-Holstein und ist erst seit wenigen Wochen in Dresden. Sie ist in Aussicht auf eine neue Partnerschaft umgezogen, diese hat sich aber als Enttäuschung herausgestellt. Das Mietverhältnis ihrer Wohnung in Schleswig-Holstein besteht noch, im Studium hat sie lediglich ein Urlaubssemester eingelegt. Über ihre gesundheitliche Situation macht sie nur zögerlich und auf Nachfrage Angaben. Vor ca. drei Jahren wurde bei ihr eine schizoaffektive Störung diagnostiziert. Bei ausgeprägten Wahnideen fanden eine stationäre Krisenintervention und anschließende Rehabilitationsbehandlung statt. Sie bleibt in ihren Beschreibungen vage. Nach dem ersten vorsichtigen Vertrauensaufbau räumt sie einige Details zur Krisensituation ein: Laura Bernhard berichtet von massivem Verfolgungs- und Bedrohungserleben in dieser Zeit (sich immer weiter ausbreitend: Nachbar:innen, Kommiliton:innen, Menschen in öffentlichen Verkehrsmitteln). Das Bedrohungserleben in Kombination mit schweren depressiven Symptomen (Schlafstörungen, Schuldgefühlen, Selbstzweifel, ›Schwarzsehen‹, Zukunftsängsten) führte zu einem Suizidversuch. Laura Bernhard wurde daraufhin gegen ihren Willen in einer psychiatrischen Klinik zwangsuntergebracht und behandelt. Sie sagt, sie weiß heute um die Notwendigkeit dieser Beschlüsse, aber sie waren zugleich ein massiver und beängstigender Einschnitt in ihr Leben. Zum Zeitpunkt des Gesprächs verneint Laura Bernhard Suizidabsichten glaubhaft.

---

2 Zum Schutz des:der Klient:in wurden Name und personenbezogene Angaben mit fiktiven Angaben ersetzt.

In Dresden möchte sie gern bleiben, hier ein neues Studium aufnehmen. Die Behandlung wurde in einem anderen Bundesland begonnen. Sie ist medikamentös eingestellt, ihre Tabletten reichen jedoch nur noch wenige Tage. Zur aktuellen Symptomatik bleibt sie verschlossen. Ihre Strategie ist, so sagt sie, auf Fragen so zu antworten, wie es von ihr verlangt wird: »Es geht mir gut, ich nehme regelmäßig meine Medikamente.« Nach Ansicht der Sozialarbeiterin ist die Realität der Aussagen offen, denn einerseits erfragt die Klientin psychiatrisch-psychotherapeutische Angebote, andererseits lässt die Beraterin das Gefühl nicht los, dass Laura Bernhard die Notwendigkeit von deren Inanspruchnahme nicht sieht. Zunächst erfolgen die Informationen über ambulante Behandler:innen. Laura Bernhard möchte diese selbst anrufen. Ein zeitnaher Folgetermin wurde vereinbart, um weiteren Unterstützungsbedarf zu eruieren.

Zum zweiten vereinbarten Termin erscheint Laura Bernhard nicht. Eine telefonische Kontaktaufnahme sowie Rückrufbitten scheitern. In den interdisziplinären Fallberatungen des SpDi wird das Erstgespräch mit Laura Bernhard vorgestellt. Aus Sicht des Teams ist dringend eine psychiatrische Anbindung zur Vermeidung von erneuten Krisen aufgrund fehlender medikamentöser Versorgung geboten. Einstimmig wird im Team beschlossen, Laura Bernhard zur Krankenhausvermeidung möglichst niedrigschwellige, multiprofessionelle Hilfe – per Hausbesuch – anzubieten. Gerade das noch junge Alter von Laura Bernhard und die fehlenden nahen sozialen Unterstützungsstrukturen legten eine Verantwortung der Mitarbeitenden des SpDi nahe. Der Kontaktabbruch stellt die niedrigschwellige, zugehende Beratung, aber auch die Kontrollfunktion des SpDi in den Mittelpunkt der Diskussion.

Der Hausbesuch erfolgt zeitnah. Erst nach wiederholtem Klingeln meldet sich jemand an der Gegensprechanlage. Laura Bernhard lässt sich auf ein kurzes Gespräch im Treppenhaus ein. Sie ist sichtlich verunsichert und überfordert mit der Situation. Das postalische Anschreiben liegt nach ihren Aussagen noch verschlossen auf dem Tisch. Sie willigt einem neuen Gesprächstermin in der Dienststelle ein. Fragen zur psychiatrischen Versorgung will oder kann sie in diesem Setting nicht beantworten. Der Weiterführung des Gesprächs in der Wohnung stimmt sie nicht zu. Die Beraterin zieht sich schnell zurück, um Laura Bernhard nicht zu bedrängen.

Zum folgend vereinbarten Termin erscheint Laura Bernhard überpünktlich in der Dienststelle. Sie ist freundlich zugewandt, entschuldigt sich intensiv für die versäumten Kontakte. Dennoch folgt auf die Situation an ihrer Wohnung ein Rückzug der Klient:in aus der Beziehung zur Fachkraft: der Kontakt wirkt in diesem Gespräch wenig authentisch, sondern überangepasst, um Schlimmeres zu verhindern. Die Beraterin greift das Thema daher erneut auf, um Laura Bernhard die Möglichkeit zur Rückmeldung zu geben und die Entscheidung des SpDi zu reflektieren. Laura Bernhard sagt, dass sie vom Hausbesuch völlig überrannt wurde. Sie kann ihre Gedanken zwischen Angst und Wut nicht ordnen. Ihre Beschreibung ist möglicherweise Ausdruck ihrer Erkrankung: Die Beraterin suche sie eventuell aus Ärger über die versäumten Beratungstermine zuhause auf, um sie zu stalken oder zurechtzuweisen. Aber sie kann es auch als fürsorgliches Element deuten. Der Beratungstermin wird benötigt, um das Setting mit erhöhter Transparenz zu beleuchten und eine bleibende Involvierung in das Wahnsystem abzuwenden. Beraterin und Klientin vereinbaren, dass keine Hausbesuche mehr als Beratungssetting gewählt werden. Bei etwaigen Kontaktabbrüchen werden andere Kontaktformen besprochen (postalische Einladung in die Dienststelle, E-Mail-Kontakt, besprechen telefonischer Erreichbarkeit). Der weitere Beratungsprozess ist geprägt von erhöhter Transparenz, die es benötigt, um den aufseiten von Laura Bernhard erlebten Vertrauensverlust zu begegnen.

14.3 »Bei Laura Bernhard müssen wir einen Hausbesuch machen« – oder die Not nach umfassender Reflexion

Der Kontakt zu Laura Bernhard findet im SpDi Dresden statt – ein Dienst, der multiprofessionell ausgestattet ist und über umfangreiche Ressourcen für die Gestaltung der Klient:innenkontakte verfügt. So finden ungefähr die Hälfte aller Kontakte mittels aufsuchender Arbeit (Hausbesuche, Begleitungen) statt. Hausbesuche sind daher kein außergewöhnliches Beratungssetting, sondern können auf Basis der Ressourcen sehr schnell umgesetzt werden. Leitend in der Überlegung zum Hausbesuch bei Laura Bernhard – ohne dies vorher mit der Klientin abgestimmt zu haben, ob dies ein für sie geeignetes Hilfesetting wäre – sind die (sich gegenüberstehenden) Unterstützungspostulate von Hilfe und Kontrolle: Die Möglichkeit der Mitarbeitenden des SpDi, aufsuchende tätig zu werden, ist besonders für Menschen geeignet, die längerfristig oder auch krisenbedingt über keine ausreichenden intra- und interpersonellen Ressourcen verfügen. Das Ausdrücken von Sorge durch einen Hausbesuch kann Klient:innen, insbesondere bei sozialer Isolation, Fürsorge vermitteln. Die teaminterne Beratung nahm eben jene fürsorglich nachgehende Tätigkeit des SpDi in den Blick: Das noch junge Alter der Klientin, die fehlende soziale Unterstützung in der neuen Wohnumgebung, die unzureichenden Zugriffsmöglichkeiten auf eine fachärztliche Behandlung am neuen Wohnort und der vergangene Suizidversuch sind Argumente für die Fachkräfte und die Teamleitung, über das Mittel eines Hausbesuchs wieder in Kontakt mit Laura Bernhard zu treten.

Auf der anderen Seite übernehmen Mitarbeitende im SpDi auf Basis der gesetzlichen Bestimmungen auch einen Kontrollauftrag. Die Motivation zur Gestaltung des Kontakts verschiebt sich damit auf die Verantwortung des Diensts wie möglichen Schutz bei Eigen- oder Fremdgefährdung. Der bereits umgesetzte Suizidversuch ist daher nicht ein rein fürsorglicher Grund, nachgehende Unterstützung anzubieten, sondern gesetzlicher Auftrag. Bei gleichzeitig unklarer Verantwortungsposition in der Versorgungslandschaft und Allzuständigkeit der Mitarbeitenden im SpDi steigt der Druck, einer Kontrollfunktion nachzugehen.

Eine Schwierigkeit ist, unabhängig der Begründung von fürsorglich nachgehender oder kontrollierender Arbeit, dass die Mitarbeitenden oft nur über unzureichende Informationen verfügen, um ein geeignetes Setting abzuwägen. Auch die Besprechung mit den Klient:innen zum Hilfesetting ist bei abgebrochenem oder bisher nicht herstellbarem (telefonischen) Kontakt nicht möglich.

> Bei Laura Bernhard wird deutlich, dass Fachkräfte in Sorge geraten. Inwieweit sie bei der Entscheidung eher einen fürsorglichen oder kontrollierenden Auftrag übernehmen, wird nicht abschließend geklärt. Die interdisziplinäre Besprechung und schlussendlich multiprofessionelle Entscheidung hierzu bleiben aus.

Hinzu kommt, dass schwierige Kontaktgestaltungen und Krisensituationen, die Hausbesuche erfordern, zum Alltagsgeschäft vieler Mitarbeitenden des SpDi gehören. In Anbetracht dessen, dass fast die Hälfte aller Tätigkeiten aufsuchend erfolgen, gehört die Entscheidung zum Hausbesuch quasi zum ›Dienstweg‹. Zugleich sind Hausbesuche auch auf Basis der zeitlichen Ressourcen ein schnell umsetzbares Setting für diese und ähnliche Situationen. Wenn Klient:innen beispielsweise nicht erreichbar sind, hat das keine Auswirkungen auf die Kostendeckung der aufsuchenden Tätigkeit. Bei vielen anderen Angeboten der Versorgungslandschaft sind aufsuchende Tätigkeiten zunächst mit dem Kostenträger zu verhandeln. Deutlich wird also, dass ohne diese Strukturen sich die Frage nach etwaig zu schnellem Entscheiden für einen Hausbesuch und das Ausbleiben einer multiprofessionellen Entscheidung nicht stellen.

Ziel des Hausbesuchs war es, wieder in Kontakt mit der Klientin zu treten, fehlende Informationen einzuholen und weitere Interventionen zu besprechen, aber auch der Verantwortung der Mitarbeitenden gerecht zu werden. Für die Klientin jedoch gestaltete sich die Situation als deutlich übergriffig und beängstigend, was sie selbst auch mit Wahneinbindung beantwortet. Wie Klient:innen einen Hausbesuch wahrnehmen, kann also wie in der Beschreibung störungsspezifisch beeinträchtigt sein. Wenn jedoch davon ausgegangen wird, dass auch störungsbedingte Wahrnehmungen einen realen Gegenstand haben, die Deutung nur verändert ist (Gonther, 2019), sollten sie zum Anlass einer Reflexion genommen werden. Denn die Wahrnehmung von beispielsweise Hausbesuchen hängt vor allem von den Bedürfnissen und den Erwartungen der Klient:innen an den Hilfekontakt ab: »Welche Nähe und Distanz möchte ich mit der Fachkraft gestalten? Inwieweit habe ich das Gefühl, dass ich das Verhältnis zwischen Fachkraft und mir auch gestalten kann oder bin ich der Fachkraft vielmehr ausgeliefert? Was glaube ich, wie mir die Fachkraft gegenüber eingestellt ist?« Zur Beantwortung dieser Fragen benötigt es die Thematisierung der Rolle und Aufgaben des Unterstützungsangebots seitens der Fachkraft. Die Entscheidung der Beraterin, die Grenze von Laura Bernhard (Zutrittsgewährung zur Wohnung) ernst zu nehmen und sich der eigenen Gastrolle gewiss zu sein, ermöglicht womöglich, dass es zu keinem Kontaktabbruch kommt (Obert et al. 2018). Im weiteren Kontakt jedoch spürt die Beraterin einen massiven Vertrauensverlust. Diesem begegnet die Beraterin vor allem mit Feinfühligkeit und Transparenz in Anlehnung an humanistische Verfahren. Das heißt, die Beraterin fokussiert eine nicht-direktive Beziehungsgestaltung: »Sie ist partizipativ, von Empathie, Wertschätzung und Kongruenz geprägt« (Wesenberg & Gahleitner 2022, S. 166).

> Die Transparenz drückt sich vor allem in der Offenlegung der Gründe für die Hausbesuchsentscheidung und die Rolle des öffentlichen Auftrags des SpDi und damit auch der Mitarbeitenden aus. Die Mitarbeiterin räumt zugleich ein, dass die Entscheidung im Fall von Laura Bernhard zu schnell getroffen wurde, ihr sei daher bewusst, wie beängstigend der Hausbesuch gewesen sein muss. Mithilfe des feinfühligen und transparenten Vorgehens ermöglicht sie es, die Hausbesuchssituation mit der Klientin gemeinsam zu reflektieren und der Klientin das Gefühl der Mitentscheidung und Kontrolle bezüglich der Hilfegestaltung zurückzugeben.[3]

Dies führt nach mehrmaligen Beratungskontakten dazu, dass das Vertrauen wieder wachsen konnte. Der Hausbesuch selbst bleibt auch in künftigen Kontakten Thema – er dient einer Art Rückversicherung, welche Position die Beraterin im weiteren Prozess einnimmt. Die »Verantwortung für den Beratungsprozess liegt immer beim Berater. Die Aufgabe für die [Helfenden] ist es, den Prozess möglichst so zu gestalten, dass er hilfreich und zielführend ist, darüber hinaus aber auch stimmig und fachlich begründbar bleibt« (Olbert et al. 2018, S. 22). Zu dieser Verantwortung gehört auch der Reflexionsprozess und selbstbewusste, fachlich fundierte sozialarbeiterische Vertretung. Sinnvoll ist zudem die Reflexion im multiprofessionellen Team, da institutionelle Möglichkeiten und Herausforderungen dazu geführt haben, dass Laura Bernhard sich von der nachgehenden Arbeit überrumpelt fühlte.

Wie es die Beraterin selbst mittels Beratungskompetenz und Haltung vermag, den Prozess mit Laura Bernhard trotz drohendem Kontaktabbruch gelingend zu gestalten, wird durch den Reflexionsprozess unterstützt und ist zudem hilfreich für zukünftige Klient:innenkontakte.

14.4 Hausbesuch im sozialpsychiatrischen Tätigkeitsfeld – was heißt das?

Die Verantwortung der Mitarbeitenden im SpDi ist hoch: Psychosoziale Funktionsbeeinträchtigungen können die eigenverantwortliche Übernahme von Bewältigungsaufgaben maßgeblich erschweren. Professionelle Unterstützung wird daher notwendig. Die Spezialisierung der Versorgungslandschaft und (professionsspezifische) Zuständigkeitsabgrenzungen beeinträchtigen die Festlegung von Verantwortungsbereichen. Die kostenfreie, bedarfsorientierte Möglichkeit, die Klient:innen

---

3 Zur Reflexion der Hilfebeziehung kann an dieser Stelle auf Bräutigam et al. (2022, S. 221 f.) verwiesen werden.

auch zuhause zu beraten, ist in Anbetracht der Grenzen anderer Angebote daher ein wichtiger Baustein der sozialpsychiatrischen Versorgungslandschaft.

> Die Entscheidung, als Beratungssetting aufsuchende Arbeit zu wählen, ist wie dargestellt zunächst von institutionellen Möglichkeiten und Grenzen bedingt. Gesetzliche Bestimmungen, aber auch nicht immer transparente Absprachen in der Versorgungslandschaft führen zu Verantwortungen in Hilfe- und Kontrollsituationen. Nicht zuletzt sind aber auch gesellschaftliche Entwicklungen (beispielsweise Definition der Eigenverantwortung des Individuums) und Gesundheitsvorstellungen dafür verantwortlich, inwieweit aufsuchende Arbeit auch ohne Absprache mit den Klient:innen in Betracht gezogen wird.[4]

»Der Besuch zu Hause ist etwas anderes als die Begegnung in der Klinik oder im Wohnheim […]. Mit uns taucht die Institution Psychiatrie ein in die Privatsphäre, in die Intimsphäre der psychisch erkrankten Menschen. Und diese Konstellation stellt eine besondere Herausforderung an die soziale, methodische und personale Kompetenz der Mitarbeitenden dar […]. Damit geraten wir – ob wir wollen oder nicht – hinein in die Kontrolle im Sinne des staatlichen Auftrags der Aufrechterhaltung einer öffentlichen Ordnung« (Obert et al. 2018, S. 1).

Sich zu positionieren zwischen öffentlicher Ordnung und Fürsorge, also Hilfe und Kontrolle, bedeutet für Sozialarbeitende den notwendigen Rückgriff auf fachliche Standards der eigenen Profession. Diese werden vor allem durch die Ethikkodizes Sozialer Arbeit vermittelt. Wird die Fachkraft von Laura Bernhard in den Blick genommen, so wird deutlich, wie viel Fachlichkeit und methodische Kompetenz benötigt werden, den Eingriff in Laura Bernhards Intimsphäre wiederkehrend zu thematisieren und so eine Basis für eine weitere Zusammenarbeit herzustellen. Die Fachkraft bezieht bei ihrer Interventionsgestaltung die Wechselwirkung von Verhalten der Klient:innen, den sie umgebenden Verhältnissen wie der Beziehungsgestaltung zwischen Fachkraft und Klient:innen mit ein (Trifokalität, Kröger & Gahleitner 2022, S. 58). Darüber hinaus müssen die fachlichen Entscheidungen gegenüber anderen Disziplinen transparent gemacht werden. Frage wie »Was könnten Hausbesuche ohne vorherige Rücksprache mit dem:der Klient:in in Bezug auf das Hilfemandat bewirken? Wie genau ist der Kontrollauftrag des Diensts an dieser Stelle begründet?« sollten offen und gemeinsam diskutiert werden. Der Vermischung von offenen und verdeckten Hierarchien könnte auf dieser Basis begegnet werden (zur Unterstützung kann hier auf die »Checkliste zur Begründung aufsuchender Arbeitsweisen« verwiesen werden, Bräutigam et al. 2022, S. 220). Der Aushandlungsprozess bedeutet nicht zuletzt, dass es Sozialarbeiter:innen gelingt, das eigene fachliche Verständnis als Anlass für Hilfeentscheidungen voranzustellen und die Orientierung an den Klient:innen selbstbewusst zu vertreten.

---

4 Dass auch die mit den Klient:innen abgesprochenen Hausbesuche ihre Schwierigkeiten aufweisen können (Aggressionen der Klient:innen oder des sozialen Umfelds der Besuchten, Klient:innen mit einem hohen psychosozialen Funktionsniveau, die auf eine aufsuchende Arbeit bestehen), wird hier nicht weiter ausgeführt. Weiterführende Literatur dazu: Obert et al. (2018).

Literatur

Armbruster, J., Dietrich, A., Hahn, D. & Ratzke, K. (Hrsg.) (2015): 40 Jahre Psychiatrie-Enquete. Blick zurück nach vorn. Köln: Psychiatrie Verlag.

Beddies, T., Priebe, S., Schmiedebach, H.-P. & Schulz, J. (2000): Offene Fürsorge – Rodewischer Thesen – Psychiatrie Enquete: Drei Reformansätze im Vergleich. In: Psychiatrische Praxis, 2000 (27), 138–143.

Böhnisch, L. & Lösch, H. (1973): Das Handlungsverständnis des Sozialarbeiters und seine institutionelle Determination. In: H. U. Otto & S. Schneider (Hrsg.): Gesellschaftliche Perspektiven der Sozialarbeit. Zweiter Halbband (S. 21–40). Neuwied: Luchterhand.

Bräutigam, B., Müller, M. & Große, L. (2022): Hausbesuche und aufsuchende Hilfen im Kontext der qualifizierten Assistenz. In: K. Giertz, L. Große & D. Röh (Hrsg.): Soziale Teilhabe professionell fördern. Grundlagen und Methoden der qualifizierten Assistenz (S. 214–224). Köln: Psychiatrie Verlag.

Bundesweites Netzwerk Sozialpsychiatrischer Dienste (2012): Sozialpsychiatrische Dienste erfüllen Kernaufgaben auf dem Weg zu einer inklusiven und sozialraum-bezogenen Psychiatrie! Thesen des bundesweiten Netzwerkes Sozialpsychiatrischer Dienste im Anschluss an die 2. Fachtagung »Segel setzen!« in Hannover (22. –23. 03. 2012). Online verfügbar unter: https://www.sozialpsychiatrische-dienste.de/kernaufgaben-leistungsstandards-personalbedarf/, Zugriff am 01. 12. 2022.

Ding-Greiner, C. & Kruse, A. (Hrsg.) (2010): Betreuung und Pflege geistig behinderter und chronisch psychisch kranker Menschen im Alter. Beiträge zur Praxis. Stuttgart: Kohlhammer.

Dörr, M. (2005): Soziale Arbeit in der Psychiatrie. München: Reinhardt.

Eichenbrenner, I. & Ruhl, I. (2023): Das psychiatrische Hilfesystem. In: J. Bischkopf, D. Deimel, Chr. Walther & R.-B. Zimmermann (Hrsg.), Soziale Arbeit in der Psychiatrie (S. 134–160). Köln: Psychiatrie Verlag, UTB.

Falkai, P., Laux, G., Deister, A. & Möller, H.-J. (2022): Psychiatrie, Psychosomatik und Psychotherapie. (7., aktualisierte Auflage). Stuttgart: Thieme.

Giertz, K., Große, L. & Gahleitner, S. B. (Hrsg.) (2021): Hard to reach: Schwer erreichbare Klientel unterstützen. Köln: Psychiatrie Verlag.

Gonther, U. (2019): Der sich und Anderen fremd werdende Mensch (Schizophrenie). In: K. Dörner, U. Plog, T. Bock, P. Brieger, A. Heinz & F. Wendt (Hrsg.), Irren ist menschlich. Lehrbuch für Psychiatrie und Psychotherapie (S. 233–284) (25. Auflage). Köln: Psychiatrie Verlag.

IFSW (2018): Erklärung der globalen Sozialarbeit zu ethischen Grundsätzen. Online verfügbar unter: https://www.ifsw.org/global-social-work-statement-of-ethical-principles/, Zugriff am 12. 05. 2021.

Kröger, C. & Gahleitner, S. B. (2022): Klinische Sozialarbeit studieren? Klinische Sozialarbeit studieren! Eine Verbleibstudie zum kooperativen berufsbegleitenden Masterstudiengang der Alice Salomon Hochschule Berlin und der Hochschule Coburg. In C. Kröger, G. Hahn & S. B. Gahleitner, Klinische Sozialarbeit: Das Soziale behandeln. Entwicklung einer Fachsozialarbeit (S. 58–69). ZKS.

Kruckenberg, P. (2000): Der Mensch im Mittelpunkt. Von einem institutions- zu einem personenzentrierten psychiatrischen Hilfesystem. Sozialpsychiatrische Information, 3, 17–21.

Obert, K., Pogadl-Bakan, K. & Rein, G. (2018): Aufsuchende psychiatrische Arbeit. Köln: Psychiatrie Verlag.

Oevermann, U. (1996): Theoretische Skizze einer revidierten Theorie professionellen Handelns. In: A. Combe & W. Helsper (Hrsg.), Pädagogische Professionalität (S. 70–182). Frankfurt am Main: Suhrkamp.

Staub-Bernasconi, S. (2007): Vom beruflichen Doppel- zum professionellen Tripelmandat. Wissenschaft und Menschenrechte als Begründungsbasis der Profession Soziale Arbeit. Online verfügbar unter: www.avenirsocial.ch/cm:data/Vom_Doppel-_zum_Tripelmandat.pdf, Zugriff am 23. 08. 2020.

Staub-Bernasconi, S. (2018): Soziale Arbeit als Handlungswissenschaft. Auf dem Weg zu kritischer Professionalität. Stuttgart: UTB.

Walther, C. (2023): Soziale Arbeit und Psychiatrie. In: J. Bischkopf, D. Deimel, C. Walther & R.-B. Zimmermann (Hrsg.), Soziale Arbeit in der Psychiatrie (S. 16–39). Köln: Psychiatrie Verlag, UTB.

Wesenberg, S. & Gahleitner, S. B. (2022): Lehrbuch Psychologie in der Sozialen Arbeit. Eine Einführung in psychosoziales Denken und Handeln in klinischen Handlungsfeldern. Weinheim/Basel: Beltz.

Zimmermann, R.-B. & Schulz, V. (2023): Häufige psychische Störungen. In: J. Bischkopf, D. Deimel, Chr. Walther & R.-B. Zimmermann (Hrsg.), Soziale Arbeit in der Psychiatrie (S. 94–133). Köln: Psychiatrie Verlag, UTB.

15 Streetwork: Kommen und Gehen im öffentlichen Raum

Stefan Seehaber & Vera Taube

Überblick		
15.1	Das Arbeitsfeld Streetwork	155
15.2	Kontrastive Fallbeispiele	157
15.3	Kritische Reflexion des Fallverlaufs: Modell	158
	15.3.1 Kontextfaktoren des Aufsuchens in der Streetwork	159
	15.3.2 Kontakt herstellen im öffentlichen Raum	161
	15.3.3 Aufsuchen im Verlauf der Zusammenarbeit	163
15.4	Handlungserfordernisse für die Streetwork...................	164

Streetwork leistet aufsuchende Sozialarbeit. Die Fachkräfte arbeiten überwiegend mit Menschen, die als schwer erreichbar und gesellschaftlich marginalisiert bzw. ausgegrenzt gelten. Ziel ist es, zu den meist jungen Menschen, die sich an sozialen Brennpunkten und öffentlichen Orten aufhalten, Kontakt herzustellen und eine Beziehung aufzubauen, um ihnen passende Hilfsangebote unterbreiten zu können. Mehr als viele andere Aufgabenfelder der Sozialen Arbeit ist Streetwork damit als ›Besucherin‹ zu Gast in Lebenswelten, Szenen und häufig mühevoll angeeigneten und harsch verteidigten öffentlichen Räumen. Die jungen Menschen, die sie besucht, werden von anderen Einrichtungen nicht mehr erreicht – nicht selten wollen sie von diesen in ihrer momentanen Situation auch nicht erreicht werden. Diese nicht an einen festen Ort gebundene Zielgruppe, erfordert permanente Bemühungen um Kontakt und Beziehung wie kaum eine andere.

15.1 Das Arbeitsfeld Streetwork

Öffentliche Orte sind frei zugänglich, gut erreichbar und werden selbst ausgesucht. Zwar nutzt die Mehrheit der Personen öffentliche Räume wie Parks, Bahnhofsvorplätze oder Bushaltestellen funktional, der Zielgruppe von Streetwork dienen sie eher der selbsttätigen Nutzung und symbolischen Besetzung des Orts (Gerngross & Fuchs, 2020). Gerade unter Jugendlichen ist dies ein gängiges Verhaltensmuster, das an vielen Stellen des öffentlichen Raums zu beobachten ist und von Böhnisch (2017) als entwicklungsnotwendige Raumaneignung bzw. im Falle von abweichendem oder deviantem Verhalten als Strategie der Bewältigung alterstypischer Entwicklungsaufgaben verstanden wird. Treffpunkte im öffentlichen Raum bilden dabei einen Kompromiss: Die jungen Menschen gestalten den Raum nicht, sondern nutzen, was vorgegeben ist. Im mit Kompromissen verbundenen Aushandlungsprozess der Nutzung kommt es unweigerlich zu Konflikten um die angemessene Nutzung, die durch ordnungspolitische Beobachtung eher verstärkt als gelöst werden. Gegenstand von Konflikten sind dabei Nutzungsfragen, Gestaltungsformen und Verdrängungsdynamiken, begründet in widerstreitenden Bedürfnissen verschiedener Nutzer:innengruppen des öffentlichen Raums.

Hier arbeitet die Streetwork mit dem Auftrag zur Reduzierung und Vermeidung gesellschaftlicher Benachteiligung und Diskriminierung. Es gilt, die Interessen von Gruppen, Cliquen und Szenen zu vertreten, die von Teilhabe nahezu ausgeschlossen sind. Unter der durch den § 13 SGB VIII definierten Zielgruppe zielt die Streetwork als besonders niedrigschwellige Form der aufsuchenden Sozialen Arbeit insbesondere auf junge Menschen, die sich in speziellen und schwierigen Lebenslagen befinden und vor allem im öffentlichen Raum zu erreichen sind (Deinet & Krisch, 2013). So gehören zu den Zielgruppen von Streetwork u. a.:

- Jugendliche und junge Erwachsene mit erheblichen Entwicklungsdefiziten und auffälligen Verhaltensweisen (z. B. delinquente oder gewaltbereite Personen, die in institutionellen Kontexten auch als sogenannte »Systemsprenger« bezeichnet werden),
- Menschen in prekären Lebenslagen (Armut, Arbeitslosigkeit, fehlende familiäre Bezüge, Überschuldung) oft mit verwobenen Problemlagen wie Sucht, psychischen Erkrankungen, Wohnungs- oder Obdachlosigkeit,
- Schulabbrecher:innen und Schulverweiger:innen,
- Straffällige, Haftentlassene oder kriminalisierte Menschen,
- radikalisierte oder diesbezüglich gefährdete junge Menschen,
- Personen mit Flucht- oder Migrationserfahrung,
- junge Menschen mit Erfahrungen in der stationären oder ambulanten Jugendhilfe (sogenannte »Careleaver«).

Gemein ist den unterschiedlichen Zielgruppen zum einen der Umstand, dass sie sowohl hinsichtlich fachlicher als auch räumlicher Zuständigkeit oft als Grenzgänger:innen der Hilfesysteme (bzw. deren Übergänge) gelten, und zum anderen die Bedeutung des öffentlichen Raums als bedeutsamer Bestandteil ihrer Lebenswelt. Damit reiht sich die Streetwork in die Praxisbereiche ein, die dem persönlichen Umfeld der Adressat:innen besondere Bedeutung beimessen und sich dabei auf Lebensweltorientierung und milieubezogene Konzepte beziehen, die stark personenzentriert und raumrelational ausgerichtet sind (Gerngross & Fuchs, 2020).

Das Aufsuchen ist ein zentrales Zugangsmittel, das auf das Setting und die Adressat:innen genau eingestellt sein muss und unter besonderen Bedingungen konstruiert wird. Um die Tätigkeit des Aufsuchens zu beschreiben, wird in kontrastierenden Fallbeispielen Fragen nach strukturellen und inhaltlichen Anlässen des Aufsuchens nachgegangen. Dieses Vorgehen lehnt sich an das Verfahren der

Grounded Theory nach Corbin und Strauss (2015) an und zielt auf Erkenntnisse, die eng mit den Einsichten aus der Praxis verbunden bleiben. Das daraus entstehende Modell kann professionelles Handeln im Feld abbilden, erklären und als Reflexionsfolie für die Praxis dienen (Aghamiri et al., 2018).

15.2 Kontrastive Fallbeispiele

Die Angaben zu Namen und Orten wurden für die Fallbeispiele anonymisiert, um Rückschlüsse auf reale Personen zu vermeiden. Der Fall der 18-jährigen Sonja wurde als Beispiel einer typischen und als gelungen bewerteten Zusammenarbeit gewählt.

Fallbeispiel: Sonja

Zunächst kennt die Streetwork Sonja vor allem als Freundin von Matze, mit dem ein intensiver Kontakt besteht. Sonja hingegen ist zurückhaltend, in Gesprächen bleibt sie verschlossen.

Zum Wendepunkt in der Zusammenarbeit kommt es, als die Mutter Sonja aus der gemeinsamen Wohnung wirft. Der Wegfall der Wohnung hat Folgen, für deren Aufarbeitung sie die Unterstützung der Streetwork anfragt. Gemeinsam werden administrative Aufgaben bewältigt (z. B. ALG-II-Antrag stellen, Kindergeld beantragen) und eine therapeutisch- und psychiatrische Anbindung für Sonja organisiert. Es folgt eine Phase des Kontaktabbruchs mit der Streetwork, da Sonja und Matze aus der Stadt wegziehen, nach einigen Monaten kehren die beiden allerdings wieder zurück. Sonja sucht erneut Kontakt zur Streetwork. Sie kommt in die Anlaufstelle, hält sich dort auf, verabredet sich mit Freund:innen und lässt sich bereitwillig von den Fachkräften ansprechen. Sie befindet sich erneut in einer Krise: Matze ist in Haft und ihr geliebter Hund ist gestorben. Dazu berichtet sie von einer schmerzhaften Operation, exzessivem Drogenkonsum, Mobbing durch einige Mitglieder ihrer Peergroup und akutem selbstverletzendem Verhalten. Es folgt ein intensiver Beratungs- und Unterstützungsprozess, um Sonja finanziell abzusichern, psychisch zu stabilisieren und eine Perspektive zu erarbeiten. Sie wird an eine niedrigschwellige Maßnahme des Jobcenters angebunden.

Nachdem ihr Freund Matze wieder aus der Haft entlassen wird, nehmen die zuvor regelmäßigen Beratungstermine in der Anlaufstelle ab, der Kontakt wird unverbindlicher. Ungeplante Treffen während der aufsuchenden Arbeit der Streetwork dienen dem Kontakthalten und dem Erinnern an Termine mit Behörden und Institutionen. Als sie sich von Matze trennt und sich ein Todesfall in der Familie ereignet, zieht Sonja in eine andere Stadt. Damit bricht der Kontakt zur Streetwork ab.

Um die Praxis des Aufsuchens in seinen verschiedenen Facetten zu beschreiben, wird ein weiterer, den Fall von Sonja kontrastierender Fall in die Rekonstruktion mit einbezogen. Hierbei handelt es sich um eine Gruppe junger Menschen, die sich seit Kurzem an einem bahnhofsnahen Ort, der Hospitalstraße, aufhält. Das kontrastierende Element zum Fall von Sonja ist, dass die Streetwork hier gerade erst in die Kontaktaufnahmephase einsteigt und noch in den Anfängen einer möglichen Zusammenarbeit steckt.

Fallbeispiel: Hospitalstraße

Auslöser für das Aufsuchen der Hospitalstraße waren Hinweise der Ordnungsbehörden, die wiederum auf Beschwerden verschiedener Anwohner:innen und von einer nahegelegenen Klinik reagierten. Die Streetwork trifft dort nur unregelmäßig kleinere und größere Gruppen mit wechselnder Zusammensetzung an. Die jungen Menschen sind zu diesem Zeitpunkt der Streetwork unbekannt. Erste Kontakte gehen über ein kurzes Vorstellen nicht hinaus. Als eine Treppe, die zuvor als Sitzgelegenheit für die Jugendlichen diente, zugemauert wird, ist dies der erste Anlass für längere Gespräche über Aufgaben, Tätigkeitsfelder und Arbeitsweisen der Streetwork. Die jungen Menschen möchten ihren Treffpunkt erhalten. Da die Streetwork den Raum rund um die Hospitalstraße noch nicht für sich erschlossen hat, gilt es für diesen Auftrag, weitere Akteur:innen des Sozialraums zu identifizieren und deren Bedürfnisse zu erfahren. Während nachfolgenden Gesprächen mit den jungen Menschen, in denen sich die Streetworker:innen immer wieder bekannt machen, fällt Aykut auf, der die Mitarbeitenden der Streetwork zum Gespräch einlädt und anderen Jugendlichen vorstellt. Aykut übernimmt die Rolle eines Vermittlers zwischen der Streetwork und Einzelpersonen der Gruppe.

15.3 Kritische Reflexion des Fallverlaufs: Modell

Die kontrastiv-kritische Reflexion des Fallverlaufs im Hinblick auf die Tätigkeit des Aufsuchens ermöglicht es, einzelne Praxen des Aufsuchens aus situativ unterschiedlichen Perspektiven zu betrachten. Dazu wurde die Sicht der Praktiker:innen auf die konkrete Handlungspraxis der Beziehungs- und Kooperationsgestaltung in diesem von einer Geh- und Komm-Struktur geprägten Arbeitsfeld in einem Interview erhoben. Auf dieser Datenbasis wurden dann die typische Praxen des Aufsuchens rekonstruiert.

15.3.1 Kontextfaktoren des Aufsuchens in der Streetwork

Als relevante Parameter für das Aufsuchen werden zum einen die räumlichen Bedingungen und zum anderen personenbezogene Aspekte beschrieben. Im Praxisbeispiel suchen die Streetworker:innen ihre Zielgruppe am Bahnhof sowie an einem Treffpunkt in der Innenstadt auf. Im Rahmen festgelegter Zeiten werden sowohl Personen und Gruppen angesprochen, die der Streetwork bereits bekannt sind, als auch Personen, auf die die Mitarbeitenden aufmerksam werden. Die Zeiten sind so gewählt, dass Kontakte möglichst erfolgversprechend verlaufen bzw. ein Ansprechen nicht schon aufgrund von äußeren Umständen erschwert wird (z. B. durch Dunkelheit, Drogen- oder Alkoholeinfluss, Wahrscheinlichkeit der Anwesenheit der Zielgruppe, Umgebungsbedingungen wie Trubel, Störungen, Anwesenheit anderer Gruppen zur Zeit des Aufsuchens). Dieses Vorgehen stellt eine durchdachte und auf die Zielgruppe abgestimmte Form der Präsenz dar, die gezielt zu Zeiten aufgebaut wird, zu denen ein großer Teil der Adressat:innen erreicht wird.

> Die Umsetzung des Aufsuchens wird dabei weniger »*aktiv vorwärts*«, sondern als »*Präsenz zeigen, sich zeigen, mit mehr oder weniger Distanz*« beschrieben.

Diese Präsenz wird an bestimmten definierten Orten gezeigt. Das bedeutet, Besuche sind nicht völlig willkürlich und unberechenbar, sondern finden an festgelegten Orten statt. Durch regelmäßiges Erscheinen, Aufsuchen und Präsenz an diesen Orten werden die Fachkräfte Teil dieser öffentlichen Räume und sind dort bekannt. Ihre Anwesenheit überrascht nicht, sie werden nicht selten als gewohnter Bestandteil des öffentlichen Raums wahrgenommen.

> Die Fachkräfte selbst fühlen sich den definierten Orten ihrer Zuständigkeit zugehörig und sehen es zunehmend auch als ihr »*Territorium*« an, was eine gewisse Handlungssicherheit ermöglicht.

Es wird in der Planung darauf geachtet, dass nicht nur die Fachkräfte, sondern auch die Adressat:innen sich (handlungs-)sicher fühlen. Aus Überlegungen zur Sicherheit beider Seiten (z. B. bei Dunkelheit oder bei Erstkontakten zu neuen Gruppen) wird die aufsuchende Arbeit im Regelfall zu zweit und dazu im Idealfall in gemischtgeschlechtlichen Teams durchgeführt. Der öffentliche Raum wird dabei gerade aufgrund seiner Beschaffenheit und der Bekanntheit der Streetwork an den betreffenden Orten als sicher beschrieben:

> »Gerade weil der öffentliche Raum öffentlich ist, fühlen wir uns sicher. Weil da Leute sind. […] Je mehr Leute du kennst, desto sicherer fühlst du dich ja auch.«

Gleichzeitig soll auch das Aufsuchen der Streetwork nicht zu einem Unsicherheitsgefühl für die Adressat:innen führen, wie es eventuell bedingt durch negative Vorerfahrungen in der Begegnung mit Ordnungsbehörden der Fall sein könnte.

Zu Beginn wie auch im Verlauf setzen sich das Team sowie die Fachkraft in der Handlungssituation intensiv mit kleinsten Begegnungssequenzen auseinander, um daraus wiederum den nächsten Schritt des Aufsuchens abzuleiten. Körpersprache, Verhalten, Zusammensetzung und die Gesprächssituation werden beobachtet und entsprechende Handlungsentscheidungen getroffen. Oft geschieht dies ad hoc in kürzester Zeit

> »Da ist es jetzt nicht so, dass wir uns da lang aufhalten. Da ist es eher so im Vorbeilaufen ›okay, sprechen wir die an oder nicht so‹, also das ist situativ. [...] Genau, und das ist auch ein schnelles Absprechen. Wenn wir zu zweit in der Stadt unterwegs sind, dann ist das so ein schnelles ›du oder ich‹.«

Diese Überlegungen orientieren sich vor allem an Aspekten der Besuchten – Geschlecht, Alter, Gruppenzusammensetzung, Verhalten, Stimmung und situativer Kontext.

Darüber hinaus fließen auch persönliche Charakteristika der Besuchenden in die Entscheidung des Vorgehens mit ein: eigene Szenezugehörigkeiten, Zielgruppenvorlieben, Tagesform, Persönlichkeit oder eigenes Auftreten spielen hier eine wichtige Rolle: »Bin ich heute schlagfertig oder eher müde und wenig spontan? Was denkt eine Gruppe von 15- oder 16-Jährigen Mädchen, wenn ein Mann mit Mitte 40 sie in der Dämmerung in Bahnhofsnähe anspricht? Wie wirke ich auf die Gruppe? Kann ich mit der Szene umgehen oder habe ich Abneigungen und Vorbehalte? Mit welcher Szene könnten mich die Adressat:innen assoziieren? Kennt mich die Gruppe vielleicht schon – oder umgekehrt, kenne ich die Gruppe oder Einzelne daraus bereits?« Die selbstkritische Einschätzung der Fachkräfte stellt eine wichtige Dimension bei der strategischen Planung und Umsetzung des Aufsuchens dar, da persönliche Merkmale das Aufeinandertreffen im Rahmen des Besuchens stark beeinflussen können.

Neben einem selbstkritischen Blick gilt es auch, ein möglichst gutes Gespür für die Zielgruppe zu entwickeln und dies in eine angemessene Strategie des Aufsuchens umzumünzen, um den Kontakt möglichst erfolgreich herzustellen und die Wahrscheinlichkeit falscher Eindrücke oder Zuordnungen (z. B. zu Polizei oder Ordnungsamt) sowie Zweifel an den Motiven der Besuchenden zu vermeiden. Diese intensive Auseinandersetzung mit vergangenen Begegnungen, Anlässen des Aufsuchens, Zusammensetzung und Charakteristik der Besuchten wie auch der Besuchenden verdeutlichen, wie voraussetzungsvoll die Praxis des Aufsuchens in der Streetwork ist, auch wenn sie von außen betrachtet spontan und intuitiv auf die Besuchten oder Dritte wirkt. In den Beispielfällen wird die Idee hinter der Strategie »Aufsuchen« durch den Aufbau verschiedener Präsenzdimensionen deutlich:

> »Das klingt jetzt vielleicht ein bisschen pathetisch, aber ich glaube, das ist schon auch eine gesellschaftliche Funktion, dass die Leute wissen, da ist noch jemand, ein Ansprechpartner für uns.«

Je nach Situation und Kontext wird eine angepasste und spezifische Form der Präsenz und der Gesprächsführung genutzt. Das Spektrum reicht hier von offenen, zurückhaltenden Formen, über motivierende und nachfragende Zugänge bis hin zu konfrontierenden Aspekten. Eine weitere Dimension ist das Eingehen auf Ideen zu Aktionen, Anregungen und (verdeckten) Aufträgen der Adressat:innen. Auch die zurückhaltende Verbindlichkeit, die im Umgang mit den Adressat:innen praktiziert wird, sowie das interessierte Nachfragen, wenn junge Menschen bei Aktionen, die sie sich gewünscht haben, fehlen oder nicht zu vereinbarten Terminen kommen, fällt unter diese Kategorie. Zuletzt ist die ständige und zuverlässige Anwesenheit der Streetworker:innen an den immer gleichen Plätzen, sich dort zu zeigen, aber nicht aufzudrängen wohl die wichtigste Dimension der Präsenz im Arbeitsfeld. In diesem Sinne verfolgt das Vorgehen beim Aufsuchen das Ziel, den Adressat:innen durch respektvolle und zurückhaltende Präsenz in deren Lebenswelt einen niedrigschwelligen und verpflichtungsfreien Anlaufpunkt zu bieten, die das Herauswachsen aus der Szene unterstützt.

15.3.2 Kontakt herstellen im öffentlichen Raum

Als besonders interessanter Aspekt des Aufsuchens stellt sich im Fall von Sonja wie auch im kontrastierenden Fall Hospitalstraße die Herstellung des Kontakts dar. Orientiert an der Grundhaltung, eher Präsenz zu zeigen als aktiv aufzusuchen, sprechen die Streetworker:innen in begründeten Fällen Personen oder Gruppen an, stellen sich vor oder grüßen sie. Überwiegend halten sie sich jedoch mit direkten Kontaktangeboten zurück.

> Es wird eine lange *»gegenseitige Beschnupperphase«* ermöglicht, in der das gegenseitige Einschätzen im Vordergrund steht, *»werde ich mit dem Streetworker warm oder nicht«*.

Besonders in den Schilderungen zum Fall von Sonja wird deutlich, welche große Rolle der Faktor Zeit in der Praxis des Aufsuchens spielt. Die zurückhaltende Vorgehensweise und der Raum sich kennenzulernen, erfordert Geduld und Zeit. Schnelle Ergebnisse sind nicht durch die Fachkräfte herbeizuführen, vielmehr ist ausdauerndes Aufsuchen und Präsenz die Voraussetzung für gelingende Hilfeprozesse in der Streetwork. Es muss den Adressierten ermöglicht werden, über lange Zeit die Präsenz der Fachkräfte zu erleben und deren Angebot manchmal auch nur nebenbei kennenzulernen, bevor es an einem durch den:die Adressat:in gewählten Zeitpunkt zu einer neuen Phase der Zusammenarbeit kommt. Auch wenn es nicht dazu kommt, wird das Kontaktangebot aufrechterhalten, denn die Praxis des Aufsuchens zielt nicht primär auf die Vertiefung der Zusammenarbeit, sondern auf das Zeigen von Präsenz ab. Diese wird nicht aufgrund des Ausbleibens weiterer Aufträge reduziert oder eingestellt, sondern so gestaltet, wie es aus Sicht der Fachkräfte angemessen und notwendig im Sinne ihres professionellen Auftrags ist.

Im Zuge der Prüfung von Anlässen werden nicht nur das Zustandekommen des Anlasses und die Positionierung der Streetwork gegenüber anderen Institutionen bedacht, sondern auch Charakteristika der neuen Zielgruppe sowie mögliche Vorkenntnisse und -erfahrungen im Kontakt mit ihr zusammengetragen. Während sich im Fall Sonja ein klassischer Verlauf der Kontaktaufnahme zeigt, verhält es sich im Kontext der Hospitalstraße ganz anders. Beiden Anlässen ist gemein, dass der Grund für ein Aufsuchen bzw. die Umsetzung des Aufsuchens umfassend im Team besprochen und geplant wird. Abgewogen werden Fragen nach der Zuständigkeit, Charakteristika der neuen Zielgruppe, Zeitpunkt, wer und auf welche Weise besucht wird. Hier werden neben Umgebungsbedingungen (Uhrzeit, Helligkeit, örtliche Begebenheiten) auch persönliche Aspekte der Zielgruppe und der Fachkräfte abgewogen und ein darauf abgestimmtes Vorgehen gewählt. Anknüpfungspunkt ist grundsätzlich das Signalisieren von Interesse an der Gruppe und der Bedeutung des gewählten Treffpunkts für sie:

»Welche Bedeutung hat der Raum für die Leute, die sich da aufhalten? Das ist ja mega spannend, das ist ja immer ein Opener.«

Das Interesse, die Gruppe kennenzulernen, mehr über ihr Anliegen, sich an diesem Ort aufzuhalten, und über ihre Erfahrung, verdrängt zu werden, zu erfahren, dient der Kontaktanbahnung und dem besseren Verstehen ihrer bisher nicht wahrgenommenen Interessen. Damit präsentiert sich die Streetwork als Vertretung der Gruppe bei der Frage nach der Nutzung und Gestaltung des öffentlichen Raums. Es gilt, der Zielgruppe die Rolle der Streetwork bei der Verhandlung um den öffentlichen Raum zu vermitteln und ein Mandat zu deren Vertretung im Diskurs zu erhalten:

»Eigentlich ist es verschenkt und doof, den öffentlichen Raum zu gestalten und Szenen oder junge Menschen nicht mitzudenken.«

Für die aufsuchende Arbeit wird der öffentliche Raum sowohl als Ressource, aber auch als einschränkend erlebt. Zwar bieten die Umgebungsbedingungen immer hilfreiche Impulse für das Ansprechen oder Small Talk, es finden sich aber auch Störfaktoren, Ablenkungen und ein Mangel an Möglichkeiten für vertrauliche Gespräche. Begegnungen im Kontext der Streetwork sind also durch eben die Faktoren bestimmt, die in einem beraterischen Kontext bewusst reduziert werden. Neben Störungen und wenig Raum für Diskretion gibt es (trotz ausdauernder Präsenz der Streetwork) kein Hausrecht der Fachkräfte oder eine Tür, die geschlossen werden kann. Es zeigt sich, dass der öffentliche Raum viele Gelegenheiten, in Kontakt zu kommen, bietet, dieser Kontakt muss dazu jedoch wohl überlegt angebahnt und durchgeführt werden.

»Wir stellen uns vor, sagen wer wir sind, wir sind keine Zivilpolizei, wir sind Sozialarbeiter und dann gibt's ja meistens schon so Anknüpfungspunkte.«

Deutlich wird in dieser Aussage, wie wichtig beim Aufsuchen die Abgrenzung zu anderen (aufsuchenden) Akteur:innen, mit denen die Zielgruppe eher unangenehme Erfahrungen gemacht hat, ist.

15.3.3 Aufsuchen im Verlauf der Zusammenarbeit

Im Verlauf der Zusammenarbeit zeichnen sich Veränderungen in der Art und Weise des Aufsuchens ab – in Einzelfällen bis hin zu einer Umkehr des Aufsuchens. Das zuvor beschriebene Vorgehen gehört vor allem zur Anbahnungsphase, in der Beziehungsarbeit und Präsenz zeigen im Vordergrund stehen. Etabliert sich die Beziehung, kann es im Fall von akuten Bedarfslagen zu enger Zusammenarbeit kommen. Im vorgestellten Fall von Sonja spricht die Klientin einen akuten Bedarf bei den Mitarbeitenden der Streetwork an (Perspektive nach Rauswurf von zuhause) und sucht im weiteren Verlauf selbst die Anlaufstelle auf, anstatt darauf zu warten, aufgesucht zu werden. Gestaltet sich die Art und Weise des Aufsuchens anfangs eher zurückhaltend, einladend und offen, kann es sich durch direkte oder indirekte Aufträge der Adressat:innen zu einem themen- und sachbezogenen Miteinander wandeln. Die Kooperation ist zwar immer noch stark an der Initiative der Adressat:innen orientiert, umfasst jedoch seitens der Streetworker:innen mehr aktives Zugehen und Ansprechen der Person, als es im Rahmen der Präsenz vor Ort ohne abgesprochenen Auftrag der Fall ist. In vielen Fällen kennen sich Besucher:innen und Besuchte schon länger aus flüchtigen Begegnungen im öffentlichen Raum, bevor ein akuter Hilfebedarf eine Zusammenarbeit anstößt und sich die Beziehung intensiviert.

Damit ändert sich auch die Funktion des Aufsuchens. Nun gilt es, verbindliche Kooperationen zu gestalten, den initiierten individuellen Hilfeprozess gemeinsam zu konkretisieren, zu koordinieren und Aufträge fortlaufend zu aktualisieren. Dies kann bedeuten, im weiteren Verlauf mehr über Adressat:innen in Erfahrung zu bringen und darauf ausgerichtete hilfreiche Kooperationsentscheidungen für die weitere Zusammenarbeit zu treffen. Unter anderem können dies verstetigte und geplante Maßnahmen der Beratung und Begleitung hinsichtlich Wohn- oder Jobsituation sein, die über die zuvor geleistete Unterstützung in Akutsituationen hinausgehen. In der Praxis des Aufsuchens manifestiert sich dies in konkreten Handlungen:

> »Das Nachfragen steigt eigentlich direkt proportional mit der Beziehungsstärke.«

Gleichwohl die Orte des Aufsuchens weiterhin die Szenetreffs im öffentlichen Raum bleiben, verlagern sich Hilfegespräche ggf. in die Anlaufstelle. Im Fall von Sonja suchte die Adressatin beispielsweise die Anlaufstelle der Streetwork wie eine Beratungsstelle auf. Nichtsdestotrotz gibt es bei Sonja lange Phasen, in denen sie nicht am Bahnhof oder in der Anlaufstelle gesehen wird. Die Streetwork ist weiterhin vor Ort, die Zusammenarbeit pausiert jedoch, bis sie wieder zurückkommt und ihren Auftrag an die Fachkräfte reaktiviert. Die Funktion des Aufsuchen seitens der

Fachkräfte ändert sich also in späteren Beziehungsphasen. Statt Beziehungsaufbau gilt es die Zusammenarbeit zu verstetigen.

15.4 Handlungserfordernisse für die Streetwork

Insgesamt wird das Aufsuchen in der Streetwork als situativ flexible und reflexive Praxis beschrieben. In der Schilderung der Fachkräfte über die strategische Planung des Umgangs mit einzelnen Adressat:innen zeigt sich das bedingende Element der angestrebten Präsenz: genaues Beobachten des Verhaltens der Adressat:innen, differenziertes Reflektieren der gesammelten Eindrücke und feinfühliges Abwägen des weiteren Vorgehens im individuellen Fall. Das Aufsuchen verändert sich durch die Auswertung gemeinsamer Begegnungen und Erlebnisse im Fallverlauf. Bereits der Beginn des Aufsuchens erfordert sorgfältiges Überlegen, denn die Anlässe für Besuche sind divers: Es findet sich eine neue Gruppe mehr oder weniger dauerhaft an den von der Streetwork frequentierten Orten ein, die Streetwork wird durch Dritte (Institutionen oder Privatpersonen) über Personen bzw. Gruppen informiert, die im öffentlichen Raum auffallen, Adressat:innen sprechen sie an oder Personen rücken ins Umfeld von Adressat:innen und werden damit selbst zur Zielgruppe der Streetwork.

> Es findet also schon vor dem physischen Kontakt ein umfassendes »*Aufsuchen mit dem Kopf*« statt.

Die Anlässe werden eingehend im Team diskutiert und geprüft, inwieweit sie dem Auftrag und der Klientel der Streetwork entsprechen, bevor Personen oder Gruppen aufgesucht werden. Die Parteilichkeit hinsichtlich der Adressat:innen sowie die Abgrenzung von Institutionen, mit denen diese oft in Konflikt geraten, ist eine notwendige Priorität bei der Entscheidung über neue Ziele oder Vorgehensweisen beim Aufsuchen.

Im vorliegenden Beitrag wurden folgende Aspekte dazu herausgearbeitet, die als Orientierung aufsuchender Praxis dienen können: Es gilt zurückhaltende Präsenz zu zeigen, die ausdauernd und in situativem Bezug hergestellt wird. Damit muss das Aufsuchen in der Streetwork (anders als von Dritten oft angenommen) als voraussetzungsvolle Praxis an der Schnittstelle zwischen öffentlichem und persönlichem Raum verstanden werden, das ein hohes Maß an Reflexivität und situativer Flexibilität des Handelns der Fachkräfte erfordert. Der Schlüssel zur konkreten Praxis des Aufsuchens liegt in der Ausrichtung des eigenen Handelns an der genauen Beobachtung und intensiven Reflexion vergangener und aktueller Begegnungen mit der Zielgruppe. Es sind also nicht nur die persönlichen Fähigkeiten und die zurückhaltende Präsenz, die das Aufsuchen bedingen, sondern vor allem die intensive reflexive Auseinandersetzung mit der eigenen Rolle als Besuchende und dem Zusammenspiel mit dem Setting und den Besuchten.

> In diesem Sinne können die Aspekte *Setting, Klient:in und Helfer:in* als Fokuspunkte für die Reflexion von Erfahrungen und Beobachtungen dienen, um situativ angepasst Handlungsweisen zu entwickeln – sei es im Moment des Aufsuchens oder im Rahmen der Teambesprechung.

So werden Unsicherheiten im Handeln reduziert (Effinger, 2021) und die ausdauernde Präsenz, die für das Handlungsfeld der Streetwork bestimmend ist, ermöglicht.

Literatur

Aghamiri, K., Reinecke-Terner, A., Streck, R. & Unterkofler, U. (Hrsg.) (2018): Doing Social Work: ethnografische Forschung als Theoriebildung. Opladen: Budrich.

Böhnisch, L. (2017): Abweichendes Verhalten: Eine pädagogisch-soziologische Einführung. Weinheim: Beltz Juventa.

Corbin, J. M. & Strauss, A. (2015): Basics of Qualitative Research (2. Auflage). Los Angeles: Sage.

Deinet, U. & Krisch, R. (2013): Offene Kinder- und Jugendarbeit als Nachbarfeld der Gemeinwesenarbeit. In: S. Stövesand (Hrsg.), Handbuch der Gemeinwesenarbeit (S. 353–359). Opladen: Budrich.

Effinger, H. (2021): Soziale Arbeit im Ungewissen. Weinheim: Beltz Juventa.

Gerngross, M. & Fuchs, M. (2020): Alltagsbewältigung und Freizeitgestaltung. In: M. Diebäcker & G. Wild (Hrsg.), Streetwork und Aufsuchende Soziale Arbeit im öffentlichen Raum (S. 229–243). Wiesbaden: Springer.

Gillich, S. (2006): Formen und Grundsätze der Kontaktaufnahme in den Arbeitsfeldern Streetwork und Mobile Jugendarbeit. In: S. Gillich (Hrsg.), Professionelles Handeln auf der Straße (S. 56–70). Gründau: Triga.

16 Aufsuchende Hilfen in der Sucht- und Drogenhilfe

Ines Arendt & Bianka Weil

Überblick

16.1 Soziale Arbeit in der Sucht- und Drogenhilfe 167
16.2 »Jeden Mittwoch um halb 11« – Falldarstellung von Vitali Kronig 168
16.3 »Wenn einmal eine Beziehung aufgebaut ist, wollen die gar nicht mehr gehen …« – kritische Fallreflexion 171
16.4 Schlussfolgerungen und Empfehlungen für die reflektierte Umsetzung aufsuchender Hilfen in der Sucht- und Drogenhilfe . 174

Aufsuchende Hilfen in Sucht- und Drogenhilfe sind nicht explizit beschrieben oder begründet. Stöver und Schäffer (2014) beschreiben im Handbuch »Zugehende Sozialarbeit mit Drogen gebrauchenden Frauen und Männern« verschiedene Einsatzfelder aufsuchender (bzw. »zugehender«) Hilfen in der Sucht- und Drogenhilfe, z. B. im Kontext von Sexarbeit, Safer Use sowie Prävention von HIV, Hepatitis C und Vorbeugungen von Überdosierungen (Stöver & Schäffer 2014). Hilfen des Ambulant Betreuten Wohnens oder Betreutes Einzelwohnen (BEW) als aufsuchende Hilfen können – sicherlich auch begründet in ihrer Finanzierungslogik – im Kontext von klinischen Hilfen oder einer klinischen Sozialarbeit beschrieben werden (Obert et al. 2018) sowie in der Arbeit mit als »schwer erreichbar« gelabelten Gruppen (»hard-to-reach«, siehe dazu z. B. Giertz et al. 2021). Weitere Beispiele können an der Schnittstelle von Wohnungslosen- sowie Sucht- und Drogenhilfe beschrieben werden, da Menschen, die von diesen Hilfen adressiert werden, nicht immer exklusiv einem Hilfe- oder Problemfeld zugeordnet werden können. Forschung an dieser Schnittstelle wird aktuell von Rebekka Streck (2023) durchgeführt, die in einer ethnographischen Studie in Leipzig vor allem die Perspektive der Nutzenden im Kontext von Streetwork und aufsuchender Hilfe fokussiert.

In diesem Beitrag wird die aufsuchende Hilfe in der Sucht- und Drogenhilfe exemplarisch an der Hilfeform des BEW – häufig auch Ambulant Betreutes Wohnen oder nur Betreutes Wohnen (BeWo) genannt – in der Arbeit mit einem opiatabhängigen Mann beschrieben.

16.1 Soziale Arbeit in der Sucht- und Drogenhilfe

Die Sucht- und Drogenhilfe stellt ein vielschichtiges Handlungsfeld an der Schnittstelle zwischen klinischen, gesundheitsbezogenen und sozialen Fragen an die Fachkräfte der Sozialen Arbeit dar. Hansjürgens (2019) beschreibt die Sucht- und Drogenhilfe als System, das sich aus Hilfen des Gesundheits- und Sozialsystems zusammensetzt. Die Sucht- und Drogenhilfe in Deutschland ist außerdem von Interdisziplinarität geprägt und Sozialarbeitende arbeiten häufig an der Seite von medizinischem und therapeutischem Fachpersonal. Hilfen für Betroffene werden sowohl in stationären Settings angeboten (Entzugs- und Entwöhnungsbehandlungen) als auch in ambulanten Drogen- und Suchtberatungsstellen, in niedrigschwelligen Hilfen (wie z. B. Kontaktcafés mit Zugang zu Duschen, Lebensmitteln, Safer-Use- und Harm-Reduction-Angeboten oder Übernachtungsmöglichkeiten) sowie Wohnhilfen (stationär und ambulant) und Arbeitsprojekten. Inzwischen sind auch immer mehr digitale Angebote wie Online-Beratung oder App-gestützte Interventionen (z. B. zur Konsumreduktion) zu nennen.

Während ein großer Teil der sozialarbeiterischen Hilfen in Sucht- und Drogenhilfe in klassischen Beratungsstellen geleistet wird, die eine »Komm-Struktur« aufweisen, das heißt von Hilfeadressat:innen aufgesucht werden, werden aufsuchende Hilfen in Sucht- und Drogenhilfe vor allem in niedrigschwelligen Kontexten geleistet. Eine häufige Form ist sicherlich Streetwork oder Straßensozialarbeit, häufig verknüpft mit Hilfen aus Obdachlosen- und Wohnungslosenhilfe (▶ Kap. 15; ▶ Kap. 16). Im Feld der Sucht- und Drogenhilfe ist in Frankfurt am Main in diesem Kontext das Projekt OSSIP (Eggebrecht 2014) zu erwähnen, bei dem durch das Drogenreferat der Stadt Frankfurt gefördert in kooperativer Trägerschaft aufsuchende Hilfen in Kollaboration zwischen Sozialarbeit und Polizei umgesetzt werden.

Eine weitere aufsuchende Hilfeform der Sucht- und Drogenhilfe stellt wie bereits erwähnt das Ambulant Betreute Wohnen oder BEW dar, das verschiedenen Settings zugeordnet werden kann. Das Spezifikum dieser Hilfeform ist, dass die Hilfe in Form von Hausbesuchen im Wohnraum der Klient:innen durch die Fachkraft der Sozialen Arbeit erbracht wird. Begründet ist diese Hilfeform im SGB IX (Rehabilitation und Teilhabe von Menschen mit Behinderungen) im § 78 SGB IX als »Assistenzleistungen«. Da eine chronische Suchterkrankung als Behinderung anerkannt wird, können auch Hilfen der Sucht- und Drogenhilfe über diesen Paragraphen begründet werden. Die Hilfen zur selbstbestimmten und eigenständigen Alltagsbewältigung umfassen neben Hilfen zum Wohnen auch Hilfen im Bereich sozialer Beziehungen, in Bezug auf Lebensplanung, Teilhabe am gesellschaftlichen und kulturellen Leben, Beschäftigung in Bezug auf Freizeit, Arbeit und Sport sowie die Sicherstellung von verordneten gesundheitsbezogenen und medizinischen Behandlungen (beschrieben in SGB IX § 78) und sollen durch eine Fachkraft als »qualifizierte Assistenz« erbracht werden. Geplant und konkretisiert werden die Leistungen in einem individuellen Teilhabeplan nach § 19 SGB IX.

In der Arbeit mit Menschen, die Opioide und/oder andere Substanzen konsumieren, stellt das BEW eine inzwischen etablierte und bewährte Unterstützungsform dar. Das LaStrada der AHF e. V. in Frankfurt am Main bietet BEW seit 2008 an. Zu dieser Zeit waren Hilfen des Ambulant Betreuten Wohnens häufig Menschen vorbehalten, die als abstinent galten oder zumindest durch Substitutionsbehandlungen unterstützt wurden. BEW als Angebot für Menschen mit aktivem Konsum von Opiaten oder Beikonsum von anderen Substanzen zusätzlich zum Substitut stellte zu der Zeit noch eine Lücke im Hilfesystem dar.

Die Begleitung und Beratung in der eigenen Wohnung im Rahmen des BEW durch die Fachkräfte der AHF ermöglichen das selbstbestimmte Wohnen der opiatkonsumierenden Menschen. Ziel ist, die selbstständige Lebensführung so lange wie möglich zu erhalten (»ambulant vor stationär«). Wenn die Adressat:innen höheren Alters sind, stehen immer mehr Maßnahmen zur Pflege und Unterstützung im Haushalt im Vordergrund. Hier ist die Kooperation mit ambulanten Pflegediensten eine wichtige Aufgabe. Mit steigendem Alter nehmen die gesundheitlichen Beeinträchtigungen zu, sodass auch die Zusammenarbeit mit Fachärzt:innen immer wichtiger wird. Immer wieder ist die Gestaltung des Tages (die meisten der Adressat:innen des BEW beim LaStrada beziehen Leistungen nach SGB II, SGB XII oder Rente) bzw. die Gestaltung der Freizeit ein großes Thema. Über viele Jahre hinweg haben die Klient:innen verlernt, ihren Tag zu strukturieren oder Dinge zu tun, die ihnen Freude bereiten. Für viele der durch diese Hilfe unterstützten Frauen und Männer stellt die Fachkraft der Sozialen Arbeit eine wichtige Bezugs- und Vertrauensperson dar. Manchmal gibt es außer der:dem Sozialarbeiter:in keine oder wenig Vertrauenspersonen im sozialen Umfeld.

16.2 »Jeden Mittwoch um halb 11« – Falldarstellung von Vitali Kronig

In diesem Kapitel wird exemplarisch die aufsuchende Hilfe des BEW anhand der Begleitung von Vitali Kronig[1] beschrieben.

> Vitali Kronig ist 57 Jahre alt. Er hat multiple Problemlagen in verschiedenen Lebensbereichen. Bei ihm wurden Depressionen und Ängste diagnostiziert und er hat über ungefähr 30 Jahre Opiate (Heroin) konsumiert. Seit ca. 15 Jahren wird er im Rahmen einer opiatagonistischen Behandlung (Substitutionsbehandlung) durch die Vergabe von einem Heroinersatzstoff (Polamidon) unterstützt. Aufgrund seines jahrelangen Heroinkonsums und den damit einhergehenden Auswirkungen auf den Körper leidet er unter Polyneuropathien, Rheuma, dauerhaften Schmerzen und es ist von einer Voralterung von ca. 15 Jahren auszugehen. Die Depressionen schränken ihn so massiv ein, dass er häufig Termine bei Fachärzt:innen nicht wahrnehmen kann und eine kontinuierliche Behandlung

---
1 Name und persönliche Informationen wurden anonymisiert und verfremdet.

erschwert ist. Dadurch verstärken sich gesundheitliche Probleme bzw. Verbesserungen können kaum erreicht werden. Der Kontakt mit Ärzt:innen oder Mitarbeiter:innen von Behörden ist insgesamt schwierig und von Misstrauen geprägt. Vitali Kronig hat Schwierigkeiten in der Kommunikation mit den Ansprechpartner:innen, kann sich nicht lange konzentrieren und die Informationen nicht entsprechend aufnehmen. Wenn er dann etwas nicht gleich versteht, wird er ausfallend, fühlt sich ungerecht behandelt und beendet das Gespräch. Die körperlichen Einschränkungen und Schmerzen führen zu existenziellen Lebens- und Sinnfragen, die von ihm negativ beantwortet werden und die depressive Symptomatik verstärken.

Selbstständig schafft er es wiederum schon seit einigen Jahren, die Substitutionsbehandlung durchzuführen, was in seinem Fall heißt, wöchentlich die Substitutionsstelle aufzusuchen und täglich das Substitutionsmedikament einzunehmen. Hier konnte er inzwischen auf Polamidon in Tablettenform wechseln, was für ihn eine Verbesserung darstellt.

Er kam vor sieben Jahren auf eigene Initiative ins BEW, das ihm durch den Kontaktladen der Einrichtung bekannt war. Zu Beginn der Hilfe stand vor allem die Unterstützung bei der Etablierung einer kontinuierlichen Betreuung durch ein:e Fachärzt:in aufgrund seiner chronischen Erkrankungen im Vordergrund, um ihm die Entlastung von chronischen Schmerzen und die Behandlung der Depressionen und dadurch eine Verbesserung seines Wohlbefindens zu ermöglichen. Des Weiteren lebte er zu dem Zeitpunkt in einer Wohnung, die für die Übernahme seiner Wohnkosten durch das Sozialamt – Herr Kronig ist aufgrund seines Gesundheitszustands bereits in Rente – eine zu große Wohnfläche aufwies, sodass eine kleinere Wohnung gefunden werden musste. Auch Beschäftigung und Freizeitgestaltung waren Thema, da Herr Kronig sich häufig langweilte und seinen Alltag als eintönig empfand. Soziale Kontakte hat er wenig bis keine, lediglich zu einer Tante besteht ein kontinuierlicher, aber auch nicht ganz unbelasteter Kontakt.

Nach einigen Terminen war Vitali Kronig plötzlich ›verschwunden‹, das heißt, für die Sozialarbeiterin im BEW nicht mehr zu erreichen (weder telefonisch noch vor Ort an seiner Wohnung anzutreffen). Die Sozialarbeiterin kontaktierte die Substitutionsstelle, die ihr dann mitteilte, dass Herr Kronig sich im Krankenhaus befände. Es folgte eine Kontaktaufnahme zum Sozialdienst der Klinik, um etwas über seinen Verbleib sowie seinen Gesundheitszustand in Erfahrung zu bringen und den Hilfebedarf abzuklären. Er hatte sich einen komplizierten Schulterbruch zugezogen und aufgrund der anspruchsvollen Behandlung und mehrerer erforderlicher Operationen wurde er über mehrere Wochen stationär betreut. Der Krankhausaufenthalt und die gesundheitliche Notlage haben ihn in eine Art Krise gestürzt, in der er viele Fragen an die Zukunft richtete, z. B. wer sich einmal um ihn kümmern werde, wenn er alt und krank sei. Diese Überlegungen holten ihn immer wieder ein, lähmten und blockierten ihn und machten die Arbeit an den im Hilfeplan definierten Zielen auch in kleinen Teilschritten zu dem Zeitpunkt nahezu unmöglich. Einige kleine Teilziele wie z. B. eine erfolgreiche Hepatitis C-Behandlung und Zahnersatz konnten durch viel Einsatz und Motivationsarbeit der Sozialarbeiterin erreicht werden, z. B. durch das Aufzeigen von

Vorteilen der Behandlungen (wie die Steigerung des Wohlbefindens) oder das Angebot, ihn zu den Behandlungen zu begleiten, um ihm dadurch den Zugang zu diesen Hilfeleistungen zu erleichtern. Das Erreichen dieser Teilziele wirkte wiederum für die weitere Zusammenarbeit motivierend.

In Bezug auf die Wohnung zeigte sich nach einer gewissen Zeit, dass Vitali Kronig eine Wohnungskündigung erhalten hatte (aufgrund von geplanten Sanierungen). Vorherige Briefe hatte er weggeworfen und die Sozialarbeiterin nicht über die Information in Kenntnis gesetzt. Als klar wurde, dass Vitali Kronig die Wohnung bald verlassen musste, wurde das Ziel der Wohnungssuche vorgezogen und priorisiert. Die Wohnungssuche gestaltete sich aufgrund des Wohnungsmangels als schwierig, genauso wie die Mitwirkung von Herrn Kronig. Als die Zeit immer mehr drängte und die Sozialarbeiterin ihm die Konsequenzen seines Nichthandelns (Obdachlosigkeit) mitteilte, verwies er sie lautstark der Wohnung. Es folgte eine kurze Kontaktpause, die durch Kontaktaufnahme der Sozialarbeiterin beendet wurde.

Im letzten Moment konnte eine passende Wohnung gefunden und ein Umzug realisiert werden. In der neuen Wohnung, in der er seit ca. sechs Jahren lebt, fühlt er sich wohl. Ihm gefällt die Einrichtung und auch mit der Lage und dem Kontakt zur Nachbarschaft ist er zufrieden. Bis heute kann sich Vitali Kronig nicht daran erinnern, dass er die Sozialarbeiterin der Wohnung verwiesen hat, und streitet diesen Vorfall ab.

Die hauptsächliche Hilfeleistung durch das BEW wird konkret in Form von Hausbesuchen und Begleitungen geleistet. Vor allem in Form von Gesprächen erhält Vitali Kronig Hilfe bei der Einordnung von Begebenheiten oder Hilfestellung bei der Konkretisierung von Anforderungen des täglichen Lebens. Hierbei ist viel Motivationsarbeit in Form von Aufzeigen von Vorteilen, dem Ernstnehmen und möglicherweise Abbauen von Bedenken oder Ängsten notwendig sowie Hilfe bei der Priorisierung von Aufgaben oder notwendigen Erledigungen.

Trotz aller erreichten Ziele ergeben sich immer wieder neue Aufgaben und Herausforderungen. Aktuell stehen als konkrete Aufgaben die Erneuerung des Zahnersatzes an. Außerdem möchte Vitali Kronig sich sinnvolle Beschäftigungsmöglichkeiten erschließen, sodass Einsatzmöglichkeiten in Beschäftigungsprojekten über das Sozialpsychiatrische Zentrum geprüft werden. Er wünscht sich die Teilnahme an einem Projekt, das sich nicht explizit an Opiatkonsument:innen richtet, um nicht täglich mit dem Thema Konsum konfrontiert zu werden und möglichen Sucht- bzw. Konsumdruck zu vermeiden. Hierbei unterstützt ihn die Sozialarbeiterin durch Kontaktaufnahme zu entsprechenden Stellen sowie die Begleitung beim Erstkontakt.

Als aktuell problematisch schätzt die Sozialarbeiterin Vitali Kronigs Kaufverhalten (Online-Bestellungen) ein. Zurzeit bietet er bei vielen Onlineangeboten mit und ersteigert auf diese Weise viele Gegenstände zu niedrigen Preisen (z. B. Haushaltsartikel, Armbanduhren), was dazu führt, dass sich in seiner kleinen Wohnung die Pakete stapeln und der Platz in der Wohnung zunehmend eingeschränkt ist. Für die Umsetzung seines Plans, die Sachen weiterzuverkaufen, fehlen ihm Motivation und Überblick. Greift die Sozialarbeiterin das Thema auf, wird er schnell ungehalten und möchte das Gespräch darüber beenden. In einem kleinen Vorratsraum, das voll mit unausgepackten Kartons ist, hat sich zudem eine Maus eingenistet. Die Einschätzung, dass dies langfristig auch zu einem hygienischen Problem werden könnte, teilt er aktuell nicht. Er äußert sich vielmehr belustigt über seinen »Mitbewohner« und findet die Maus laut eigener Aussage »süß«.

16.3 »Wenn einmal eine Beziehung aufgebaut ist, wollen die gar nicht mehr gehen ...« – kritische Fallreflexion

Wie am Fallbeispiel und auch dessen Verlauf deutlich wird, leistet die Hilfe des BEW für Vitali Kronig Bedeutsames: Er kann selbstständig in seiner eigenen Wohnung wohnen und ein weitestgehend selbstbestimmtes Leben führen. Über den Verlauf der Begleitung durch die Sozialarbeiterin konnte er einige Verbesserungen seiner Lebenssituation erreichen und beispielsweise eine kontinuierliche Behandlung seiner chronischen Erkrankungen etablieren sowie eine Zahnbehandlung umsetzen. Eine drohende Wohnungslosigkeit konnte verhindert werden und Vitali Kronig konnte sich ein Zuhause schaffen, in dem er sich wohlfühlt.

Auch nach vielen Jahren der Unterstützung durch die Sozialarbeiterin im BEW – in seinem Fall ca. sieben Jahre – sind jedoch Begleitungen vor allem zu Fachärzt:innen und Behörden notwendig, um die kontinuierliche Behandlung seiner chronischen Erkrankungen (Polyneuropathien, Rheuma, Depressionen) sicherzustellen. Auch mit vereinbarter Begleitung hat es insgesamt einige Jahre gedauert, bis die Termine durch ihn nicht mehr regelmäßig abgesagt wurden. Im BEW steht mehr Zeit zur Verfügung als in klassischen Beratungssettings und Termine bei Behörden oder Fachärzt:innen können gemeinsam wahrgenommen und vor- und nachbereitet werden. Auf diese Weise können Vorbehalte, Ängste und Unklarheiten vonseiten des Adressaten besprochen und ggf. abgebaut und gleichzeitig Motivationsarbeit geleistet werden. Konkret heißt das, dass die Sozialarbeiterin Aussagen der Fachärzt:innen oder Behördenmitarbeiter:innen in einfache Sprache übersetzt und Vitali Kronig dabei hilft, sein Anliegen vorzubringen. Der Mehrwert von kontinuierlichen medizinischen Behandlungen offenbart sich für ihn erst über den Zeitverlauf und die Aufrechterhaltung der Behandlung gelingt ihm in Begleitung der Sozialarbeiterin. Mit »Begleiten« als Unterstützungsform ist eine Kernaktivität der Sozialen Arbeit (Sommerfeld et al. 2021) angesprochen, über die sich auch aufsuchende Hilfen plausibel begründen lassen.

Ein zentrales Element der Unterstützung durch das BEW ist die von Vertrauen geprägte Arbeitsbeziehung zwischen dem Adressaten und der Sozialarbeiterin. Herr Kronig konnte die Sozialarbeiterin als kontinuierliche und zuverlässige Begleitperson erleben, die es ihm ermöglicht, sich auch auf langwierige Hilfeprozesse oder

Behandlungen, wie z. B. durch Fachärzt:innen oder auch im Zusammenhang mit der Zahnbehandlung, einzulassen. Kontinuität und Zuverlässigkeit in Kontakt und Beziehung stellen eine besondere Erfahrung für ihn dar, da er über wenig soziale Kontakte verfügt und seine bisherigen Beziehungen zu vertrauten Personen eher von Diskontinuitäten und Abbrüchen geprägt waren. Unterkofler (2021) beschreibt professionelles Handeln von Fachkräften in der niedrigschwelligen Arbeit mit Opiatkonsument:innen als »Dran-Bleiben oder Dran-Sein« (Unterkofler 2021). Durch den häufigen Kontakt, die Hausbesuche und Begleitungen ist die Sozialarbeiterin *nah dran* am Alltag und Leben des Adressaten und kann *dran bleiben* an Entwicklungen, Prozessen und Bedarfen oder Wünschen des Adressaten. Für die bedarfsgemäße Begleitung im BEW stellt dies wie dargelegt einen Mehrwert dar. Gleichzeitig ist dies für die Sozialarbeiterin mit verschiedenen Herausforderungen verbunden: Wie in der Überschrift des Unterkapitels eingeleitet, erfahren die Adressat:innen mit wenigen sonstigen personalen Ressourcen und Vertrauenspersonen in ihrem Umfeld Anerkennung und Zuwendung durch die Sozialarbeiter:innen, was einerseits als wichtige Wirkkomponente von Sozialer Arbeit angesehen werden kann (Schoneville & Thole 2009). Sommerfeld et al. (2021) beschreiben dies als soziale Substitution:

> »Die nicht mehr existierende oder sehr schädliche soziale Umgebung dieser Menschen [wird] durch ein von der sozialen Arbeit inszenierte und am Laufen erhaltene soziale Umgebung ersetzt [...], indem sie in ein Programm des betreuten Wohnens, in ein Programm der Arbeitsintegration, und darüber hinaus in ein Netzwerk von Beziehungen zu Professionellen und anderen Nutzer*innen integriert werden, das die ›natürliche‹ Sozialität quasi ersetzt und insofern substituiert« (Sommerfeld et al. 2021, S. 16).

Dies kann die Fachkraft der Sozialen Arbeit andererseits aber auch in eine überbordende Verantwortungsposition für das Wohlbefinden oder Entscheidungen des:der Adressat:in bringen. Das ist dann der Fall, wenn die Fachkraft der Sozialen Arbeit als eine wichtige – oder wie im geschilderten Fallbeispiel – als *die* wichtigste Ansprech- und Vertrauensperson in Ermangelung an privaten Kontaktpersonen, die diese Rolle übernehmen könnten, fungiert. Vonseiten der Fachkraft sind Reflexionsvermögen zur Wahrnehmung der Verantwortungsräume und gleichzeitig Abgrenzungsfertigkeiten zum Ausloten der Zuständigkeitsgrenzen gefordert.

Dienstleistungstheorie nach Schaarschuch

Die theoretische Position der Dienstleistungstheorie von Schaarschuch (1999) bietet hierfür eine passende Reflexionsmöglichkeit an: Fachkräfte stellen Nutzer:innen oder Adressat:innen von sozialen Hilfen sozusagen »ihre Kompetenzen, Ressourcen, Fähig- und Fertigkeiten zur Verfügung« (Maar & Bliemetsrieder 2021, S. 78), während die Hilfeadressat:innen sich diese als »Verhalten, Bildung, Gesundheit« aneignen (Schaarschuch 1999, S. 554 zit. nach Maar & Bliemetsrieder 2021, S. 78).

In diesem theoretischen Verständnis wird verdeutlicht, wie die Adressat:innen die Angebote der Fachkräfte für sich einsetzen oder nutzen und die Hilfe- oder Unterstützungsleistung nicht einseitig durch die Fachkraft der Sozialen Arbeit erbracht wird. Eine solche Betrachtungsweise ist dazu dienlich, die Fachkraft – wie weiter oben beschrieben – aus einer überbordenden Verantwortung zu entlassen.

Die Arbeitsbeziehung mit Vitali Kronig ist darüber hinaus im Prozess zu betrachten. Zu Beginn der Unterstützung durch das BEW standen das Kennenlernen und der Beziehungsaufbau im Vordergrund. Die fehlende Offenlegung des Ausmaßes des Problems (Vorenthalten der Information der Wohnungskündigung durch den Adressaten) erschwerten der Fachkraft die professionelle Problembeurteilung und -bearbeitung. Außerdem wurde die Sozialarbeiterin zu Beginn der Unterstützung im BEW einmal der Wohnung verwiesen. Dies wertet sie inzwischen als Überforderungsreaktion (sie hatte mit ihm die Konsequenzen thematisiert, die im Zusammenhang mit dem Nicht-Handeln aufgrund der Wohnungskündigung drohten, eine mögliche Obdachlosigkeit). Nach einer kurzen Kontaktpause erfolgte die Kontaktaufnahme mit ihm durch die Sozialarbeiterin, sodass er einerseits spüren konnte, dass sie ihn auch in konflikthaften Momenten weiter unterstützt, für seine Widerstände oder auch Unzulänglichkeiten nicht verurteilt, sondern konstruktiv mit ihm nach Lösungen sucht und auch ernsthaftes Interesse daran hat, negative Konsequenzen (wie im Fall des Wohnungsverlusts) mit ihm und manchmal auch für ihn – in Stellvertretungsfunktion – abzuwenden. Sein Leugnen dieses Konflikts könnte auf Scham hinweisen, die mit diesem Vorfall verbunden ist.

Weitere Herausforderungen haben sich für die Sozialarbeiterin zu Beginn der Begleitung ergeben, als die fehlende Offenlegung der kompletten Sachlage durch den Adressaten (im Fallbeispiel die Nichtmitteilung der Wohnungskündigung) die professionellen Handlungsspielräume begrenzt und die fachliche Beurteilung der Gesamtlage verunmöglicht hat. Im konkreten Fall musste schneller eine neue Wohnung gefunden werden als zunächst angenommen, was glücklicherweise gelang.

Des Weiteren erachtet es die Fachkraft erfahrungsgemäß als wichtig, dass in kleinen Teilschritten vor allem zu Beginn der Unterstützung vereinbarte Ziele oder Teilziele erreicht werden (manchmal auch mit größerem Einsatz der Sozialarbeiterin), damit einerseits das Selbstwirksamkeitserleben des Adressaten gesteigert werden kann und positive Effekte der Begleitung sichtbar werden können. Hier ist in besonders komplexen Fällen auch das Geschick der Fachkraft gefragt, realistische und erreichbare Ziele gemeinsam mit den Adressat:innen zu formulieren und bei deren Erreichung wirkungsvoll zu unterstützen. Außerdem können Erfolge einen aktivierenden Effekt haben und wie ein Katalysator auch für eigene, von der Hilfe unabhängige Erfolgserlebnisse wirken. Diese sind unter Umständen als sekundäre Effekte der Hilfe oder Arbeitsbeziehung anzusehen, da die Hilfe als sicheres Netz im Hintergrund fungieren kann, falls eigene Versuche nicht gleich gelingen.

Nicht zuletzt verweist die Fachkraft auf Aspekte wie Menschlichkeit, Verlässlichkeit, manchmal auch Beharrlichkeit und Authentizität, die sie als wichtig erachtet und in ihrem fachlichen Handeln im BEW praktiziert – auch mit einer Prise Humor. Die aktuellen Herausforderungen bei der Unterstützung von Vitali Kronig (Kaufverhalten, mögliches Hygieneproblem durch die Maus in der Abstellkammer) zeigen, dass im dynamischen Fallverlauf trotz erreichter Ziele der Hilfebedarf auch nach Jahren der Betreuung noch ausgeprägt sein kann.

16.4 Schlussfolgerungen und Empfehlungen für die reflektierte Umsetzung aufsuchender Hilfen in der Sucht- und Drogenhilfe

Die Falldarstellung der Begleitung von Vitali Kronig im Verlauf und die Reflexion der Fachkraft der Sozialen Arbeit gelten als typischer Fall einer Begleitung von Menschen, die seit vielen Jahren Substanzen wie Opiate konsumieren oder konsumiert haben. Es konnte aufgezeigt werden, wie Vitali Kronig von der aufsuchenden Hilfe des BEW konkret für die Verbesserung seiner Lebenssituation (z. B. hinsichtlich der Wohnsituation und in Bezug auf seine Gesundheit) profitieren kann. Mithilfe des BEW kann er selbstständig leben und die Alltagsanforderungen bewältigen. Das BEW hat über die Beziehung zur Sozialarbeiterin eine stabilisierende Wirkung und trägt sicherlich dazu bei, dass er seine Alltagsanforderungen für die selbstständige Lebensführung bewältigen kann. Dies ist auch vor dem (sucht-)biographischen Hintergrund des Adressaten als Errungenschaft anzusehen. Gleichzeitig ist auch nach sieben Jahren konkreter ›neuer‹ Hilfebedarf vorhanden, was exemplarisch für Menschen mit ausgeprägter Problemlast – wie es eine manifestierte chronische Abhängigkeit sicherlich darstellen kann – sein kann. Vor diesem Hintergrund ist die Finanzierungslogik der überregionalen Sozialhilfeträger zumindest infrage zu stellen, die die Hilfen des BEW von Vornherein zeitlich limitiert. Dies ist aus Kostengründen und vor dem Hintergrund der Hilfeanlage nachvollziehbar, aber mit Blick auf die Betreuungsrealität von vor allem älteren Opiatkonsument:innen mit ausgeprägtem Unterstützungsbedarf infrage zu stellen. Gleichzeitig bedarf es für eine solche Langzeitunterstützung fachliche Begründungen und Legitimierungen, auch im Sinne der Stärkung der Autonomie der Adressat:innen. Wie dargelegt, entfaltet sich die Wirkmacht der Hilfe vor allem über die Arbeitsbeziehung, für deren Etablierung es besonders in der Arbeit mit Menschen, die häufig Stigmatisierungen und Ausgrenzungen erlebt haben (auch in Hilfekontexten) einen gewissen Zeithorizont bedarf. Der ausgeprägte Hilfebedarf des skizzierten Falls und seines Verlaufs lässt die fachlich begründete Einschätzung zu, dass die selbstständige Lebensführung mit dem BEW aufrechterhalten werden kann.

Als fachliche Herausforderung für aufsuchende Hilfe im häuslichen Umfeld der Adressat:innen mit Substanzkonsumstörungen gelten sicherlich auch Fragen in Bezug auf den Substanzkonsum (auch von legalen Substanzen wie Tabak oder Alkohol), der im Privatraum ›erlaubt‹, aber während des Hausbesuchs der Fachkraft unpässlich ist. Ein weiteres Thema betrifft Fragen der Hygiene und Ordnung: Menschen, die über viele Jahre Heroin und andere Substanzen konsumiert haben, waren häufig von Wohnungs- und Obdachlosigkeit betroffen, sodass grundlegende Kompetenzen der Haushaltsführung (wieder) erlernt werden müssen (Vogt 1999), wenn sie z. B. begleitet durch das BEW eine Mietwohnung beziehen. So kann die:der Sozialarbeiter:in mit Situationen im Wohnraum der:des Adressat:in konfrontiert sein, die auch in Bezug auf Sauberkeit und Hygiene eine Herausforderung (bis hin zu einem Sicherheitsproblem) darstellen können. Vogt (1999) betont die Relevanz von Grenzziehungen, nicht zuletzt, um auch in niedrigschwelligen oder wenig standardisierten Settings eine professionelle Soziale Arbeit zu ermöglichen. Von klaren Grenzziehungen, die wiederum auch zur Klärung von Arbeitsauftrag und Arbeitsbeziehung beitragen, profitieren sowohl die Adressat:innen als auch die Fachkräfte der Sozialen Arbeit in der Sucht- und Drogenhilfe.

Literatur

Eggebrecht, K. (2014): Projekt OSSIP in Frankfurt am Main. In: H. Stöver, D. Schäffer (Hrsg.). Zugehende Sozialarbeit mit Drogen gebrauchenden Frauen und Männern. Berlin: Deutsche AIDS-Hilfe e. V.
Giertz, C., Große, L. & Gahleitner, S. (Hrsg.) (2021): Hard to reach: schwer erreichbare Klientel unterstützen. Köln: Psychiatrie Verlag.
Hansjürgens, R. (2019): Soziale Arbeit in der Suchthilfe. In: S. Dettmers & J. Bischkopf (Hrsg.). Handbuch gesundheitsbezogene Soziale Arbeit (S. 184–194). München: Reinhardt.
Maar, K. & Bliemetsrieder, S. (2020): Dienstleistung und Arbeitsbündnis – ein Widerspruch? Zur kritischen Professionalisierung Sozialer Arbeit. In: A. van Rießen & K. Jepkens (Hrsg.). Nutzen, Nicht-Nutzen und Nutzung Sozialer Arbeit (S. 77–88). Wiesbaden: Springer.
Obert, K., Pogadl-Bakan, K. & Rein, G. (2018): Aufsuchende psychiatrische Arbeit. Köln: Psychiatrie Verlag.
Schaarschuch, A. (1999): Theoretische Grundelemente Sozialer Arbeit als Dienstleistung. Ein analytischer Zugang zur Neuorientierung Sozialer Arbeit. neue praxis, 543–560.
Schmid, M., Schu, M. & Vogt, I. (2012): Motivational Case Management. Ein Manual für die Drogen- und Suchthilfe. Heidelberg: Medhochzwei.
Schmid, M. & Arendt, I. (2021): Soziale Arbeit und Case Management in der Sucht- und Drogenhilfe. In: M. Müller, A. Siebert & C. Ehlers (Hrsg.). Sozialarbeiterisches Case Management. Ein Lehr- und Praxisbuch. Stuttgart: Kohlhammer.
Sommerfeld, P., Solèr, M., Hess, N., Hüttemann, M. & Süsstrunk, S. (2021): ALIMEnt – Kontexte, Mechanismen und Wirkungen Sozialer Arbeit. Forschungsbericht. Olten: FHNW, Hochschule für Soziale Arbeit.
Stöver, H. & Schäffer, D. (Hrsg.) (2014): Zugehende Sozialarbeit mit Drogen gebrauchenden Frauen und Männern. Berlin: Deutsche AIDS-Hilfe e. V.
Streck, R. (2023): Parkbank, Schnaps und Spritze – ethnografische Einblicke in Relationierungen von Alkohol- und Drogenkonsum mit dem Schlafen auf der Straße. In: D. Borstel, J. Brückmann, L. Nübold, B. Pütter & T. Sonnenberg (Hrsg.). Handbuch Wohnungs- und Obdachlosigkeit. Online verfügbar unter: https://doi.org/10.1007/978-3-658-35279-0_2-1, Zugriff am 03.01.2023.
Unterkofler, U. (2021): Lebensgeschichten (all)täglich begleiten. Eine ethnografische Fallstudie über professionelles Handeln im Kontaktladen. In: INDRO e. V. (Hrsg.). Online verfügbar unter: https://indro-online.de/wp-content/uploads/2021/03/Unterkofler2021.pdf, Zugriff am 03.01.2023.

17 Aufsuchende Arbeit in der Wohnungslosenhilfe

Anna Gamperl & Karsten Giertz

Überblick

17.1 Die Lebenssituation von wohnungslosen Menschen 177
17.2 Die Wohnungslosenhilfe in Deutschland 178
17.3 Fallbeispiel 180
17.4 Kritische Reflexion des Fallverlaufs 182
17.5 Schlussfolgerungen 183

Menschen, die von Wohnungslosigkeit betroffen sind, sind der extremsten Form von sozialer Exklusion ausgesetzt. Viele wohnungslose Menschen haben keinen festen Wohnsitz, verbringen einen Großteil ihrer Zeit auf der Straße, leben in vorläufigen Unterkünften oder in unzumutbaren Wohnverhältnissen. Die Lebenslagen sind sehr heterogen. Viele der Betroffenen weisen multiple psychosoziale Problemlagen wie Armut, finanzielle Schulden, fehlende Ausbildungs- und Berufsabschlüsse, familiäre Problemlagen, Stigmatisierung sowie psychische und körperliche gesundheitliche Beeinträchtigungen auf (Giertz & Bösing 2021). Die komplexen und existenziellen psychosozialen Problemlagen erschweren häufig den Zugang in das bestehende Beratungs-, Unterstützungs- und Behandlungssystem sowie die Förderung einer dauerhaften Wohnintegration. Aufsuchende niedrigschwellige Beratungs- und Unterstützungsangebote gehören daher zu einem wichtigen Bestandteil der Wohnungslosenhilfe, um den Kontakt zu den Betroffenen aufzubauen sowie eine Integration in das bestehende Hilfesystem zu ermöglichen und aufrechtzuerhalten.

Im Rahmen dieses Beitrags wird ein Einblick in das Arbeitsfeld der Wohnungslosenhilfe in Deutschland gegeben. Die Wohnungslosenhilfe umfasst hierzulande ein differenziertes Unterstützungssystem mit verschiedenen Beratungs-, Begleitungs-, Behandlungs- und Wohnangeboten. Die aufsuchende Arbeit kann in den jeweiligen Kontexten unterschiedlich ausgeprägt und konzeptionell ausgestaltet sein. Die Besonderheit dieses Unterstützungskontexts liegt u. a. darin, dass die aufsuchende Arbeit hier im öffentlichen Raum bzw. im persönlichen Sozialraum der Klient:innen umgesetzt wird.

17.1 Die Lebenssituation von wohnungslosen Menschen

Wohnungslose Menschen gehören zu einer Zielgruppe der psychosozialen Arbeit, die in der Gesellschaft schweren Stigmatisierungstendenzen ausgesetzt ist und deren prekäre Lebenssituation auf sozialpolitischer Ebene lange Zeit marginalisiert wurde (Füller & Morr 2021, Malyssek & Störch 2009). Eine einheitliche Definition von Wohnungslosigkeit fehlt jedoch bis heute. Während in den internationalen Fachdiskursen auf die Typologie des Europäischen Dachverbandes Wohnungslosenhilfe (FEANTSA 2017) Bezug genommen wird, orientiert sich die Fachwelt in Deutschland an der Definition von Wohnungsnotfällen der Bundesarbeitsgemeinschaft Wohnungslosenhilfe (BAG W 2011).

> **Wohnungsnotfälle nach BAG W**
>
> Zu den Wohnungsnotfällen zählen nach dieser Definition Personen und Haushalte (BAG W 2011),
>
> - die nicht über eine eigene mietrechtlich abgesicherte Wohnung bzw. Wohneigentum verfügen und nicht institutionell untergebracht sind,
> - die ohne jegliche Unterkunft leben,
> - die sich in Behelfsunterkünften (wie Baracken, Wohnwagen, Gartenlauben etc.) befinden oder vorübergehend bei Freund:innen, Bekannten und Verwandten untergekommen sind sowie zeitweise auf eigene Kosten in einer gewerbsmäßigen Behelfsunterkunft leben (z. B. Hotels),
> - die per Verfügung, Einweisung oder sonstiger Maßnahmen der Obdachlosenbehörde, der zuständigen Ordnungsbehörde oder über eine Kostenübernahme nach SGB in vorübergehenden Behelfs- bzw. Notunterkünften oder sozialen Einrichtungen leben,
> - die mangels einer verfügbaren Wohnung in psychosozialen Einrichtungen, dem Strafvollzug oder einer psychiatrischen Klinik länger als notwendig untergebracht sind.
>
> Nach BAG-W-Definition sind nicht nur Personen als wohnungslos zu bezeichnen, die unmittelbar ohne Unterkunft auf der Straße leben, sondern auch Personen, die von Wohnungslosigkeit bedroht sind oder in unzureichenden Lebens- und Wohnverhältnissen leben.

Hier wird deutlich, wie heterogen die Lebenslagen von wohnungslosen Menschen einzuschätzen sind und welche vielfältigen Implikationen sich daraus für die Prävention und Bewältigung von Wohnungslosigkeit ergeben (Giertz & Sowa 2021, Sowa 2022).

Verschiedene Studien haben in den letzten Jahren die Lebenssituation und Lebenslagen von wohnungslosen Menschen in Deutschland näher untersucht (Übersicht u. a. in Giertz et al. 2023). Hinsichtlich der Sozialstruktur ist der Anteil von wohnungslosen männlichen Personen mit ca. 70 % wesentlich höher als der weiblicher Personen (Gesellschaft für innovative Sozialforschung und Sozialplanung e. V. 2015). Dieser geschlechtsspezifische Unterschied ist nicht ungewöhnlich. Frauen sind weniger von direkter Wohnungslosigkeit betroffen, da sie bei sozialen Problemen aktiver Hilfe suchen oder häufiger verdeckte Formen der Wohnungslosigkeit aufweisen (Füller & Morr 2021), indem sie bei Bekannten unterkommen und teils (sexuelle) Gegenleistungen dafür in Kauf nehmen.

Der Großteil der wohnungslosen Personen ist arbeitslos und bestreitet den Lebensunterhalt entweder mit Transfereinkommen wie Leistungen zur Grundsicherung oder Erwerbsminderung (Gesellschaft für innovative Sozialforschung und Sozialplanung e. V. 2015) oder gänzlich ohne Einkommen, wodurch Sozialeinrichtungen mit grundversorgenden Angeboten eine hohe Wichtigkeit zukommt. Wohnungslose Personen sind oft von Armut und Verschuldung betroffen und können sich lebensnotwendige Güter nicht leisten (Gerull 2018). Im Zusammenhang mit Stigmatisierungserfahrungen ziehen sich viele Betroffene aus ihrem ursprünglichen sozialen Herkunftsumfeld in die Einsamkeit zurück. Ihnen fehlt es oft an unterstützenden sozialen Beziehungen. Darüber hinaus geht das Leben auf der Straße durch mangelnden Schutz häufig mit massivem Stresserleben und lebensbedrohlichen Situationen einher (ebd.). Aufgrund der prekären Lebensbedingungen weisen wohnungslose Menschen im Vergleich zur Allgemeinbevölkerung auch häufiger behandlungsbedürftige körperliche Erkrankungen (Kaduszkiewicz et al. 2017) und psychische Beeinträchtigungen (Schreiter et al. 2017) auf. Umgekehrt können auch psychische und körperliche Erkrankungen eine Ursache für Wohnungslosigkeit sein (Giertz & Sowa 2022).

Bis heute gibt es in Deutschland keine offiziellen Statistiken zur Häufigkeit von wohnungslosen Menschen in der Bevölkerung. Aktuelle Schätzungen der BAG W – die sich auf Angaben von Einrichtungen und Diensten der Wohnungslosenhilfe beziehen – legen nahe, dass die Jahresgesamtzahl (erfasst die Wohnungslosen, die im Verlaufe des Untersuchungsjahrs 2020 von Wohnungslosigkeit betroffen sind) ca. 417.000 Menschen und die Stichtagszahl (erfasst die Wohnungslosen, die an einem bestimmten Stichtag wohnungslos sind) 306.000 Menschen umfasst (BAG W 2021). Aufgrund diverser Krisen, kriegerischer Auseinandersetzungen, Flüchtlingsbewegungen, Armut und fehlendem bezahlbaren Wohnraum hat diese Zahl in den letzten Jahren europaweit zugenommen.

17.2 Die Wohnungslosenhilfe in Deutschland

In Deutschland hat sich in den letzten Jahren ein differenziertes Beratungs-, Begleitungs- und Unterstützungssystem in der Wohnungslosenhilfe entwickelt. Ausgehend von den verschiedenen Formen von Wohnungsnotfällen wird versucht, den unterschiedlichen Bedarfen und Lebenslagen, der von Wohnungslosigkeit betroffenen Menschen (z. B. Frauen, Kinder und Jugendliche, Menschen mit Suchtproblematiken, geflüchtete Menschen) gerecht zu werden. Das übergeordnete Ziel dieser Unterstützungsangebote ist, der weiteren sozialen Exklusion von wohnungslosen Menschen und den damit einhergehenden psychosozialen Notlagen entgegenzuwirken oder diesen Exklusionsprozessen präventiv zu begegnen.

Angebot der Wohnungslosenhilfe

Um den komplexen Bedarfen von wohnungslosen Menschen gerecht zu werden, reicht das Angebot der Wohnungslosenhilfe von Arbeits-, Anlauf- und Beratungsstellen, Tagesstätten, medizinischen Angeboten, unterstützenden Wohnangeboten bis hin zu einfachen Aufenthalts-, Wohn- und Lebensorten für wohnungslose Menschen. Die Unterstützungsangebote sind in Deutschland je nach Bundesland regional unterschiedlich strukturiert und geregelt. Angebote werden – ausgehend von Lebenslagen und Zielgruppen – in vier Bereiche unterschieden (Lutz et al 2021, Specht 2017):

1. Verhinderung von Wohnungsverlust: Fachstellen zur Wohnungssicherung, Beratung,
2. niederschwellige Angebote: z. B. Tagesaufenthalt, Straßensozialarbeit, Essensausgaben, medizinische Angebote,
3. Notunterbringung: Nachtunterkünfte, zur Verfügung gestellte Zimmer etc.,
4. ambulante, teilstationäre und stationären Hilfen gemäß §§ 67–69 SGB XII (Hilfe zur Überwindung besonderer sozialer Schwierigkeiten): Wohnhilfen sowie aufsuchende Hilfe für Menschen in besonderen sozialen Lebenslagen.

Ein weiteres Angebot, das in den letzten Jahren in Deutschland umgesetzt wird, ist der im US-amerikanischen Raum entwickelte Housing-First-Ansatz (Tsemberis 2010). Im Gegensatz zu den traditionellen Wohnungslosenhilfsangeboten werden die Betroffenen nicht nach einem Stufensystem von befristeten Übernachtungsmöglichkeiten in Wohnungslosenunterkünften über ein betreutes Wohnheim in die eigene Wohnung übergeleitet, sondern direkt in eine Wohnung mit eigenem Mietvertrag vermittelt und bei individuellem Bedarf über ein niedrigschwelliges multiprofessionelles Unterstützungsangebot begleitet, das unabhängig vom Mietvertrag und der eigenen Wohnung flexibel und freiwillig in Anspruch genommen werden kann. Bei wohnungslosen Personen mit komplexen Problemlagen hat sich der Housing-First-Ansatz besonders bewährt (Padgett et al. 2016). Eine flächendeckende Etablierung des Housing-First-Ansatzes in die Regelangebote der Wohnungslosenhilfe steht noch aus (Rosenke 2023).

17.3 Fallbeispiel

Insbesondere bei wohnungslosen Menschen, die den Großteil ihres Tages ohne feste Unterkunft auf der Straße verbringen, spielt die aufsuchende Arbeit im öffentlichen Raum eine besondere Rolle, um Kontakt zu den Betroffen herzustellen und sie in das bestehende Hilfesystem zu vermitteln. Das folgende Fallbeispiel aus der beruflichen Praxis soll exemplarisch diesen Prozess abbilden.

> Jan Albrecht ist vor wenigen Tagen 40 Jahre alt geworden. Sein Geburtstag war für ihn jedoch kein Grund zur Freude. Herr Albrecht habe aufgehört, Tage oder Jahre zu zählen. Er lebe einfach in den Tag hinein und lasse sich überraschen, was der Tag so bringe. Das war aber nicht immer so: Jan Albrecht war ein sehr ambitionierter junger Mann, der in einem kleinen Dorf im Westen von Brandenburg aufgewachsen ist. Er hatte ein sehr gutes Verhältnis zu seiner Familie, einen engen Freundeskreis und war im örtlichen Tischtennisverein sehr aktiv. Nach seinem Abitur und dem Zivildienst in einem Pflegewohnheim begann Herr Albrecht Bauingenieurwesen zu studieren. Mit 20 Jahren wurde Herr Albrecht aufgrund eines Tötungsdelikts, das er im intoxikierten Zustand begangen hat, zu einer mehrjährigen Haftstrafe verurteilt. Dies war für Herrn Albrecht der große Wendepunkt seines Lebens. Er hat ausgesprochen hohe Moralvorstellungen und verbot sich von da an ein glückliches Leben zu führen, weil ihm dies nach diesem »katastrophalen Fehler« nicht mehr zustehen würde. Sämtliche Sozialkontakte brach Herr Albrecht während seiner Inhaftierung ab. Kontaktversuche seiner Familie oder Freund:innen wurden gänzlich ignoriert. Seiner damaligen Partnerin schrieb er zu Haftbeginn einen kurzen Brief, worin er erklärte, dass er ihr einen Menschen wie ihn nicht zumuten könne und deshalb die Beziehung beende.
>
> Nach der Entlassung ist Herr Albrecht sofort nach Berlin gegangen, da er seiner Familie die Schande ersparen und die Anonymität der Großstadt genießen wollte. Versuche seitens seines Bewährungshelfers, ihn bei der Arbeits- oder Wohnungssuche zu unterstützen, sind gescheitert. Herr Albrecht lehnt jegliche Unterstützung ab, er dürfe nichts mehr bekommen. Termine bei seinem Bewährungshelfer wurden dennoch gewissenhaft wahrgenommen und mittlerweile sind alle Auflagen ordnungsgemäß beendet worden.
>
> Herr Albrecht trägt seinen ganzen Besitz in einem großen Rucksack auf dem Rücken. Er nächtigt ganzjährig in einem Zelt hinter einem Einkaufszentrum am Rande Berlins. Tagsüber hält er sich überwiegend bei den Parkbänken hinter einer Kirche nahe des Tageszentrums auf, das er ab und an zum Duschen und für die Abholung seiner Post aufsucht. Sämtliche Angebote der Sozialarbeiter:innen, ihn bei der Beantragung von Sozialleistungen zu unterstützen oder ihn in eine Notunterbringung zuzuweisen, wurden freundlich, aber bestimmt abgelehnt. Herr Albrecht äußerte klar den Wunsch, lediglich »mit normalen Menschen« reden zu wollen, ansonsten könne er sich alles selbst organisieren. Er weiß viel über Sozialleistungen und kennt sich in Berlin ausgesprochen gut aus. Er wisse daher, dass er Möglichkeiten habe, aber er habe es nicht verdient, diese zu nutzen.

Nach der enorm belastenden Beschränkung seiner Freiheit in Haft wolle er lediglich in Ruhe leben. Bis zu ihrem Tod vor rund vier Jahren gab es unregelmäßige Telefonate mit seiner Mutter, der Rest der Familie wolle mit ihm keinen Kontakt mehr.

Mittlerweile sind zwei Sozialarbeiterinnen des Tageszentrum seine einzigen Bezugspersonen. Gespräche mit Herr Albrecht finden zu vereinbarten Terminen, aber meist außerhalb der Einrichtung bei den Parkbänken statt. Er hat kein Telefon und lehnt aus Angst vor Überwachung und Kontrolle auch jegliche andere Kommunikationsmöglichkeit ab. In den Gesprächen fallen die paranoiden Wahnvorstellungen auf. Eine psychiatrisch-fachärztliche Abklärung lehnt Herr Albrecht ab, da er dem Staat nichts mehr kosten dürfe. Er lebt stets in großer Sorge, wieder einen Haftbefehl zu erhalten, weshalb die Abholung seiner Post jedes Mal Stress verursacht. Aus Angst, wieder die Freiheit aufgeben und zurück in Haft zu müssen, könne er auch keine Arbeit aufnehmen, da er diese möglicherweise kurz darauf wieder abbrechen müsste.

Herr Albrecht selbst bezeichnet sich nicht als obdachlos, sondern »frei«. Ihm ist wichtig, nicht auf seine Obdachlosigkeit reduziert zu werden. Er legt großen Wert auf sein Aussehen und distanziert sich von sämtlichen Substanzen. Er sei besser als andere wohnungslose Menschen und fühlt sich ihnen überlegen. Bei seinen kurzen Besuchen im Tageszentrum tadelt er andere Besucher:innen oder weist Mitarbeitende auf deren – aus seiner Sicht – Fehlverhalten hin.

Zwei Sozialarbeiterinnen suchen regelmäßig Herrn Albrecht auf einem zuvor vereinbarten öffentlichen Platz auf. Gelegentlich gelang es den beiden ihn tatsächlich anzutreffen und mit ihm ins Gespräch zu kommen. Oftmals kam es aber auch vor, dass Herr Albrecht zu spät oder gar nicht erschien. Die Sozialarbeiterinnen waren an den vereinbarten Terminen immer vor Ort und tolerierten, wenn Herr Albrecht die Termine nicht wahrnahm oder später kam. Im direkten Kontakt zeigte Herr Albrecht oftmals Desinteresse und teilweise auch eine offene Abweisung gegenüber den Fachkräften. Mit der Dauer des Betreuungsprozesses reduzierte sich dieses Verhalten. Herr Albrecht begann, offen über sein Tötungsdelikt zu sprechen. Er berichtete von seinem Leben davor und danach. Trotz seiner Erfahrungen in der Vergangenheit und auf der Straße hat Herr Albrecht seinen Humor nie verloren. Die Sozialarbeiterinnen nutzen diese Ressource im Kontakt, um seine negative Sichtweise auf sich selbst und die Vergangenheit zu relativieren und neue Perspektiven zu entwickeln. Darüber hinaus bezogen sie Herrn Albrechts Expertise und seine Kenntnisse im Bereich der Sozialleistungen ein. Sie fragten ihn etwa bewusst um Rat, wenn sie in der Unterstützung von anderen Betroffenen nicht mehr weiterkamen.

Aufgrund von Beinödemen hatte Herr Albrecht starke Schmerzen. Er wurde an eine niedrigschwellige Arztpraxis für wohnungslose Personen in Berlin Mitte vermittelt. Aufgrund seines hohen Leidensdrucks nahm er dies tatsächlich an und machte eine erste positive Unterstützungserfahrung. Gerade arbeiten die beiden Sozialarbeiterinnen an der Perspektive in ein Betreutes Einzelwohnen einzuziehen. Herr Albrecht kann sich dies nur unter der Voraussetzung vorstellen, dass die Betreuung der beiden weiter fortbesteht.

17.4 Kritische Reflexion des Fallverlaufs

Wie dieses Fallbeispiel verdeutlicht, unterscheiden sich Besuchskontakte im Kontext der Wohnungslosenhilfe von anderen Handlungsfeldern und weisen eine Eigenlogik auf. Die Möglichkeit Klient:innen an ›ihren‹ Orten – bei Herrn Albrecht war es der Platz hinter einer Kirche – aufzusuchen, ermöglicht auch die Betreuung jener Personen, für die das Aufsuchen einer Einrichtung eine zu große Hürde darstellt. Herr Albrecht wollte sich an einem neutralen und für ihn praktisch gelegenen Ort treffen. Er hatte das Gefühl die Rahmenbedingungen seiner Betreuung mitgestalten zu können. Derart konkret vereinbarte Treffen stellen eher die Ausnahme dar. Besuchskontakte im öffentlichen Raum finden meist zufälliger und ungeplanter statt. In einem derart niedrigschwelligen Betreuungskontext wie bei Herrn Albrecht schien es wenig Zeit-, Handlungs- oder Leistungsdruck zu geben, sodass der Beziehungsaufbau vordergründig sein kann. Es ist eine Gratwanderung, wie lange beziehungsorientierte Gespräche stattfinden und ab wann konkreter an Veränderungen zu arbeiten begonnen wird. Je nach konzeptioneller Ausrichtung der Einrichtungen stehen hierfür unterschiedliche zeitliche und personelle Ressourcen zur Verfügung. Besuchskontakte außerhalb der Einrichtung sind oftmals mit Mehraufwand, etwa einer Wegzeit, verbunden und müssen hinsichtlich ihrer Rentabilität reflektiert werden. Das Betreuungssetting im öffentlichen Raum erfordert Flexibilität der Sozialarbeiter:innen. So können schaulustige Passant:innen, die vorherrschende Lautstärke, die für Betreuungen inadäquate Örtlichkeit, fehlende Sitz- oder Rückzugsmöglichkeiten oder schlichtweg das Wetter Störfaktoren darstellen. Zudem sind die infrastrukturellen Vorteile einer Einrichtung wie Internet oder Drucker nicht vorhanden. Gespräche müssen diesbezüglich vorbereitet werden.

Herr Albrecht sah anfangs keinen Nutzen für sich in den Gesprächen und genoss lediglich das Interesse an ihm sowie die ihm entgegengebrachte Wertschätzung. Es wirkte, als lasse er sich förmlich zu den Terminen bitten. Durch die Nichtinanspruchnahme vereinbarter Termine verdeutlichte er sein Bedürfnis weiterhin ›frei‹ sein zu wollen. Dies erforderte einen langen Atem seiner Sozialarbeiterinnen. Sie konnten jedoch ein grundlegendes Interesse seinerseits verzeichnen, das sie motivierte, im Kontakt zu bleiben, und half, ihre Kontaktversuche nicht als aufdringlich wahrzunehmen. Vonseiten der Sozialarbeiterinnen bestanden keinerlei Erwartungen oder konkrete Zielformulierungen. Zielformulierungen in der Wohnungslosenhilfe sind immer realistisch an die Lebensrealitäten der Klient:innen angepasst zu treffen. Allein regelmäßig Kontakt zu halten, kann ein Ziel und bei Gelingen ein großer Erfolg sein. Die Sozialarbeiterinnen mussten stetig eine Balance zwischen Zulassen bzw. Fördern seiner persönlichen Erzählungen und dem Aufzeigen von inhaltlichen Grenzen finden, da Herr Albrecht anfangs oft auslotete, wie weit er in Erzählungen gehen kann, in dem er beispielsweise Details zur Straftat erzählte oder sehr schlecht über andere Mitarbeiter:innen sprach und diese herabwürdigte.

Professionelle Beziehungen in der Wohnungslosenhilfe sind über eine lange Zeit dem Vertrauensaufbau gewidmet. Ein konkreter Anlass oder eine gewisse Notlage der Klient:innen können zu einer erhöhten Bereitschaft für die Inanspruchnahme von Hilfeleistungen führen. Rückblickend stellte der hohe Leidensdruck wegen der Schmerzen einen derartigen Schlüsselmoment in der Betreuung dar. Das Zulassen ärztlicher Versorgung allein ist als Erfolg zu werten. Förderlich war zudem die dort als äußert positiv erlebte Versorgung. Darauf sollte möglichst Einfluss genommen werden, da in dieser heiklen Phasen des Betreuungsverlaufs negative Beziehungserfahrungen zu hoher Frustration oder einem Betreuungsabbruch durch die Klient:innen führen können. Die Beständigkeit der beiden Sozialarbeiterinnen war ein wesentlicher Erfolgsfaktor. Wohnungslose Klient:innen haben teilweise große Schwierigkeiten oder benötigen mehr Zeit, um Vertrauen zu finden und sich auf neue Beziehungen einzulassen. In vielen Biographien wohnungsloser Menschen finden sich Beziehungsabbrüche, die nicht immer aktiv durch die Klient:innen selbst verursacht wurden und die einen erneuten Vertrauensaufbau deutlich erschweren können.

Darüber hinaus war die wertschätzende und vorurteilsfreie Haltung der Fachkräfte entscheidend. Wohnungslose Menschen werden teils auf ihre Wohnungslosigkeit reduziert und als wenig kompetent wahrgenommen, weshalb positives Feedback ihnen gegenüber ausbleibt. Durch den Einbezug seines Wissens wurde bewusst Herrn Albrechts Selbstwertgefühl gestärkt und er hat Wertschätzung erfahren. Die akzeptierende Haltung wurde auch im Umgang mit ausgefallenen Terminen sichtbar. Aus unterschiedlichsten Gründen ist es Klient:innen nicht immer möglich (pünktlich) zum vereinbarten Termin zu erscheinen. Herr Albrecht erfuhr hierbei nie negative Konsequenzen. Sozialarbeiter:innen benötigen ein gewisses Maß an Gelassenheit und Vertrauen, dass Klient:innen sie bei Bedarf erneut kontaktieren. Niedrigschwelliges Arbeiten ohne Zwangskontext ist ein freiwilliges Angebot, über dessen Inanspruchnahme die Klient:innen frei entscheiden. Hilfeleistungen werden daher in der Regel nur angenommen, wenn sie aus Klient:innensicht zur Behebung des Problems als nützlich wahrgenommen werden. Interventionen müssen demnach für Klient:innen auch attraktiv sein. Vorschnelle, mit Druck verbundene oder generell als unangenehm erlebte Interventionsversuche können schnell zum Kontaktabbruch führen. Für Herrn Albrecht war und ist das Gefühl, selbstbestimmt Abläufe mitgestalten zu können essenziell und eine Form, Kontrolle und Freiheit erleben zu können.

17.5 Schlussfolgerungen

Bei den Zugängen zum Hilfesystem sind wohnungslose Menschen, die auf der Straße leben, aufgrund der prekären Lebensbedingungen zahlreichen strukturellen und lebenslagenbedingten Barrieren ausgesetzt (Giertz & Bösing 2021, Giertz 2021). Durch das Fehlen von finanziellen Mitteln, wichtigen Dokumenten oder einer Meldeadresse ist der Zugang zu den bestehenden Versorgungsangeboten oftmals eingeschränkt. Ein Großteil ihrer Zeit verbringen wohnungslose Menschen auf der Suche nach einem sicheren und trockenen Schlafplatz und nach essbaren Lebensmitteln. Dies erfordert andere Prioritäten in der Alltagsgestaltung, die ebenfalls das aktive Aufsuchen von Beratungs- und Unterstützungsmöglichkeiten sowie die Fähigkeit Termine einzuhalten erschweren. Individuelle Faktoren wie Misstrauen, Stigmatisierung oder psychische Erkrankungen können zudem die Inanspruchnahme von Hilfen beeinträchtigen.

Die aufsuchende Arbeit ist im Bereich der Wohnungslosenhilfe daher notwendig, um den Kontakt zu wohnungslosen Menschen aufzunehmen, aufrechtzuerhalten und eine Integration in das Hilfesystem langfristig zu ermöglichen. Zur Erreichbarkeit der Betroffenen ist das Wissen um deren persönlichen Sozialraum eine unabdingbare Notwendigkeit. Die Wahrnehmung und aktive Einbeziehung von persönlichen Ressourcen und Stärken kann in diesem Kontext zum Kontaktaufbau, aber auch zur Überwindung von lebenslagenbedingten und individuellen Barrieren beitragen. Aufgrund der multiplen Problemlagen und der prekären Lebenssituation besteht bei wohnungslosen Menschen jedoch ein hohes Risiko, dass sich die Ressourcen und Stärken im Laufe der Wohnungslosigkeit reduzieren (Bäuml et al. 2017). Hier wird ein zeitkritischer Faktor der aufsuchenden Arbeit in der Wohnungslosenhilfe deutlich. Einerseits ist es aufgrund der lebenslagenbedingten und individuellen Faktoren notwendig, ausreichend Zeit in die Kontaktaufnahme zu investieren. Andererseits verschlechtern sich die psychosozialen Problemlagen und Exklusionsprozesse mit Dauer der Wohnungslosigkeit. Sozialarbeitende bewegen sich in der aufsuchenden Arbeit im Bereich der Wohnungslosenhilfe in diesem Spannungsfeld und benötigen zur Bewältigung auf der organisatorischen Ebene entsprechende zeitliche Ressourcen und flexible Rahmenbedingungen.

In diesem Kontext sei ebenfalls auf die Notwendigkeit von flexiblen und niedrigschwelligen Versorgungsangeboten wie dem Housing-First-Ansatz verwiesen, der ebenfalls dazu beitragen kann, die lebensbedingten und individuellen Barrieren zu überwinden und die Wohnstabilität nachhaltig zu fördern (Tsemberis 2010). Neben ausreichendem bezahlbarem Wohnraum fehlt es in Deutschland aber noch an einer flächendeckenden Umsetzung solcher Konzepte.

Literatur

BAG W (2005): Forschungsverbund. Wohnungslosigkeit und Hilfen in Wohnungsnotfällen. Gesamtbericht Oktober 2005. Online verfügbar unter: https://www.bagw.de/de/basiswissen/forschungsverbund-2001-2004.html, Zugriff am 24.01.2021.

BAG W (2011): Wohnungsnotfalldefinition der Bundesarbeitsgemeinschaft Wohnungslosenhilfe e. V. Online verfügbar unter: https://www.bagw.de/de/themen/zahl_der_wohnungslosen/wohnungsnotfall_def.html, Zugriff am 03.07.2023.

Bäuml, J., Brönner, M., Baur, B., Pitschel-Walz, G. & Jahn, T. (2017): Die SEEWOLF-Studie: Seelische Erkrankungen in den Einrichtungen der Wohnungslosenhilfe im Großraum München. Freiburg im Breisgau: Lambertus.

FEANTSA (2017): ETHOS: Europäische Typologie für Wohnungslosigkeit. Online verfügbar unter: https://www.feantsa.org/download/ethos_de_2404538142298165012.pdf, Zugriff am 03.07.2023.

Füller, A. & Morr, S. (2021): Menschen ohne Obdach. Stuttgart: Klett Cotta.

Gerull, S. (2018): Forschungsbericht 1. Systematische Lebenslagenuntersuchung wohnungsloser Menschen. Eine Studie der ASH Berlin in Kooperation mit EBET e. V. Online verfügbar unter: https://www.ebet-ev.de/nachrichten-leser/erste-systematische-untersuchung-der-lebenslagen-wohnungsloser-menschen.html, Zugriff am 03.07.2023.

Gesellschaft für innovative Sozialforschung und Sozialplanung e. V. (2015): Wohnungslosigkeit in Baden-Württemberg. Untersuchung zu Umfang, Struktur und Hilfen für Menschen in Wohnungsnotlagen im Auftrag des Ministeriums für Arbeit und Sozialordnung, Familie, Frauen und Senioren Baden-Württemberg. Bremen, Stuttgart.

Giertz, K. (2021): Wohnungslosigkeit, psychische Erkrankungen und Trauma. In: B. Bojack (Hrsg.), Gewalt und ihre Folgen – Traumafolgestörungen und Bewältigungsstrategien (S. 25–42). Höchberg: ZKS.

Giertz, K. & Bösing, S. (2021): Wohnungslos und vergessen: Zur Versorgungssituation von wohnungslosen Menschen während der COVID-19-Pandemie in Deutschland. Trauma & Gewalt, 15 (3), 212–220.

Giertz, K., Ehlers, C. & Gebbhardt, C. (2023): Sozialarbeiterisches Case Management in der Wohnungslosenhilfe. In: M. Müller, C. Ehlers & A. Siebert (Hrsg.), Sozialarbeiterisches Case Management: Ein Lehr- und Praxisbuch (S. 220–238). Stuttgart, Kohlhammer.

Giertz, K. & Sowa, F. (2021): Wohnungslosigkeit und psychische Erkrankung. In: K. Giertz, L. Große & S. B. Gahleitner (Hrsg.), Hard to reach: schwer erreichbare Klientel unterstützen (S. 48–60). Köln: Psychiatrie Verlag.

Kaduszkiewicz, H., Bochon, B., van den Bussche, H., Hansmann-Wiest, J. & van der Leeden, C. (2017): The Medical Treatment of Homeless People. Deutsches Ärzteblatt International, 114, 673–679.

Lutz, R., Sartorius, W. & Simon, T. (2021): Lehrbuch der Wohnungslosenhilfe. Eine Einführung in Praxis, Positionen und Perspektiven. Weinheim/Basel: Belz Juventa.

Malyssek, J. & Störch, K. (Hrsg.) (2009): Wohnungslose Menschen – Ausgrenzung und Stigmatisierung. Freiburg im Breisgau: Lambertus.

Padgett, D. K., Henwood, B. F. & Tsemberis, S. J. (2016): Housing First: Ending Homelessness, Transforming Systems, and Changing Lives. New York: Oxford University Press.

Rosenke, W. (2023): Der Housing-First-Ansatz in der Wohnungslosenhilfe in Deutschland. Wohnungslos. Aktuelles aus Theorie und Praxis zur Armut und Wohnungslosigkeit, 1/2, 2–7.

Schreiter, S., Bermpohl, F., Krausz, M., Leucht, S., Rössler, W., Schouler-Ocak, M. & Gutwinski, S. (2017): The Prevalence of Mental Illness in Homeless People in Germany: a Systematic Review and Meta-Analysis. Deutsches Ärzteblatt International, 114, 665–672.

Sowa, F. (Hrsg.) (2022): Figurationen der Wohnungsnot. Kontinuität und Wandel sozialer Praktiken, Sinnzusammenhänge und Strukturen. Weinheim/Basel: Beltz Juventa.

Specht, T. (2017): Grundlagen, Selbstverständnis und Funktion der Hilfen in Wohnungsnotfällen. In: T. Specht, W. Rosenke, R. Jordan & B. Giffhorn (Hrsg.), Handbuch der Hilfen in Wohnungsnotfällen. Entwicklung lokaler Hilfesysteme und lebenslagenbezogener Hilfeansätze (S. 23–36). Berlin: BAG W.

Tsemberis, S. (2010): Housing First: The Pathways Model to End Homelessness for People with Mental Health and Substance Use Disorders. Minnesota: Hazelden.

Anhang

Abkürzungsverzeichnis

AFT	Aufsuchende Familientherapie
AgAG	Aktionsprogramm gegen Aggression und Gewalt
AHF	Aidshilfe Frankfurt e. V.
ASD	Allgemeiner Sozialer Dienst
AWMF	Arbeitsgemeinschaft der Wissenschaftlichen Medizinischen Fachgesellschaften
AWO	Arbeiterwohlfahrt
BAfF	Bundesweite Arbeitsgemeinschaft der Psychosozialen Zentren für Flüchtlinge und Folteropfer
BAG W	Bundesarbeitsgemeinschaft Wohnungslosenhilfe
BEW	Betreutes Einzelwohnen
BeWo	Betreutes Wohnen
BMAS	Bundesministerium für Arbeit und Soziales
BMBF	Bundesministerium für Bildung und Forschung
BMFSFJ	Bundesministerium für Familie, Senioren, Frauen und Jugend
BMG	Bundeministerium für Gesundheit
BMJ	Bundesministerium für Justiz
BPtK	Bundespsychotherapeutenkammer
BTHG	Bundesteilhabegesetz
DGSA	Deutsche Gesellschaft für Soziale Arbeit e. V.
DIP	Deutsches Institut für angewandte Pflegeforschung e. V.
DJI	Deutsches Jugendinstitut e. V.
EUTB®	Ergänzende unabhängige Teilhabeberatung
FIM	Familie im Mittelpunkt
FrühV	Frühförderungsverordnung
GU	Gemeinschaftsunterkunft
HzE	Hilfen zur Erziehung
i. S.	im Sinne
ifb	Staatsinstitut für Familienforschung an der Universität Bamberg
IFSW	International Federation of Social Workers
ISE	Intensive Sozialpädagogische Einzelbetreuung
JWG	Jugendwohlfahrtsgesetz
KES	Kompetenztraining für Eltern sozial auffälliger Kinder
KJfG M-V	Kinder- und Jugendförderungsgesetz Mecklenburg-Vorpommern
KJP	Kinder- und Jugendlichenpsychotherapie
MJA	Mobile Jugendarbeit

NGO	Nichtregierungsorganisation
PA	Partizipative Aktionsforschung
PAKO	Konzept der pauschalisierenden Ablehnungskonstruktion
PHil@SH-VP	Psychologisches Hilfsprojekt für Schutzsuchende und Helfende in Vorpommern
PsychKG	Psychiatriekrankengesetz
PSZ	Psychosoziales Zentrum
RSD	Regionaler Sozialpädagogischer Dienst
samo.fa	Stärkung der Aktiven aus Migrant:innenorganisationen in der Flüchtlingsarbeit
SGB	Sozialgesetzbuch
SpDi	Sozialpsychiatrischer Dienst
SPFH	Sozialpädagogische Familienhilfe
SPZ	Sozialpädiatrisches Zentrum
UN-BRK	UN-Konvention über die Rechte von Menschen mit Behinderungen

Autor:innenverzeichnis

Ines Arendt, Dr. phil., Sozialarbeiterin, Erziehungswissenschaftlerin und Case Managerin/Case-Management-Ausbilderin (DGCC) arbeitet als Wissenschaftliche Referentin für Suchtprävention bei der Bundeszentrale für gesundheitliche Aufklärung (BZgA) in Köln, als Wissenschaftliche Mitarbeiterin an der Hochschule Bielefeld und als Lehrbeauftragte an der Hochschule Koblenz. In ihrer Promotion an der Freien Universität Bozen hat sie Angebote der Sozialen Arbeit für ältere Opiatkonsument:innen aus der Perspektive der Sozialpädagogischen Nutzerforschung untersucht. Kontakt: arendt@hs-koblenz.de.

Elisabeth Augart, M. A. Soziale Arbeit, Sozialpädagogik und Wohlfahrtswissenschaften. Sie ist in der Arbeit mit chronisch psychisch kranken Menschen im multiprofessionellen Team des Sozialpsychiatrischen Diensts tätig. Die aufsuchende Arbeit, im speziellen in Form von Hausbesuchen, gehört zu einer der Hauptaufgaben des Sozialpsychiatrischen Diensts (im Rahmen von Krisenintervention, psychosozialer und informatorischer Beratung). Kontakt: elisabeth.augart@gmx.de.

Philipp Blank, M. A. Sozialarbeitswissenschaften, hat im Bereich der Mobilen Jugendsozialarbeit gearbeitet und forschte im Feld der Schulsozialarbeit und sozialraumorientierter Arbeitsweisen. Aktuell arbeitet er im Bereich der Etablierung von kommunalen Konfliktmanagementstrukturen im Feld von Nutzungskonflikten im öffentlichen Raum zwischen jungen und älteren Nutzer:innengruppen. Kontakt: pblank@hs-nb.de.

Karin Bracht, Diplom-Erziehungswissenschaftlerin, Systemische Therapeutin (DGSF), Systemische Supervisorin (DGSF), Multifamilientherapeutin (DGSF), Lehrende für Therapie, Multifamilientherapie und Supervision (DGSF). Sie ist tätig in eigener systemischer Praxis und arbeitet seit 1999 in der aufsuchenden Therapie mit Familien im Rahmen der Kinder und Jugendhilfe, seit 2010 in der Multifamilientherapie in verschiedenen Kontexten, seit 2013 ist sie Lehrende für systemische Therapie, Supervision und Multifamilientherapie an verschiedenen Instituten in Deutschland, der Schweiz und Österreich und praktiziert seit 2018 Gruppentherapie mit hochstrittig getrennten Familiensystemen. Kontakt: kontakt@karinbracht.de.

Barbara Bräutigam, Prof. Dr. phil. habil., Psychologische Psychotherapeutin, Lehrtherapeutin für Familientherapie (DGSF), Integrative Kinder- und Jugendlichentherapeutin, ist Professorin für Psychologie, Beratung und Psychotherapie an der Hochschule Neubrandenburg. Kontakt: braeutigam@hs-nb.de.

Isabel Christin Creutzburg, studierte Soziale Arbeit (B. A.) und Psychosoziale Beratung (M. A) an der Hochschule Neubrandenburg. Sie verfasste ihre Masterarbeit als systematisches Review über den aktuellen Forschungsstand aufsuchender Hilfen. Gegenwärtig ist sie in der Flüchtlingshilfe beim Arbeiter-Samariter-Bund in Neubrandenburg tätig. Kontakt: isabelcreutzburg@gmx.de.

Sophie Friedrich, Diplom-Rehabilitationspädagogin, Integrative Lerntherapeutin (FiL), ist wissenschaftliche Mitarbeiterin am Institut für Rehabilitationswissenschaften an der Humboldt-Universität zu Berlin. Sie hat in der interdisziplinären Frühförderung und in den ambulanten Hilfen zur Erziehung gearbeitet. Zu ihren aktuellen forschungs- und lehrbezogenen Schwerpunkten gehören u. a. die reflexive Professionalisierung von Pädagog:innen sowie die interdisziplinäre Frühförderung im Kontext psychosozialer Beeinträchtigungen. Kontakt: sophie.friedrich.1@hu-berlin.de.

Anna Gamperl, M. A., ist Klinische Sozialarbeiterin in einem sozialpsychiatrischen Ambulatorium und war davor in der Wohnungslosenhilfe tätig. Sie ist Lehrende an der FH Campus Wien und Psychotherapeutin i. A. u. S. (Verhaltenstherapie). Kontakt: anna.gamperl@fh-campuswien.ac.at.

Karsten Giertz, M. A., ist Geschäftsführer beim Landesverband Sozialpsychiatrie Mecklenburg-Vorpommern e. V. Er promoviert an der Universitätsmedizin Greifswald, ist Vorstandsvorsitzender beim European Centre for Clinical Social Work e. V. (ECCSW) und im Vorstand vom Institut für Sozialpsychiatrie Mecklenburg-Vorpommern e. V. sowie Mitglied in den Fachgruppen Sektion Klinische Sozialarbeit und Case Management der Deutschen Gesellschaft für Soziale Arbeit e. V. (DGSA). Kontakt: karsten.giertz@sozialpsychiatrie-mv.de.

Lisa Große, M. A. Klinische Sozialarbeit, ist wissenschaftliche Mitarbeiterin im Landesverband für Sozialpsychiatrie M-V e. V., Vorständin im European Centre for Clinical Social Work e. V. (ECCSW) und Promovendin an der Universität Vechta und Alice-Salomon-Hochschule Berlin. Sie war mehrjährig tätig im Sozialpsychiatrischen Dienst Dresden. Ihr Aufgaben waren u. a. Krisenintervention und (aufsuchende) niedrigschwellige Beratung und Begleitung von Menschen mit (schweren) psychischen Erkrankungen. Kontakt: grosse_lisa@gmx.net.

Florian Harder, Diplom-Psychologe, Psychologischer Psychotherapeut (Verhaltenstherapie), ist seit 2016 im Psychosozialen Zentrum für Asylsuchende in Vorpommern (Kreisdiakonisches Werk Greifswald) tätig und seit 2022 zudem wissenschaftlicher Mitarbeiter am Lehrstuhl für klinische Psychologie und Psychotherapie der Universität Greifswald (Prof. Dr. Eva-Lotta Brakemeier) und dort verantwortlich für psychosoziale Hilfs- und Forschungsprojekte mit Schutzsuchenden aus der Ukraine. Kontakt: florian.harder@uni-greifswald.de.

Anke S. Kampmeier, Prof. Dr. paed., Diplom-Pädagogin, Erziehungs- und Rehabilitationswissenschaftlerin, ist Professorin für Sozialpädagogik und Arbeit mit

Menschen mit Behinderungen an der Hochschule Neubrandenburg. Schwerpunkte ihrer Lehre und Forschung sind u. a. Barrierefreiheit, Inklusion – theoretische Ansprüche und praktische Umsetzungen – und Kompetenzentwicklung für die (sonder-)pädagogische Soziale Arbeit. Kontakt: kampmeier@hs-nb.de.

Christine Krüger, Prof. Dr. phil., Diplom-Sozialarbeiterin/Sozialpädagogin, M. A. Soziale Arbeit, ist Professorin für Sozialwissenschaften und Qualitative Sozialforschung an der Hochschule Neubrandenburg. Ihre Forschungsschwerpunkte sind u. a. Professionalisierung in der Sozialen Arbeit, insbesondere in ländlichen Räumen, sowie die Auseinandersetzung mit Rassismus und Rechtsextremismus. Kontakt: ckrueger@hs-nb.de.

Anja Lentz-Becker, M. Sc. in Public Health and Administration, ist Doktorandin im Bereich der sozialpädagogischen Familienwissenschaften an der Universität Vechta in Zusammenarbeit mit der Hochschule Neubrandenburg und Sprecherin der DGSA-Fachgruppe »Familienarbeit und Elter(n)schaft«. Sie hat Praxiserfahrung als Teamleiterin im sozialpsychiatrischen Bereich. Ihre wissenschaftlichen Schwerpunkte umfassen u. a. psychosoziale Gesundheitsförderung, Familienbildung und Familienförderung. Kontakt: lentz.anja@gmail.com.

Matthias Lindner, Prof. Dr. phil., Erziehungswissenschaftler, Sozialarbeiter und Erzieher, ist seit vielen Jahren im Bereich der Hilfen zur Erziehung tätig und Mitgründer von new frame Jugendhilfe Berlin. Seine Arbeitsschwerpunkte sind niedrigschwellige und akzeptierende Konzepte für sogenannte Systemsprenger sowie rekonstruktive Forschungs- und Handlungsmethoden. Er ist Professor für Soziale Arbeit mit den Schwerpunkten Theorien, Methoden und Konzepte an der Humanistischen Hochschule Berlin. Kontakt: m.lindner@humanistische-hochschule-berlin.de.

Thomas Markert, Prof. Dr. phil., Diplom-Sozialarbeiter/Sozialpädagoge, ist Professor für Jugendarbeit und Jugendsozialarbeit an der Hochschule Neubrandenburg. Er leitete 2021/22 das Modellprojekt Schulsozialarbeit Plus zur Sozialraumbezogenen Schulsozialarbeit. Kontakt: markert@hs-nb.de.

Sarah Mathwig, Sozialarbeiterin (B. A.), Psychosoziale Beraterin (M. A.), Beraterin für Haltung und Vielfalt, arbeitet seit 2020 in den ambulanten Hilfen zur Erziehung bei einem freien Träger und war zuvor in der stationären Kinder- und Jugendhilfe tätig. Kontakt: mathwig.sarah@icloud.com.

Jana Michael, geb. in der ehemaligen Tschechoslowakei, studierte in Prag und lebt seit 2005 in Deutschland. Sie hat mehrere Migrant:innen-Organisationen und Dachorganisationen der Migrant:innen-Organisationen mitbegründet. Sie ist politisch aktiv und vertritt Migrant:innen in zahlreichen Gremien, von der kommunalen bis zur Bundesebene. Zu ihren Hauptthemen gehören Frauenrechte, feministische Entwicklungspolitik, Kinderschutz und Bekämpfung von Rassismus. Sie ist Mitautorin diverser Publikationen und Bücher, u. a. der Kinderbuchreihe »SDGs

Abenteuer Buch«. Sie begleitete mehrere Studien zum Thema Rassismus und setzt sich immer weiter für die Professionalisierung des Ehrenamts in der Einwanderungsgesellschaft ein. Für ihre Arbeit hat sie mehrere Preise erhalten, u. a. das Bundesverdienstkreuz am Bande. Sie war als Dozentin und interkulturelle Supervisorin aktiv. Seit dem Jahr 2022 ist sie als Integrationsbeauftragte der Landesregierung MV berufen. Kontakt: janamichael@kabelmail.de.

Matthias Müller, Prof. Dr. phil., Diplom-Sozialarbeiter/Sozialpädagoge, Soziologe (Dr. phil.), Case Manager/Case-Management-Ausbilder (DGCC), Dialogischer Qualitätsentwickler (KK), ist Professor für Pädagogik, Sozialpädagogik und Hilfen zur Erziehung an der Hochschule Neubrandenburg. Er hat in den ambulanten Hilfen zur Erziehung gearbeitet und forscht u. a. zu den Aufsuchenden Hilfen/ Sozialpädagogischen Familienhilfen. Kontakt: mueller@hs-nb.de.

Marie Ortmann, B. Sc. Psychologie, M. A. Psychosoziale Beratung, arbeitet als Psychologische Beraterin für Menschen mit Fluchthintergrund (Café International, Diakonie Mecklenburgische Seenplatte). Seit Januar 2023 baut sie ein Psychosoziales Zentrum für geflüchtete Menschen in Kooperation mit der Hochschule Neubrandenburg in Neubrandenburg auf. Kontakt: ortmann.m@diakonie-mse.de.

Conny Römisch, Sozialpädagogin (B. A.), arbeitet zur Zeit als Sozialpädagogin im AWO Haus der Familie in Neubrandenburg für Projekte der Familienbildungsstätte und in der Schwangerschafts(konflikt)beratung. Zuvor arbeitete sie in weiteren Projekten der Familienbildung und stärkte u. a. Familienbildungsangebote in Kitas in Neubrandenburg und Umgebung. Kontakt: conny.roemisch@awo-nb.de.

Andrea Rose, Supervision M. A. (DGSv/DGSF), Diplom-Berufspädagogin Pflege, Lehrende für Supervision (DGSF), hat Lehrerfahrungen in Pflegebildung und systemischer Beratung im Gesundheitswesen. Ihre berufsspezifischen Handlungsfelder sind Pflegebildung/-smanagement, Fort- und Weiterbildung, Personalentwicklung sowie Supervision/Coaching in eigener Praxis. Sie war viele Jahre als Präventionsbeauftragte im Erzbistum Köln tätig. Kontakt: supervision-rose@web.de.

Annika Schmalenberg, staatlich anerkannte Sozialarbeiterin mit M.-A.-Abschluss in Beratung, arbeitet in der Ergänzenden unabhängigen Teilhabeberatung (EUTB®) im Landkreis Mecklenburgische Seenplatte. Sie vereint in ihrer Arbeit die professionelle Haltung als Beraterin und die Expertise als Mensch mit Behinderung, um Ratsuchende ganzheitlich empowern zu können. Kontakt: a.schmalenberg@gmx.net.

Stefan Seehaber, Diplom-Pädagoge (Univ.), Systemischer Erlebnispädagoge, Systemischer Familientherapeut i. A., ist seit mehr als 15 Jahren – gegenwärtig als Teamleiter – in der Streetwork Würzburg engagiert. Er sammelte Erfahrungen in der Jugendhilfe, sowohl im Bereich der Einzelfallhilfe als auch in der Konzeptionierung und Durchführung von Gruppenangeboten. Zudem ist er als Referent und Lehrbeauftragter tätig. Kontakt: seehaber.jugendhilfe@diakonie-wuerzburg.de.

Vera Taube, Prof. Dr. rer. Soc., ist Sozialarbeiterin und Professorin für Erziehungswissenschaft in der Sozialen Arbeit an der Technischen Hochschule Würzburg-Schweinfurt. Ihre Arbeits- und Forschungsschwerpunkte sind Soziale Arbeit im Jugendhilfekontext, Case Management und Soziale Diagnose, Professionstheorie und internationale Soziale Arbeit. Seit über 15 Jahren ist sie als ambulante Familienhelferin in der Jugendhilfe tätig. Kontakt: vera.taube@thws.de.

Franziska Ullrich, Diplom-Rehabilitationspädagogin, Videogestützte Interaktionsberaterin (u. a. nach IntraAct), ist als Rehabilitationspädagogin im Sozialpädiatrischen Zentrum/Kinder- und Jugendambulanz Berlin-Prenzlauer Berg tätig. Sie hat zuvor als wissenschaftliche Mitarbeiterin an der Leibniz Universität Hannover im Bereich Pädagogik bei Verhaltensstörungen gearbeitet. Zu ihren aktuellen Arbeitsschwerpunkten gehört die Diagnostik, Förderung und Beratung von Kindern und ihren Familien mit Entwicklungshemmnissen im ambulanten und mobilen Kontext. Kontakt: franziska.ullrich@lebenshilfe-berlin.de.

Bianka Weil, Sozialarbeiterin mit Weiterbildungen im Case Management (DGCC) und selbstbestimmten Substanzkonsum (KISS), arbeitet seit über zwanzig Jahren im Kontaktladen bei der AIDS-Hilfe Frankfurt e. V. (AHF) mit Menschen, die Opiate und andere Substanzen konsumieren, und zudem seit 2008 im angeschlossenen Betreuten Einzelwohnen. Dort begleitet sie überwiegend ältere Drogengebraucher:innen. Zuletzt hat sie in dem Podcast »Mit Liebe gemacht« der AHF mitgewirkt: https://www.frankfurt-aidshilfe.de/de/mit-liebe-gemacht-der-podcast-der-ahf. Kontakt: bianka.weil@ah-frankfurt.de.

Katharina Winkler, Dipl. Jur., M. S. W., staatlich anerkannte Sozialarbeiterin, ist Doktorandin an der Universität Bern und war als rechtliche Betreuerin in einem Betreuungsverein tätig. Ihre Interessensschwerpunkte sind Betreuungsrecht, prekäres Wohnen von Familien, Sozialrecht sowie intersektionale und menschenrechtliche Perspektiven in der Rechtssoziologie. Kontakt: katharina.winkler@unibe.ch.

Renate Zwicker-Pelzer, Prof. Dr. phil., Diplom-Sozialpädagogin, Diplom-Pädagogin, Lehrende für Beratung, Familientherapie und Supervision (DGSF), ist Professorin (em.) für Soziale Arbeit, Erziehungswissenschaft und Beratung an der Kath. Hochschule NRW, zuletzt im Fachbereich Gesundheitswesen mit dem Praxisschwerpunkt aufsuchende, ambulante Hilfen in Pflege-, Hebammen-, Altenpflegekontexten. Sie begleitet und initiiert Praxisforschungsprojekte in diesen Handlungsfeldern. Außerdem ist sie wissenschaftliche Beirätin in der Deutsche Gesellschaft für Beratung e. V. (DGfB) und führt eine eigene Praxis: www.veraenderungs-raum.de. Kontakt: zwicker.pelzer@t-online.de.